- 新时代共同富裕的理论探索与浙江实践　　主编　周志山　王　锟

肖祥◎著

共同富裕与人的全面发展

中国社会科学出版社

图书在版编目（CIP）数据

共同富裕与人的全面发展 / 肖祥著 . —北京：中国社会科学出版社，2023.12

（新时代共同富裕的理论探索与浙江实践）

ISBN 978 – 7 – 5227 – 2236 – 8

Ⅰ.①共… Ⅱ.①肖… Ⅲ.①共同富裕—研究—中国②全面发展（教育）—研究—中国 Ⅳ.①F124.7②G40 – 012

中国国家版本馆 CIP 数据核字（2023）第 127283 号

出 版 人	赵剑英
责任编辑	喻 苗
责任校对	胡新芳
责任印制	王 超

出　　版	中国社会科学出版社
社　　址	北京鼓楼西大街甲 158 号
邮　　编	100720
网　　址	http://www.csspw.cn
发 行 部	010 – 84083685
门 市 部	010 – 84029450
经　　销	新华书店及其他书店
印　　刷	北京明恒达印务有限公司
装　　订	廊坊市广阳区广增装订厂
版　　次	2023 年 12 月第 1 版
印　　次	2023 年 12 月第 1 次印刷
开　　本	710×1000　1/16
印　　张	17.5
插　　页	2
字　　数	278 千字
定　　价	89.00 元

凡购买中国社会科学出版社图书，如有质量问题请与本社营销中心联系调换

电话：010 – 84083683

版权所有　侵权必究

编委会成员

编委会主任：郑孟状

副 主 任：朱毅峰　周志山　王锟　肖祥

编委会委员：陈宇峰　冯昊青　葛永海　郭金喜
　　　　　　　黄晓　　李启迪　林子赛　刘鸿武
　　　　　　　胡美馨　刘洋　　王珩　　王辉
　　　　　　　汪静一　王淑娉　吴卡　　许涛
　　　　　　　张建珍　章剑锋　郑军德　郑海祥
　　　　　　　郑祥福　郑小碧

总　序

"治国之道，富民为始。"共同富裕自古以来是中华民族治国理政的一个重要理念，也是历史唯物主义关于生产力与生产关系辩证统一原理的根本要求。共同富裕的前提是"富裕"，关键是"共同"。如果说"富裕"代表了财富的拥有量，属于历史唯物主义的生产力范畴，那么"共同"则代表财富的分配方式，属于生产关系范畴。古今中外的历史经验告诉我们，离开"富裕"谈"共同"，往往会造成普遍贫穷，而离开"共同"谈"富裕"，则会导致两极分化。两者类似于效率与公平的关系，既相互对立又相互统一。

实现共同富裕是社会主义的本质要求，也是中国共产党团结带领人民群众的努力方向。社会主义与资本主义的根本区别，一是它比资本主义创造出更丰富的物质和精神财富，具有更先进更高水平的生产力；二是克服资本主义的两极分化和不平等的社会关系，最终实现人的全面发展和社会全面进步。在马克思主义中国化百年辉煌的历史征程中，中国共产党人不断开拓共同富裕的伟大实践并形成一脉相承、与时俱进的"共同富裕"思想。早在1953年12月16日《中共中央关于发展农业生产合作社的决议》中，就提出党的农村工作最根本的目标，"使农民能够逐步完全摆脱贫困的状况而取得共同富裕和普遍繁荣的生活"。改革开放以来，邓小平多次提出，社会主义既要实现富裕，更要实现共同富裕，认为贫穷不是社会主义，少数人富裕、多数人贫穷也不是社会主义，并明确将"解放生产力，发展生产力，消灭剥削，消除两极分化，最终达到共同富裕"作为社会主义的本质内涵。以江泽民为核心党中央领导集体提出"全面小康"的民生目标和"非均衡协调发展"共同富裕战略。进入21世纪以来，以胡锦涛为总书记的中央领导集体提出以人为本、科

总　　序

学发展，构建社会主义和谐社会的民生目标。

扎实推进共同富裕作为中国式现代化的重要特征，是习近平新时代中国特色社会主义思想的重要组成部分。党的十八大以来，以习近平同志为核心的党中央领导集体致力于推动区域协调发展、保障和改善民生、打赢脱贫攻坚战、全面建成小康社会，为实现共同富裕奠定了坚实基础。党的十九届五中全会通过的《中共中央关于制定国民经济和社会发展第十四个五年规划和二〇三五年远景目标的建议》，突出强调"扎实推动共同富裕""民生福祉达到新水平"，并明确提出到2035年实现"人民生活更加美好，人的全面发展、全体人民共同富裕取得更为明显的实质性进展"。党的二十大报告更是将"全体人民共同富裕的现代化"作为中国式现代化的重要特征，擘画了共同富裕美好生活的愿景："我们要实现好、维护好、发展好最广大人民根本利益，紧紧抓住人民最关心最直接最现实的利益问题，坚持尽力而为、量力而行，深入群众、深入基层，采取更多惠民生、暖民心举措，着力解决好人民群众急难愁盼问题，健全基本公共服务体系，提高公共服务水平，增强均衡性和可及性，扎实推进共同富裕。"

建设共同富裕也是适应新时代社会主要矛盾变化，解决发展不平衡不充分问题的必然要求。中国虽然全面建成了小康社会，但经济社会领域发展不平衡不充分的问题依然存在，民生福祉提升面临新挑战。作为一个人口规模、地区差异巨大的多民族国家，实现共同富裕不可能齐步走，"先试验，后推广"是改革开放实践中被证明有效的办法。在这样的时代背景下，以习近平同志为核心的党中央做出浙江建设共同富裕示范区的制度安排。这是党中央赋予浙江新的光荣使命。

建设共同富裕示范区是一项系统性工程，当前浙江推动建设共同富裕示范区已取得了初步成效，积累了许多先进经验。不仅出台了《中共中央国务院关于支持浙江高质量发展建设共同富裕示范区的意见》和《浙江高质量发展建设共同富裕示范区实施方案（2021—2025年）》等，为共同富裕示范区建设提供了顶层设计和实施方案，而且通过浙江各市、各区县、各乡镇因地制宜开展试点，为其他省市促进共同富裕提供了经验启示与样本意义，也为学术界提供了共同富裕理论和政策研究的"富矿"。

总　序

　　浙江省习近平新时代中国特色社会主义思想研究中心浙江师范大学研究基地将"共同富裕"的理论与实践研究作为重要的学术主题，近两年取得了丰硕的研究成果。为了充分展示和分享我们的研究成果，我们组织写作了"新时代共同富裕的理论探索与浙江实践"系列丛书，为实现"共同富裕"的国家战略奉献我们的所思所想，以期推进学界关于共同富裕研究的学术交流。为此，我们将不断探索、勇于创新，在谱写共同富裕的时代乐曲中奏响亮丽的音符！

目　录

绪　论 ……………………………………………………………（1）
　第一节　选题缘由 ……………………………………………（1）
　第二节　研究现状述评 ………………………………………（4）
　第三节　研究思路与研究方法 ………………………………（12）
　第四节　研究内容与研究价值 ………………………………（17）

上　篇
共同富裕与人的全面发展的理论研究

第一章　共同富裕的存在论与价值论解析 …………………（27）
　第一节　富裕：一种文化生态的理解 ………………………（27）
　第二节　共同富裕的存在论蕴涵 ……………………………（31）
　第三节　共同富裕的价值论释义 ……………………………（35）
　第四节　存在与价值的融合：共同富裕指向人的全面发展 ………（41）

第二章　共同富裕的发展伦理问题及价值目标 ……………（46）
　第一节　发展伦理的核心要义 ………………………………（46）
　第二节　共同富裕的发展伦理问题 …………………………（50）
　第三节　共同富裕的"共同"逻辑 …………………………（53）
　第四节　发展伦理视域下共同富裕的战略升级与价值转向 ………（58）
　第五节　发展伦理视域下共同富裕的价值目标 ……………（65）

目录

第三章　"促进共同富裕"与"促进人的全面发展"的辩证关系与现实要求 …………………………………………（72）
　第一节　"人的全面发展"的历史唯物主义意蕴 ……………（72）
　第二节　劳动、富裕与人的全面发展 …………………………（86）
　第三节　促进共同富裕与促进人的全面发展之辩证关系 ……（92）
　第四节　促进共同富裕与促进人的全面发展之现实要求 ……（99）

第四章　人的全面发展目标下实现共同富裕的伦理路向 …………（104）
　第一节　理念更新：经济行为动机与效果的伦理应当 ………（104）
　第二节　人的全面发展目标下共同富裕的美好生活追求 ……（111）
　第三节　人的全面发展目标下共同富裕的伦理原则 …………（114）
　第四节　人的全面发展目标下共同富裕经济主体的责任伦理 ……（118）

下　篇
共同富裕与人的全面发展的实践研究
——基于浙江省共同富裕示范区建设的分析

第五章　共同富裕：社会正义的中国实践及其发展启示 …………（125）
　第一节　社会正义：何以"共同" ……………………………（125）
　第二节　共同富裕的社会正义蕴涵 ……………………………（130）
　第三节　在共同富裕实践中推进社会正义 ……………………（133）
　第四节　中国共同富裕实践的发展启示 ………………………（141）

第六章　实现共同富裕与促进人的全面发展的战略定位 …………（148）
　第一节　"可持续发展能力"嵌入式共同富裕：一种实践分析框架 ……………………………………………（148）
　第二节　实现共同富裕与促进人的全面发展的S、W、O、T因素 ………………………………………………（156）
　第三节　实现共同富裕与促进人的全面发展的SWOT组合分析 ………………………………………………（170）
　第四节　实现共同富裕与促进人的全面发展的战略选择 ……（181）

目 录

第七章　实现共同富裕与促进人的全面发展的实施策略 (184)
- 第一节　价值引导：超越"资本逻辑"困境 (184)
- 第二节　利益激励：优化人的全面发展条件 (189)
- 第三节　制度促进："诱致性"制度创新保障 (197)
- 第四节　综合治理：调适多重发展关系 (201)
- 第五节　协同促进：破解"公共地悲剧"与"反公共地悲剧" (206)

第八章　促进共同富裕与促进人的全面发展的创新路径 (212)
- 第一节　推进教育均衡：为实现人的全面发展提供智力支持与公平机会 (213)
- 第二节　加速乡村振兴：在缩小城乡差别中推进全域范围人的全面发展 (218)
- 第三节　加强社会治理：为实现人的全面发展创设优良的社会空间 (223)
- 第四节　弘扬社会新风尚：为实现人的全面发展营造良好的环境氛围 (229)
- 第五节　繁荣文化事业：为实现人的全面发展提供文化精神滋养 (232)
- 第六节　激发利益相关者责任：为实现人的全面发展凝聚主体动力 (238)

附1　问卷调查 (248)

附2　调查问卷分析 (253)

参考文献 (264)

绪　　论

共同富裕作为社会主义的本质要求，成为进入新时代的中国特色社会主义迫切需要解析的时代命题。随着中国社会生产力的巨大发展，如何破解中国发展中不平衡、不协调、不可持续的突出问题，实现社会发展的更大的公平正义，备受民众关注，在此背景下，共同富裕与实现美好生活、实现人的全面发展等问题成为民众热切的向往。

第一节　选题缘由

中国共产党百年奋斗历程取得了伟大的成就和宝贵的历史经验，在百年奋斗中，中国共产党带领全国各族人民朝着实现美好生活、奔向共同富裕的目标不懈努力。

其一，从历史发展看，实现共同富裕是一个经过不懈努力、从来没有像今天这样更加接近的社会发展目标，如何在中国特色社会主义现有基础上实现更好的发展，需要在新发展阶段对"共同富裕"这一历史课题进行更有说服力、更完整的解答。新民主主义革命时期，中国人民的主要任务是"反对帝国主义、封建主义、官僚资本主义，争取民族独立、人民解放，为实现中华民族伟大复兴创造根本社会条件"[①]。以毛泽东同志为核心的党中央领导集体带领全国各族人民，实现了民族独立和人民解放，在解决温饱问题的实践中，构想着富裕的美好未来。社会主义革命和建设时期，中国人民的主要任务是"实现从新民主主义到社会主

[①] 《中共中央关于党的百年奋斗重大成就和历史经验的决议》（2021年11月11日中国共产党第十九届中央委员会第六次全体会议通过），《人民日报》2021年11月17日第1版。

绪 论

的转变，进行社会主义革命，推进社会主义建设，为实现中华民族伟大复兴奠定根本政治前提和制度基础"[①]。中国共产党带领全国各族人民自力更生、艰苦奋斗、发愤图强，为实现中国人民从站起来向富起来的伟大转变提供了源源不断的动力。改革开放和社会主义现代化建设新时期，中国人民的主要任务是"继续探索中国建设社会主义的正确道路，解放和发展社会生产力，使人民摆脱贫困、尽快富裕起来，为实现中华民族伟大复兴提供充满新的活力的体制保证和快速发展的物质条件"[②]。改革开放以来，中国共产党人高度重视共同富裕问题的研究，形成一脉相承的"共同富裕"思想。党的十一届三中全会后，以邓小平同志为核心的党中央领导集体提出实现共同富裕必须防止两极分化，要注重社会公平的思想，同时提出先富带动后富，最终实现共同富裕，为共同富裕思想的不断完善奠定基础；以江泽民同志为核心的党中央领导集体提出非均衡协调发展战略以解决共同富裕问题；以胡锦涛为总书记的党中央提出缩小贫富差距、实现共同富裕、构建社会主义和谐社会。中国特色社会主义进入新时代，中国人民主要任务是"实现第一个百年奋斗目标，开启实现第二个百年奋斗目标新征程，朝着实现中华民族伟大复兴的宏伟目标继续前进"[③]。党的十八大以来，以习近平同志为核心的党中央领导集体致力于推动区域协调发展、保障和改善民生、打赢脱贫攻坚战、全面建成小康社会，为扎实推进共同富裕做出了积极努力，极大地丰富了共同富裕思想。中国特色社会主义进入新时代，共同富裕的追求目标、社会条件、价值意蕴都有了新变化和新要求，中国特色社会主义共同富裕思想的理论逻辑、未来发展、演进规律等都需要学界进行持续性、创新性的深入研究。

其二，从实现共同富裕的现实要求而言，真正的"共同富裕"工程正在进行如火如荼的探索和实施，需要从理论和实践上对实现共同富裕

[①]《中共中央关于党的百年奋斗重大成就和历史经验的决议》（2021年11月11日中国共产党第十九届中央委员会第六次全体会议通过），《人民日报》2021年11月17日第1版。

[②]《中共中央关于党的百年奋斗重大成就和历史经验的决议》（2021年11月11日中国共产党第十九届中央委员会第六次全体会议通过），《人民日报》2021年11月17日第1版。

[③]《中共中央关于党的百年奋斗重大成就和历史经验的决议》（2021年11月11日中国共产党第十九届中央委员会第六次全体会议通过），《人民日报》2021年11月17日第1版。

的目标内涵、共同富裕的战略升级和共同富裕的价值转向做出研究回应。邓小平在改革开放之初，就做出了共同富裕是社会主义的本质特征的伟大论断，而真正实施共同富裕工程，则是基于中国共产党领导全国各族人民百年奋斗、基于改革开放四十多年中国社会的全面进步的基础之上，在党的十八大之后才具备"现实之光"。党的十九届五中全会对扎实推动共同富裕做出重大战略部署。实现共同富裕不仅是经济问题，而且是关系党的执政基础的重大政治问题。2021年3月13日通过的《中华人民共和国国民经济和社会发展第十四个五年规划和2035年远景目标纲要》中提出"制定促进共同富裕行动纲要"，并做出支持"浙江高质量发展建设共同富裕示范区"的决定。2021年5月20日，《中共中央 国务院关于支持浙江高质量发展建设共同富裕示范区的意见》中明确了总体的要求：即"支持浙江创造性贯彻'八八战略'，在高质量发展中扎实推动共同富裕，着力在完善收入分配制度、统筹城乡区域发展、发展社会主义先进文化、促进人与自然和谐共生、创新社会治理等方面先行示范，构建推动共同富裕的体制机制，着力激发人民群众积极性、主动性、创造性，促进社会公平，增进民生福祉，不断增强人民群众的获得感、幸福感、安全感和认同感，为实现共同富裕提供浙江示范"[①]。

其三，实现共同富裕是一个系统的宏大工程，需要理论界对其进行多理论、多维度的研究，以期获得进一步探讨、发展或突破的空间。具体而言：（1）进一步丰富和完善新时代中国特色社会主义共同富裕理论，充实中国特色社会主义理论体系。共同富裕是贯穿于中国特色社会主义理论中的一条红线，使各个阶段的理论发展联结成一个有机的科学体系，它标志着中国特色社会主义理论对马克思主义的重大发展，成为当代的马克思主义。改革开放以来，以邓小平同志为核心的党中央提出共同富裕，科学地揭示了社会主义的本质和目的；社会主义进入新时代，"坚持和发展什么样的中国特色社会主义、怎样坚持和发展中国特色社会主义"成为社会主义发展的重大时代课题。本书研究的重要任务在于：共同富裕如何担负"实现中华民族伟大复兴"的重要职责、如何推进新时代中

---

① 《中共中央 国务院关于支持浙江高质量发展建设共同富裕示范区的意见》，《人民日报》2021年6月1日。

国特色社会主义发展，需要继续对共同富裕的时代内涵、实践逻辑、价值效应、实现人的全面发展等问题进行持续深入研究。（2）提升人民精神生活、促进人的全面发展，为扎实推动共同富裕提供精神价值动力。习近平总书记指出："现在，已经到了扎实推动共同富裕的历史阶段。""促进人民精神生活共同富裕，促进共同富裕与促进人的全面发展是高度统一的。"① 因此，如何适应中国社会主要矛盾的变化，更好满足人民日益增长的美好生活需要，必须把促进全体人民共同富裕作为为人民谋幸福的着力点，不断夯实党长期执政基础。促进社会公平正义，促进人的全面发展，使全体人民朝着共同富裕目标扎实迈进。本课题研究以"促进人的全面发展"、实现"人民精神富有"为核心问题，深入研究共同富裕的精神价值动力问题。（3）为进一步高质量发展建设共同富裕示范区注入强大文化力量。浙江省委书记袁家军在 2021 年 10 月 22 日《人民日报》刊文强调要"在共同富裕中实现精神富有"，认为文化工作在浙江高质量发展建设共同富裕示范区中具有决定性作用、是关键变量；展现共同富裕美好社会的图景，文化是最富魅力、最吸引人、最具辨识度的标识。本书研究将重点解决如何发挥文化铸魂塑形赋能的强大功能，加快打造新时代文化高地，为高质量发展建设共同富裕示范区注入强大文化力量。（4）为探索新时代共同富裕中如何推进人的全面发展提供具有推广价值的实践范式。在推动浙江共同富裕示范区建设中，如何在理论和实践层面提升民众对共同富裕的更高层次的认识，即促进人的全面发展，是一项值得深入研究的课题。本书研究致力于对浙江省共同富裕的理论和实践经验进行探索、总结、提炼，为全国实现共同富裕提供有效借鉴和榜样示范。

第二节 研究现状述评

一 国内相关研究综述

"共同富裕"首次在党的正规文献中出现，是 1953 年 12 月 16 日的《中共中央关于发展农业生产合作社的决议》，该决议提出党在农村中工

---

① 习近平：《扎实推动共同富裕》，《求是》2021 年第 20 期。

作最根本的目的就是"使农民能够逐步完全摆脱贫困的状况而取得共同富裕和普遍繁荣的生活"。共同富裕的学术研究是改革开放之后才成为学界关注的热点问题，对此问题的研究大致可以分为三个阶段：共同富裕理论雏形阶段（1978—1991年）；共同富裕理论的形成发展与实践阶段（1992—2012年，邓小平南方谈话—党的十八大召开）；新时代共同富裕理论与实践探索（2013年党的十八大之后至今）。据中国学术期刊网（CNKI）检索题名含"共同富裕"的论文共2794篇（见图0-1），其中1978—1991年共107篇；1992—2012年共1751篇，是之前的近17倍；2013年至今共926篇（其中2020年67篇，2021年443篇）。

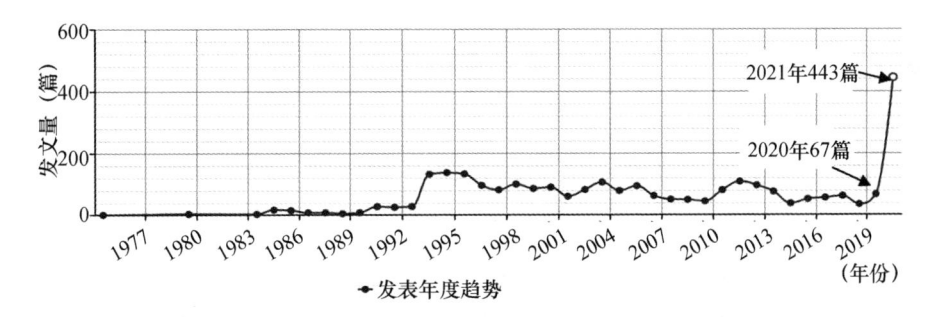

图0-1 题名含"共同富裕"论文数量

此外，据中国国家图书馆检索，学界也取得了关于共同富裕的专著式研究成果，题名含"共同富裕"的著作共64部。如李慎明主编的《共同富裕与中国特色社会主义》（中国社会科学出版社2011年版）、胡鞍钢的《中国：迈向共同富裕》（中国人民大学出版社2011年版）、迟福林的《民富优先二次转型与改革走向》（中国经济出版社2011年版）、陈映的《论共同富裕与区域经济非均衡协调发展》（人民出版社2011年版）等。

（一）共同富裕理论雏形阶段（1978—1991年）

改革开放之后，邓小平对什么是社会主义进行了思考，并把"发展生产力""共同富裕"作为社会主义的两大原则，成为社会主义本质论断的雏形。在此背景下，共同富裕成为理论和实践的新的关注点。研究成果主要：（1）对共同富裕逐渐形成了一种共识。认为共同富裕是社会主义重要原则（彭心安，1991），共同富裕是社会主义优越性的集中体现

（宋廷明，1991），共同富裕是社会主义发展的必由之路（刘春建，1991），走共同富裕道路成为共同的诉求（赵家瑜，1985；韩培信，1991）等。（2）如何辩证认识共同富裕。如共同富裕的辩证观（章荣，1984）、认识共同富裕与个人富裕的辩证关系（陈越飞，1991）等。（3）共同富裕的地方性探索情况。如对浙江、江苏或地方性某个县乡的共同富裕实践情况的研究。

此阶段虽然对共同富裕有所关注，但并未对共同富裕的本质、特征和实践路径进行深入系统的研究，对共同富裕的理解还未形成全面、系统和一致性的观点。

（二）共同富裕理论形成发展与实践阶段（1992—2012年）

1992年邓小平在南方谈话中全面、系统、深刻地论述了社会主义本质概念和完整含义，标志着社会主义本质论的成熟和完善，即"社会主义的本质，是解放生产力，发展生产力，消灭剥削，消除两极分化，最终达到共同富裕"。尤其是社会主义本质论写进党的十四大报告中，"共同富裕"问题就成为了学界关注的热点问题。

此阶段研究成果主要集中在如下几个方面。

其一，继续对社会主义共同富裕的内涵及其道路进行理论解读和剖析（如程恩富、侯惠勤，2012），深化了共同富裕是建设中国特色社会主义的必由之路（裴小革，2011）、要坚定不移走共同富裕道路（李泽泉2011）的认识；唐永泽、朱冬英在《中国市场体制伦理》（社会科学文献出版社2005年版）中提出"能把效率、公正和稳定统一起来的社会价值目标，也就是实现共同富裕"。

其二，共同富裕的伦理价值问题研究。董正平（2002）分析了共同富裕与社会主义人权问题；宋善文（2007）认为共同富裕是社会主义最大的公平；王一兵（2004）研究了共同富裕与机会平等问题；等等。二是实现共同富裕的实践途径研究。如实现"共同富裕"的思维主轴（王佳宁，2011）、包容性增长是实现共同富裕的新方式（罗贤娇，2011）、实现共同富裕要找准两个参照系（李崇富，2011）等。

其三，共同富裕的地方探索实践。如范从来（2007）对新苏南模式所有制结构的共同富裕效应的分析；武鹏（2012）分析了共同富裕思想与中国地区发展差距问题；王兆兵（2002）基于山西龙门村调查探究如何走共同富裕之路。

其四,毛泽东、邓小平、江泽民、胡锦涛等党和国家领导人的共同富裕思想研究。共同富裕是历代党和国家领导人的共同追求(孙业礼,2010),历代领导人共同富裕思想既有区别又有传承(李汝德,2004;肖玉明,2004;齐敏,2003)。毛泽东第一次明确提出了"共同富裕"概念,认为共同富裕和同步富裕是一致的,并对领导全体人民走上共同富裕道路进行了独到的思考和探索,如王宝萍(2006)、龚云(2003)等对毛泽东共同富裕思想做出了分析。邓小平开创出一条部分先富带后富共富的有序致富道路,如汪青松的《邓小平共同富裕理论与实践》(安徽人民出版社2001年版)对邓小平共同富裕思想的系统研究;朱步楼(2000)提出全面准确地理解邓小平的共同富裕思想;刘勇(2002)分析了邓小平共同富裕理论的鲜明特征;宋善文(2003)认为要从不同层次理解邓小平共同富裕思想;孙武安等(2003)认为邓小平共同富裕观对科学社会主义实现重大创新。江泽民把共同富裕目标诠释为经济社会和人的全面发展,强调效率优先兼顾公平,如陈哲(2004)认为江泽民对共同富裕思想实现了新发展。胡锦涛认为经济社会发展的成果应当由全体人民共享,强调效率与公平并重,如冯静(2007)对胡锦涛科学发展观与共同富裕思想进行了分析。在此阶段,学术界研究成果最大的贡献就是廓清和确证了共同富裕是社会主义的根本目标和原则,是社会主义优越性的重要体现,对如何实现共同富裕的途径进行了积极研究探索。

其五,展望中国实现共同富裕的前景。如胡鞍钢的研究报告《2030中国:迈向共同富裕》(中国人民大学出版社2011年版)提出了实现共同富裕后城乡之间、地区之间、生态环境、收入状况等各项量化指标,中国将是世界经济强国、创新强国,高人类福祉之国,绿色中国,共同富裕实现的中国。

此阶段研究主要呈现如下几个方面的特点:一是此阶段共同富裕的研究成果丰硕,对共同富裕的内涵、特征、实现方式等进行了多角度、多层次的研究,形成了社会主义共同富裕理论,极大地推进了社会主义社会建设。二是以"共同富裕"为重要特征的社会主义本质论深入人心,形成了对社会主义本质的科学认识,推进了科学社会主义理论体系和中国特色社会主义理论体系的进一步丰富和完善。三是共同富裕的研究呈现开放性，更关注现实，对实现共同富裕存在的问题及其解决方法进行了广泛分析。但是在研究内容上，共同富裕的文化底蕴、价值追求、与人的全面发展等多维度研究有待拓展；在研究应用上，共同富裕对社会发展的"整合力"和促进社会伦理精神的"引领力"有待提升；在研究方法上，形而上与形而下方法的结合，尤其是实证调查方法运用等有待加强。

(三) 新时代共同富裕理论与实践探索（2013年至今）

2013年党的十八大以来，党中央把握发展阶段新变化，把逐步实现全体人民共同富裕摆在更加重要的位置上，共同富裕在理论和实践上受到前所未有的重视，尤其是2021年"十四五"开局之年，共同富裕成为学界研究的热点问题，2021年到现在论文已有443篇。

此阶段研究成果主要集中在如下几个方面。

一是共同富裕的内涵新解析。吴忠民（2021）认为共同富裕社会所强调的是"美好生活"和较高水准的"生活品质"；共同富裕社会所看重的是全体人民"共同"的富裕；共同富裕社会是一个全面发展的社会。李瑞军（2021）等从系统论视域下分析了新时代共同富裕的思想意蕴等。

二是新时代推进共同富裕面临的问题研究，收入分配差距大、收入分配制度不完善，基本公共服务水平不高、发展不平衡，机会均等仍有待提高，健康水平及健康机会的公平性有待改善，精神文明与文化普惠发展还存在短板等。如邱海平（2021）分析新时代推进共同富裕须处理好若干重大关系问题。

三是促进共同富裕的战略目标与政策措施研究。如郑志国（2015）对共同富裕的制度设计与安排做出分析，张来明、李建伟（2021）提出要将促进共同富裕融入区域协调发展战略、乡村振兴战略、新型城镇化战略，深化体制机制改革，稳步推进收入分配公平、基本公共服务均等、机会均等、健康公平、精神文明建设和文化资源普惠。

四是实现共同富裕的具体途径研究。李春成（2021）分析了科技创新助力共同富裕的路径，郁建兴（2021）对第三次分配推动共同富裕的作用与机制的研究，韩文龙（2020）从制度优势的体现与国家治理的现代化的视角，提出地区间横向带动的共同富裕途径，耿百峰（2018）认为"创新、协调、绿色、开放、共享"的新发展理念解决了共同富裕实现路径中的动力源泉、平衡杠杆、美丽底色、外部条件、价值遵循。郁建兴（2021）认为在高质量发展中推动共同富裕，优化资源和机会分配格局，保障和改善民生，加强和创新社会治理等是推动共同富裕的核心政策议程。

此阶段研究呈现的特点，一是此阶段更多的是对"如何实现共同富裕"的关注和研究，如对扎实推进共同富裕的政策导向、制度基础、实践路径等的探讨。二是新时代共同富裕的内涵的理解更具有时代性、科学性，共同富裕不仅仅停留于物质生活，还包括精神富有，其内涵具有丰富的多层次性。

二　国外相关研究综述

国外对共同富裕的研究基本上循着三个理路展开，其中有一个鲜明特征就是突出如何实现"富裕"，而对"共同"没有做出有效探究。

（一）关于提升社会福利问题的研究

20世纪初，资本主义国家的贫富差距、两极分化严重，促使了福利经济学应运而生。20世纪20年代古典福利经济学理论体系的建构者庇古出版《福利经济学》，侧重于研究社会的收入分配问题，研究如何使人们"幸福"。30年代，新福利经济学（New Welfare Economics）兴起，认为富裕实际上是对效率的褒奖，能够充分高效率利用劳动和资源的人，收获得更多，也更加富裕。21世纪初，马斯·皮凯蒂（Thomas Piketty）在《21世纪资本论》中发现了欧美国家的财富和收入不平等呈现出U型的变化态势，收入不平等在一个时期下降后在另外一个时期将会显著上升。

此外，对福利国家的政策措施以及平衡公平与效率关系的相关主张研究。美国伦理学家罗尔斯（John Ravels）在 *A Theory of Justice* 一书中认为，"在作为公平的正义中，正义原则是先于对效率的考虑的"。美国伦理学家德沃金（Ronald Myles Dworkin）认为，平等是权利理论的"核心"，是"政治社会至上的美德"，并提出了政府保证公民平等的原则。主张效率公平同等重要的代表人物美国经济学家阿瑟·奥肯（Arthur M. Okun）在《平等与效率》中认为效率与公平通常是不可兼得的，解决的方案应是"在平等中注入一些合理性，在效率中注入一些人道"。

(二) 对不平等、不公平现象的理论和实践批判

美国学者基思·佩恩（Keith Payne）在《断裂的阶梯：不平等如何影响你的人生》（2019）一书中分析了贫富差距带来的物质和心理病症，他指出："在发达国家，社会问题指数和收入不平等紧密相关。"贫穷并不一定导致社会问题，不平等才导致社会问题。基思·佩恩对"不平等"思考的启示在于：解决"共同富裕"的伦理问题的焦点在于"共同"（即多大范围、多大程度地"共同"，而不在于"富裕"）。

(三) 如何在发展中实现美好和自由，以实现更多的福祉

德尼·古莱（Denis Goulet）在《发展伦理学》（2003）一书中指出发展的目标是改善人类生活和社会安排以寻求福祉，即发展的目标是追求"美好生活"。他认为"维持生命、尊重和自由"这三种价值标准为所有人类社会普遍追寻，这也是实现"美好生活"的三大要素；并且创造性地提出美好生活是在物质上拥有足够，在精神上追求更多。

印度经济学家和哲学家阿玛蒂亚·森（Amartya Kumar Sen）在《以自由看待发展》一书中指出，发展可以看作是扩展人们享有的真实自由的一个过程，认为发展的实质是扩大个人和社会的选择自由。他在《经济学与伦理学》中指出：自由，实际上是强调人的权利和能力，强调在发展的过程中消除那些造成经济不自由的因素，如专制、匮乏、可持续生计的丧失等经济机会。他将自由的分析应用于"福利方面"和"主观成就方面"，认为自由可分为两种，即与"福利成就"（well-being achievement）相对应的是"福利自由"（well-being freedom），与"主观能动成就"（agency achievement）相对应的是"主观能动自由"（agency freedom）。如果说"福利自由"反映了共同富裕的获得感和满足感，那么"主观能动自由"则反映了追求共同富裕的主体状态和获取能力。

(四) 从财富获得、财富增长和资源配置方式角度探讨如何实现富裕问题

西方国家的富裕理论，要么站在国家（实际上是资产阶级）的立场，要么站在资本家或企业家的立场探讨财富增长问题。如亚当·斯密在《国富论》（上海三联书店2011年版）中分析了国家富裕和公民富裕的问题，认为财富来源于劳动、交换、土地，其表现形式是地租、资本家的利润、工人的工资，实现国家富裕必须遵循经济规律，国家富裕的前提

是让公民富裕。威廉·汤普逊（William Thomson）在《最能促进人类幸福的财富分配原理的研究》（商务印书馆2010年版）中将英国的幸福哲学家边沁宣扬"为尽可能多的人谋求最大限度的幸福"升华为"人类幸福"。上述经济学家和哲学家们基本站在资产阶级立场上，关注资产阶级的富裕，并未对如何实现"共同"做出分析。

西方国家福利理论在不断发展过程中，在对不平等、不公平现象的理论和实践批判中，在发展中如何实现美好、自由和更多福祉的探讨中，在如何实现共同富裕的问题研究中，展现了重要的理论和实践价值：一是对造成不平等、贫富差距等问题逐渐形成一种共识：就是实现国民共同富裕论，其核心是摆脱困顿贫穷，缩小社会收入分配差距，防止两极分化，这对解决中国共同富裕的理论和实践问题具有重要的意义。二是对如何实现富裕的途径和方式进行了富有成效的探索，对于中国实现共同富裕具有重要的借鉴价值。

综合国内和国外相关研究，对于"共同富裕"问题仍有许多值得探讨和研究的地方。具体而言，主要体现在如下几个方面。

从研究内容看：（1）中国对共同富裕的研究涉及方方面面，形成了非常丰硕的成果，但基本上是对共同富裕问题某一具体内容的研究，很少将其作为中国特色社会主义理论体系的有机组成部分进行整体性、体系化研究；（2）尤其由于这些研究很少上升到人的全面发展的高度展开研究，对共同富裕的真理性和价值性如何实现统一缺乏全面、科学的认知，共同富裕的"人的全面发展"层面的认识尚未形成。

从研究时效性看：学界对党的十九届五中全会提出"新发展阶段"的理解尚未引起时效性关注，尤其对全会提出"全体人民共同富裕取得更为明显的实质性进展"作为远景目标，强调要"扎实推动共同富裕"的相关研究缺乏系统性和整体性。"新发展阶段"，共同富裕是逐渐实现人民群众对美好生活的向往的重要举措。对此的深入研究就是要聚焦在如何让发展成果更多更公平惠及全体人民，不断增强人民群众获得感、幸福感、安全感，提升民众的精神富有，以凝聚共识，实现中华民族伟大复兴。

从研究实践向度看：现有国内研究大多停留于对共同富裕的理论层面的阐释，实践研究较少，即便有一些地方性（县、乡镇等）共同富裕的探索，但并未上升到普遍性层面，可普遍化和推广应用价值严重不足。此外，国外尤其西方研究者由于其所处背景、国情有别，以及研究对象和资料选取的特殊性、认识论的偏见等，对共同富裕思想的研究总体不够全面，国外研究者的观点和理论指导不具有可移植性。

从研究创新性看：党的十八大以来，以习近平同志为核心的党中央领导集体致力于推动区域协调发展、保障和改善民生、打赢脱贫攻坚战、全面建成小康社会，为扎实推进共同富裕做出了积极努力，极大地丰富了共同富裕思想，需要学界进行持续性、创新性的深入研究。改革开放以来，中国共产党人高度重视共同富裕问题的研究，形成一脉相承的"共同富裕"思想。以毛泽东为核心的党中央领导集体探索出一条平均中求富裕的道路；党的十一届三中全会后，以邓小平为核心的党中央领导集体提出实现共同富裕必须防止两极分化，要注重保证社会公平的思想，同时提出先富带动后富，最终实现共同富裕，为共同富裕思想的不断完善奠定基础；以江泽民为核心的党中央领导集体提出非均衡协调发展战略以解决共同富裕问题；以胡锦涛为总书记的中央领导集体提出缩小贫富差距、实现共同富裕、构建社会主义和谐社会。中国特色社会主义进入新时代，共同富裕的追求目标、社会条件、价值意蕴都有了新变化和新要求，中国特色社会主义共同富裕思想的理论逻辑、未来发展、演进规律等都需要进一步进行创新研究。

综而观之，以上研究成果为进一步开展本课题研究提供了丰富的思想资料，为本书提供了借鉴和启发作用。但总体而言，研究仍然有进一步探讨的空间和深度，尤其是当前中国进入新发展阶段，社会主要矛盾、人民价值诉求都发生了新变化，更应该对共同富裕如何实现人的全面发展进行深入研究，并形成理论和方法指导，为推进浙江省乃至全国实现共同富裕提供理论支持。

第三节 研究思路与研究方法

一 研究思路

总体而言，本书属于对"共同富裕"的基础理论研究，同时又结合浙江省"共同富裕示范区"建设的实践进行相应的实证研究，因而更多的是属于规范性研究，遵循由具体到抽象再到具体的过程，因此主要以理论研究为根本路径。本书坚持马克思主义实践的立场观点方法、以辩证唯物主义和历史唯物主义基本原理为指导，以发展伦理作为研究理论基础，致力于回答"在共同富裕实践中如何促进人的全面发展"的总问题。以"促进共同富裕与促进人的全面发展的实现机制与创新路径"为主题，重点探析"促进共同富裕"与"人的全面发展"的辩证关系、如何在促进共同富裕中促进人的全面发展。质言之，共同富裕不仅仅是物质财富的增长和物质生活水平的提高，而且通过关注经济、政治、社会、可持续发展的伦理思考而变得更有解释力；对共同富裕不仅要进行工具价值评价，更要进行内在价值评价。

具体思路如图 0-2 所示。

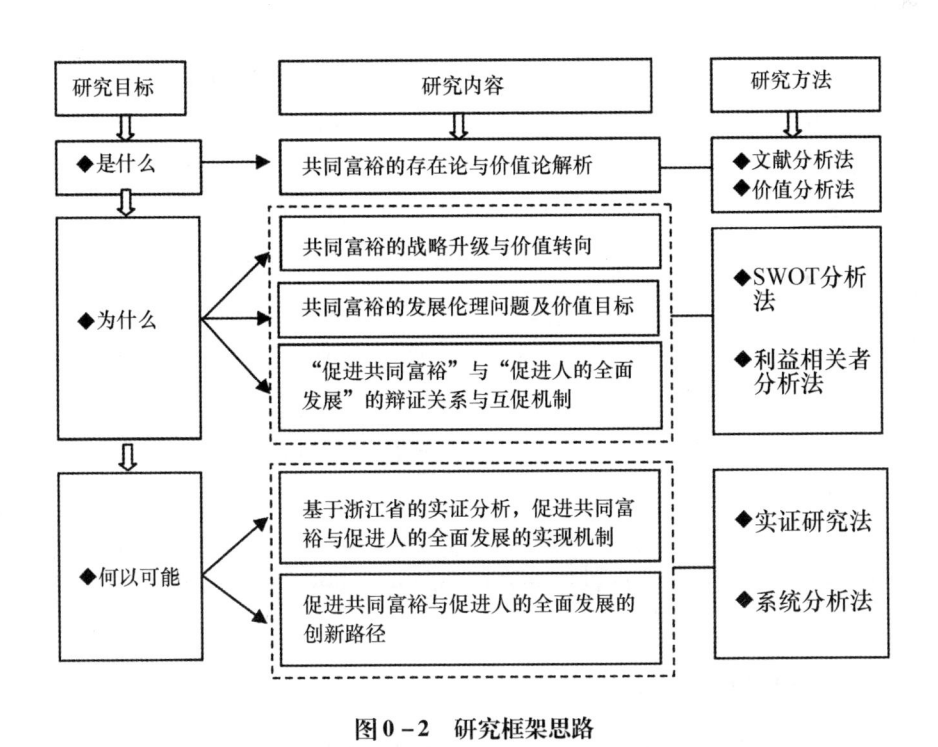

图 0-2 研究框架思路

研究思路的学理依据在于两个方面。

一是马克思主义的利益理论与人学理论。一方面，利益问题是一个涉及人类社会生活的根本问题。人类的全部社会活动，都与利益和对利

绪 论

益的追求有关，人们之间的全部社会关系，都是建立在利益关系的基础之上。实现共同富裕从此意义而言，就是一个利益增进、利益协调的过程。另一方面，在马克思唯物史观的视域中，人是马克思主义哲学的核心，"现实的人"是解决思维与存在关系的前提、基础与中心，离开人，思维与存在关系就会陷入神秘之穴。"正是人的解放问题使马克思实现了哲学革命"，共同富裕如何促进"人的全面发展"实质上就是一个人的发展问题。

二是发展伦理。发展伦理以人类的可持续生存和发展为根本价值原则，它是共同富裕的价值指导和内驱力。过去的发展实践，人们常常关注财富和经济增长的主要内容并以此为发展的评判标准，缺乏伦理精神的指导、缺乏对人的全面发展的关注。发展伦理学家古莱倡导"发展"必须与"伦理"相结合，"发展"必须置于"伦理"的价值视域中，"尽管发展可以作为政治、经济、技术或社会现象被卓有成效地研究，但是发展的终极目的却是独立的；发展是为所有人提供人性化生活的机会"。[①]共同富裕作为发展的更高阶段，尤其在社会主义社会的发展中，更应该体现整体性的发展目标——实现"美好生活"和实现"人的全面发展"。"共同富裕"的伦理问题的焦点在于多大范围的"共同"、多大程度的"富裕"。实现共同富裕的过程是利益相关者利益调适的过程，涉及政治、经济、社会、文化等诸多领域的伦理问题。发展伦理从人的存在出发，从人的问题及其境遇中实现从伦理层面对人的生存、人的尊严、人的幸福以及符合人性的生活条件的肯定，实现最大程度的生存关怀，为共同富裕提供伦理价值导向。

基于以上学理依据，本书符合唯物辩证法的基本原理和辩证唯物主义认识论的基本规律，具有辩证决定论和实践论之科学精神。

二 研究方法

研究视角决定了研究所采用的研究方法，而研究对象和研究目的决定了本书研究的视角是多维复合的。

[①] Denis Goulet, *Development Ethics: A Guide to the Theory and Practice*, London, Zed Books Ltd., 1995, p. 7.

从研究的学科视角看，它既有马克思主义理论（辩证发展观与唯物史观、利益理论与人学理论）研究视角、也有价值哲学研究视角、还有发展伦理学研究视角。（1）只有从马克思主义辩证发展观与唯物史观出发，共同富裕的研究才能获得历史唯物主义基本原理和方法论、辩证唯物主义基本原理和方法论的指导；只有从马克思主义利益理论与人学理论出发，才能洞悉共同富裕与人的全面发展的内在逻辑关联。（2）价值哲学亦称为"价值论"，是关于价值的性质、构成、标准和评价的哲学学说，考察和评价各种物质的、精神的现象及主体的行为对个人和社会的意义，探究如何促进人类进步和社会发展。只有从价值哲学的高度，才能把握人的全面发展的深刻内涵，才能理解共同富裕的"真理客观性"与"价值正当性"的有机统一。（3）实现共同富裕的过程是利益相关者利益调适的过程，涉及诸多伦理问题，发展伦理的视角则指示：发展目标是改善人类生活和社会安排，以便为人们提供日益广泛的选择来寻求共同的和个人的福祉。

从研究视角的时距看，实现共同富裕是新中国成立以来中国人民的不懈追求。新中国成立以来，全国人民就在中国共产党的带领下，不断开拓共同富裕的伟大实践。这个过程大致可以划分为如下几个阶段：一是恢复发展时期（1949—1957年），二是动荡发展时期（1958—1978年），三是经济体制转型初期（1979—1991年），四是全面建立市场经济体制时期（1992—2002年），五是完善市场经济体制时期（2003—2012年），六是进入新时代的发展阶段以来。如何化解人民日益增长的美好生活需要和不平衡不充分的发展之间的矛盾，坚持以人民为中心的发展思想，不断促进人的全面发展、全体人民共同富裕，成为全国人民共同实践的主题。

从研究视角的广度看，共同富裕所涉及的空间范围不但有中国地域的"主视野"，而且有全球范围的"次视野"，还有地方性的"小视野"，更有集中于经济、政治、文化、社会建设等"微视野"。只有研究的多角度才能反映研究对象的真相，才能对"共同富裕"与"人的全面发展"互促机制的科学性、现实性和针对性有深度把握，才有将对研究对象的认识上升到本质性和必然性以及规律性的认识程度。

基于以上研究视角，本书采用的研究方法具体有：

绪 论

一是价值分析法。价值分析法指对"促进共同富裕""促进人的全面发展"进行价值认识、价值评价、价值判断、价值选择、价值规范、价值实践的方法。价值分析法的运用，才能真正地从现实存在的人出发，才能把握共同富裕的物质层面和精神层面何以能够统一；才能真正回答共同富裕为了什么，即对于主体需要有何意义。

二是实证研究法。浙江省作为全国"共同富裕示范区"，在实现共同富裕实践中不断打造思想理论高地、打造精神力量高地、打造文明和谐高地、打造文艺精品高地、打造文化创新高地等，有效探索人的全面发展的创新路径，取得了许多先进经验。综合运用德尔菲法、问卷调查法、抽样调查法等获取浙江省文化发展、人的全面发展的相关数据，并通过 SPSS 等软件进行信息整理和分析，了解其现状、问题、发展趋势。

三是利益相关者分析法。在"促进共同富裕与促进人的全面发展的实现机制"研究中，"人的全面发展"的社会发展价值是由所有利益相关者共同创造的。利益相关者秉持的价值信念就是只有当一个社会中所有人都发展得好的时候这个社会才能发展得好。只有实现利益相关者在实现共同富裕中的代表权，才能有效解决共同富裕中的伦理问题，并围绕"调节利益矛盾、实现利益驱动、增进利益目的"理路，在促进共同富裕中促进人的全面发展。

四是 SWOT 分析法。SWOT 分析法分析共同富裕的 Strengths、Weaknesses、Opportunities、Threats，"优势—机会（SO）组合"对应的是增长型战略定位，"劣势—机会（WO）组合"对应的是扭转型战略定位，"优势—威胁（ST）组合"对应的是多元型战略定位，"劣势—威胁（WT）组合"对应的是防御型战略定位，显然，共同富裕促进人的全面发展，选择的应该是"增长型战略定位"。

五是系统分析法。在分析促进共同富裕与促进人的全面发展的创新路径中，运用系统分析方法。把"促进共同富裕与促进人的全面发展"作为一个系统，对系统要素进行综合分析，找出解决问题的可行方案。

第四节 研究内容与研究价值

以马克思历史唯物主义的基本原理、马克思主义人学思想为理论基础和理论指导,从发展伦理的视域对"共同富裕"及其发展伦理问题,"促进共同富裕"与"促进人的全面发展"是否可能、何以可能进行研究。

一 研究内容

本课题研究内容从如下八个方面展开,第一至第四章主要是对共同富裕与人的全面发展的理论研究;第五至第八章主要是基于浙江省共同富裕示范区建设的分析,对共同富裕与人的全面发展的实践进行研究。

(一) 共同富裕的存在论与价值论分析

共同富裕的存在论与价值论分析旨在对共同富裕的内涵进行阐释——解决"是什么"的问题。共同富裕可以从不同学科、不同维度进行解析。在新发展阶段,从存在论和价值论对共同富裕进行分析,是马克思唯物史观的科学运用,为本课题"促进共同富裕与促进人的全面发展、实现精神富有的创新机制与提升路径研究"奠定了理论前提。

主要分析:(1) 为什么要从存在论和价值论对共同富裕进行分析?存在论和价值论是马克思主义思考物质世界和人类生活的两个重要维度。(2) 共同富裕的存在论阐释何以必要?"社会存在"不过是人们的"现实生活过程",从存在论的角度理解共同富裕,才能真正地从现实存在的人出发,才能把握共同富裕的物质层面和精神层面何以能够统一。(3) 从价值论的角度理解共同富裕,主要回答共同富裕为了什么,即对于主体需要有何意义?

(二) 共同富裕的发展伦理问题及价值目标分析

发展的核心问题是实现美好生活、公正社会以及人类群体与大自然和谐关系的问题,为实现共同富裕提供了价值视域。发展目标是改善人类生活和社会安排,以便为人们提供日益广泛的选择来寻求共同的和个人的福祉。

主要分析:从政治建设而言,共同富裕的国家目的是"美好生活的

绪 论

普遍促进",在其中政府责任与公民权利、政府再分配责任应该如何划定？"强制性制度变迁"即由政府命令、法律、政策的引入和实行，如何为实现共同富裕提供制度保障和政策环境？"诱致性制度变迁"如何在实现共同富裕中体现"制度优势"？从经济发展而言，效率与公平、分配正义对共同富裕有何影响？在经济发展中如何促进共同富裕的实现？如何促进人的全面发展？从社会发展而言，在共同富裕中如何促进社会承认的实现、人的尊严和权利保护、社会普遍正义的保障，是实现人的全面发展和社会全面进步的重要手段。从文化发展而言，共同富裕不仅是一个物质积累的过程，也是一个精神丰实的过程，如何让文化发挥铸魂塑形赋能的强大力量和功能，实现精神文化生活丰富，最终促进人的全面发展和社会全面进步，这是共同富裕的题中之义。

基于以上发展伦理问题的共同富裕战略升级与价值转向研究，实现高质量发展需要实现向"人的全面发展"的战略转向；扎实推进共同富裕，需要从物质层面向价值层面的提升，即转向人的发展层面。从转向的理论价值看，基于实现共同富裕的伦理问题，分析实现高质量共同富裕发展为何要实现向"人的全面发展"的战略价值方向转变；从转向的实践意义看，剖析扎实推进共同富裕，实现"人的全面发展"的全国、区域发展的实践意义。

（三）发展伦理视域下"促进共同富裕"与"促进人的全面发展"的辩证关系与现实要求剖析

"促进共同富裕"与"促进人的全面发展"是辩证的和相互促进的。"人的全面发展"是共同富裕的最终价值目标；共同富裕为实现人的全面发展和社会全面进步提供物质基础。

主要分析：其一，人的全面发展的历史唯物主义阐释。马克思主义关于人的全面发展思想及其当代价值，揭示人的全面发展的历史唯物主义蕴涵；人的全面发展学说在中国特色社会主义建设中的理论创新；共同富裕在中国特色社会主义新时代。其二，促进共同富裕与促进人的全面发展的辩证关系分析。主要研究：促进共同富裕与实现人的全面发展有何辩证关系；在共同富裕中实现人的全面发展的内在机制是什么，即是否可能；促进共同富裕与促进人的全面发展如何实现高度统一。其三，如何以人的全面发展来考量共同富裕？人的全面发展是共同富裕重要的价值目标,反之,人的全面发展的促进状况成为衡量共同富裕实现程度的重要标准。其四,共同富裕是社会主义的本质要求,人的自由全面发展是社会发展的终极目标,二者的有机统一,是中国特色社会主义社会建设的现实要求。主要表现在:在人称指谓上,促进共同富裕与促进人的全面发展要求从"大多数"到"全体"的实现;社会发展整体性上,促进共同富裕与促进人的全面发展要求社会建设各方面协调推进;在成果分配上,促进共同富裕与促进人的全面发展要求全民共享发展成果;在发展的具体要求和标准上,促进共同富裕与促进人的全面发展要求获得实质性进展。

(四)人的全面发展目标下实现共同富裕的伦理路向

对共同富裕的发展理念、价值目标、发展原则、主体责任做出伦理考量,这不仅是新发展阶段推进社会更加公平、更可持续、更为安全发展的现实需要,也是实现人民日益增长美好生活需要的迫切要求。

主要分析:其一,理念更新,对经济行为动机与经济行为效果进行理念纠偏,以实现经济行为动机与效果的伦理应当。其二,人的全面发展目标下,共同富裕对美好生活的追求。其三,人的全面发展目标下共同富裕的伦理原则,即经济安全原则——坚持公平正义,经济增长原则——包容创造增长,经济体健康原则——拒绝"丛林法则"。其四,人的全面发展目标下共同富裕的主体责任伦理,也就是说,人的全面发展目标下共同富裕要求建立经济主体的责任伦理、塑造经济主体的责任伦理精神,以适应经济新发展的更高要求。

(五)共同富裕:社会正义的中国实践及其发展启示

共同富裕作为社会主义的本质特征,不仅为实现社会正义奠定了物质经济基础,其对符合伦理应当的经济效用分配的追求更体现了社会正义的实质。

主要分析:其一,共同富裕的正义蕴涵。一是增进经济利益,共同富裕构筑社会正义的物质基础;二是强调经济效用分配:共同富裕彰显社会正义实质。其二,在共同富裕实践中推进社会正义。共同富裕的实践体现了社会正义在国家、社会和个人三个层面的落实:从国家而言是彰显社会主义优越性,从社会而言实现"美好生活的普遍促进",从个人而言则增进主体的福利、尊严、自由与德行。其三,实现共同富裕的发展启示在于它不仅为消解世界贫富分化带来的不公平不正义问题提供借鉴，也担负着辨析当代社会生产关系性质和批判资本主义的价值使命，其展现的人类发展的正义关切还为建构人类命运共同体提供了利益认同和价值认同路向。

(六) 实现共同富裕与促进人的全面发展的战略定位

共同富裕是一项顺应中国新发展阶段的新发展要求和新发展规律的重大发展战略。共同富裕路子应当怎么走？这是一个正在进行探索的课题，而共同富裕促进人的全面发展的战略选择和实施策略则是切关宏旨的重要问题。

主要分析：其一，"可持续发展能力"嵌入式共同富裕：一种实践分析框架。以"可持续发展能力嵌入式共同富裕"作为实现共同富裕的模式选择，旨在强调"可持续生计促进共同富裕""可行能力确证人的发展"两个方面的有机融合。其二，运用 SWOT 分析方法对实现共同富裕的全国和浙江省共同富裕示范区建设的 strength（优势）、weakness（劣势）、opportunity（机会）、threat（威胁）做出分析，旨在解决如何发挥优势、抓住机会、改变劣势、消除威胁等问题，更好地实现共同富裕以促进人的全面发展。其三，实现共同富裕与促进人的全面发展的 SWOT 组合分析。从全国范围和浙江省的状况看，优势、劣势、机会和威胁四个因素具有普遍性和特殊性，分别对这两个层次的组合进行分析，可以为实现共同富裕与促进人的全面发展的战略选择提供依据。其四，实现共同富裕与促进人的全面发展的战略选择。"优势—机会（SO）组合"对应的是增长型战略定位，"劣势—机会"（WO）组合对应的是扭转型战略，"优势—威胁（ST）组合"对应的是多元型战略定位，"劣势—威胁（WT）组合"对应的是防御型战略定位。显然，增长型战略才是实现共同富裕与促进人的全面发展的最佳战略选择。

(七) 实现共同富裕与促进人的全面发展的实施策略研究

实现共同富裕与促进人的全面发展的实施策略是一项系统性的行动方针和方案方法，也就是对其实现的机制探究，这种机制是一个多维、动态的系统，包括价值引导、利益激励、制度促进、综合治理、协同促进等方面。

主要分析：其一，价值引导：超越"资本逻辑"困境。实现共同富裕必须超越"资本逻辑";同时,强调价值引导体现在人的生存优化、实现尊重、扩展自由等方面。其二,利益激励:优化人的全面发展条件。利益激励机制实现人的全面发展的动力机制,可以分为制度性的利益激励机制、政策性的利益激励机制、体制性的利益激励机制三种类型。其三,制度促进:"诱致性"制度创新保障。发挥中国特色社会主义制度优势,为实现共同富裕与促进人的全面发展提供坚实保障;加强制度创新,为实现共同富裕与促进人的全面发展提供制度引导;重视"诱致性制度变迁",为实现共同富裕与促进人的全面发展提供制度动力。其四,综合治理:调适多重发展关系。共同富裕与人的全面发展涉及生产力与生产关系、经济基础与上层建筑的矛盾运动关系;还涉及人与人、人与社会、人与自然、人与自身的关系;也涉及物质生活、政治生活、社会生活与精神生活的协调。

(八)促进共同富裕与促进人的全面发展的创新路径研究

创新路径应该紧密结合浙江实际,制定"高质量发展建设共同富裕示范区促进人的全面发展"行动方案,以实现高标准严要求建设共同富裕示范区,探寻"创新型""有特色"的人的全面发展新模式。

主要分析:其一,推进教育均衡,为实现人的全面发展提供智力支持与公平机会;其二,加速乡村振兴,在缩小城乡差别中推进全域范围人的全面发展;其三,加强社会治理,为实现人的全面发展创设优良的社会空间;其四,弘扬社会新风尚,为实现人的全面发展营造良好的环境氛围;其五,繁荣文化事业,为实现人的全面发展提供文化精神滋养;其六,激发利益相关者责任,为实现人的全面发展凝聚主体动力。

二 研究价值

实现"共同富裕"是把力量凝聚到党的十九大提出的实现"人民群众对美好生活的向往"目标的重大战略,对"共同富裕"的研究不能仅仅囿于概念的解析、理论的注解和经验的分析,更重要的是如何从人的全面发展层面获致方法自觉和方法论智慧,以深刻领会和积极践行"扎实推进共同富裕"。

(一)学术价值

其一,从人的全面发展层面深化中国特色社会主义共同富裕理论研究,丰富和充实中国特色社会主义理论体系。物质文明和精神文明建设是中国特色社会主义理论体系中的重要主题,实现共同富裕则是这个主题的直观确证。全体人民共同富裕需要从"人民群众物质生活和精神生活都富裕"两个方面进行理解,从而深化对共同富裕的理解。已有研究大多停留在物质层面的探讨,认为共同富裕主要是指经济方面的充裕和富有,而对精神层面的探讨不多,忽略乃至舍弃了对其精神层面意蕴的挖掘阐发。

其二,厘清"共同富裕"与"人的全面发展"的逻辑关系,使共同富裕切实地促进人的全面发展。一方面,"共同富裕"为"人的全面发展"提供现实条件,促进人的生产能力、生活能力和道德能力的提升,从而真正实现人的全面发展。其中"物质富裕"为人的全面发展提供物质条件,"精神富裕"为人的全面发展提供精神和价值要素,并形成价值结构。另一方面,一个国家的综合国力主要是经济实力、技术实力等物质力量作为基础,但也离不开民族精神、民族凝聚力,精神力量也是综合国力的重要组成部分。在社会主义发展新阶段,不仅要大力发展物质富裕,为人的全面、自由与和谐的发展提供有效手段,为人的全面发展和社会全面进步提供精神支撑和价值引导。

(二) 应用价值

其一,为正确、全面、科学地理解"共同富裕"提供价值论指导——人的全面发展以提高生产能力为根本;"第三次分配"需要伦理道德的支撑。中国特色社会主义共同富裕思想是一个丰富的理论体系,从理论上彰显出马克思主义价值论的智慧与情怀,闪耀着马克思主义价值方法论的灿烂光辉,开创了马克思主义价值方法论实践新境界。因此,必然要从价值方法的高度,才能深刻理解和领会"共同富裕"的哲学智慧和理论魅力。一方面,人的全面发展的基础是要有生产能力。共同富裕的目标应该定位在提高全体人民的生产能力上,这样才能够让共同富裕走得远,可持续。另一方面,"第三次分配"必须依靠道德的力量(慈善是最根本和普遍的形式)。与初次分配以效率为原则、靠市场,再次分配靠法律和制度不同,"第三次分配"靠的是道德,即通过鼓励慈善的方式而实现。

其二,为深入学习和贯彻习近平总书记的"扎实推进共同富裕"的精神，凝聚全党全国各族人民的思想共识、汇集发展力量，开拓共同富裕的实践路径，党的十九届五中全会提出把"全体人民共同富裕取得更为明显的实质性进展"作为远景目标，强调要"扎实推动共同富裕"。2021年3月13日通过的《中华人民共和国国民经济和社会发展第十四个五年规划和2035年远景目标纲要》中提出"制定促进共同富裕行动纲要"，自觉主动缩小地区、城乡和收入差距，让发展成果更多更公平惠及全体人民，不断增强人民群众获得感、幸福感、安全感，并做出支持"浙江高质量发展建设共同富裕示范区"的决定。这标志着在全面建成小康社会和建设社会主义现代化强国的征程中，作为社会主义本质特征的"共同富裕"目标正实现着理论与实践的创新发展。

其三，为在共同富裕的追求中更好地实现人的全面发展拓展实践路途。"十四五"规划建议再次强调，经济社会发展必须坚持人民主体地位、坚持共同富裕方向、促进社会公平。实现人的全面发展是社会主义事业的价值目标，如何在实现共同富裕中促进人的全面发展，事关党和国家工作全局，事关中国特色社会主义事业长远发展，事关最广大人民根本利益。打造物质富裕和精神富有相统一的共同富裕美好社会，需要坚持以文化人、以文培元。做到推动文化发展进步与促进人的全面发展相结合，才能推进以人为核心的现代化，实现真正意义上的共同富裕。因此本书的研究对于夺取新时代中国特色社会主义伟大胜利、实现中华民族伟大复兴、实现人民对美好生活的向往，具有重大现实意义和指导价值。

上 篇

共同富裕与人的全面发展的理论研究

第一章

共同富裕的存在论与价值论解析

为什么要从存在论和价值论对共同富裕进行分析？存在论和价值论是马克思主义关注物质世界和人类生活的两个重要维度。在马克思主义历史唯物主义视域中，社会存在是指社会物质生活条件的总和，其中人口因素与地理环境和生产方式一样，是社会存在的重要构成。从主体——人的要素而言，"社会存在"不过是人们的"现实生活过程"。从存在论的角度理解共同富裕，才能真正地从现实存在的人出发，才能把握共同富裕的物质层面和精神层面何以能够统一。价值论就是从主体的需要和客体能否满足主体的需要以及如何满足主体需要的角度，考察和评价各种物质的、精神的现象及主体的行为对主体的意义。从价值论的角度理解共同富裕，旨在回答共同富裕为了什么，即对于主体需要有何意义。

第一节 富裕：一种文化生态的理解

在文化人类学的视域中，文化生态作为一种"社会实在"，关涉着发展的本质和发展的相关问题。美国当代著名的文化人类学家哈维兰（willian A. Haviland）认为，社会实在在本质上就是一种"文化生态"，社会发展在本质上就是"文化生态"的转换。所谓文化生态，一方面是指人类社会构成，即以人的观念和行动为基础，包括人与自然、社会、自身等"人化"关系的人类社会；另一方面是指价值观念，也就是人们在日常生活交往实践中形成的价值意识、价值思维和价值信念等。从文化生态的角度理解富裕，共同富裕的价值指向就愈加明晰，或者说人的发展的价值目标就得到进一步的凸显。

首先，富裕是人类社会结构、系统、要素的动态调适的发展状态。富裕作为"社会实在"的发展形式，不仅仅是物质资料的丰富，还应该是人类社会的系统和要素的互动协调的发展状态。因此，看待"富裕"问题，必须以一种整体论的视角，看待整个社会的存在及其发展状态。不同的社会发展阶段有不同的社会结构。社会结构是一个包括人口结构、就业结构、城乡结构、收入分配结构、消费结构、阶层结构等要素在内的有机系统，其中阶层结构是最核心的内容。所谓社会结构优化，是指社会各结构的子系统和各要素的发展，形成相对稳定的秩序和关系协调状态，尤其是阶层结构处于相对稳定有序、没有发生过大分化的状态。社会结构的优化，既是富裕的反映，也是富裕的保障。从社会结构优化而言，其一，富裕表征着实现社会利益关系协调，社会阶层结构优化。利益关系是社会发展的最根本和最主要的社会关系，社会利益关系的协调与平衡是社会和谐的核心内容，也是富裕的基本特征。因此，在实现共同富裕的进程中，打破利益固化的藩篱、优化社会阶层结构，成为要解决的关键问题。例如，通过相应的法律规范、政策引导和制度实施，严厉打击通过不正当手段掠夺社会财富的现象，打破利益固化的现象；通过社会政策托底，实现对广大民众的基本民生和社会弱势群体的基本生活给予相应保障；加强完善教育、住房、社保、税收等相关政策推进社会建设、增强社会合理有序流动，使整个社会发展充满活力。富裕是社会发展的特征，是社会结构的进一步优化，我们只有从社会结构、社会关系、社会阶层等方面，才能把握富裕的社会发展状态。其二，富裕表征着社会组织结构实现合理化与相对稳定，社会形成强大的凝聚力。1982年法国社会学家迪尔克姆（Emile Durkheim）首先提出了社会凝聚力的概念，将社会凝聚力看作一个社会的秩序特征，并将其定义为社会成员之间的依赖、忠诚和团结的程度。社会凝聚力是群体、组织和社会的重要特征。对于发展中国家而言，在社会经济增长的同时避免社会矛盾冲突和社会分裂，这是社会进步的关键。20世纪80—90年代，拉美国家经济因为社会矛盾冲突剧烈而出现了所谓"增长的塌陷"（growth collapse），表明社会凝聚力在社会经济发展中不可或缺；而凡是重视社会凝聚力建设的国家，经济社会发展都会取得长足的进步。从此意义而言，社会凝聚力是实现富裕的重要促进力量,同时,富裕的实现也说明社会凝聚力的良好状况,也就是说,实现富裕既是社会结构优化和社会整合的积极过程,也是社会公众实现趋同、走向社会凝聚的精神心理过程和状态。

其次,富裕作为社会发展的状态,在本质上是文化生态的变迁。一方面,在社会发展过程中,文化生态的各个系统及其要素实现相互运动,即人的生存、生产、交往等活动领域及其相互之间实现互动,从而使得人与自然、人与人、人与社会等实现动态调适。只有从人的生存、生产和交往活动中,我们才能理解富裕的实质;也只有从人与自然、人与人、人与社会的关系协调中,我们才能把握富裕的目标。也就是说,富裕表明人的生存状态实现了巨大的进步,人的生产和交往活动也打破了过去封闭、落后、保守的状态,实现了更大范围和更大程度的互动交流。在此基础上,人与自然的关系得以重新调适,人与人的关系得以重新审视,人与社会的关系得以重新建构。另一方面,富裕也表明,价值观念在社会发展过程中实现推进和更新,即"社会成员共享的价值、信仰和对世界的认识,他们用文化解释经验、发起行动,而且文化也反映在他们的行为之中"[①]。富裕不同于资本的原始积累,资本的原始积累阶段是通过暴力掠夺的手段使货币财富迅速地集中在少数人的手里,富裕是社会整体财富的增加和社会大多数人平均财富的增长,是一种整体的提高,而这种整体的进步需要社会成员的"共享价值"做支撑,只有在可以共享的价值观指导和推动下,社会的整体性才不会受到漠视和破坏。

最后,富裕关涉着整个社会的发展本质、发展问题、发展平等和发展生态等问题。既然富裕反映社会发展的整体状态,那么,发展本质、发展问题、发展平等和发展生态,则是考察富裕时不可或缺的四个维度。其一,从发展本质而言,社会发展最根本的就是生产力的进步,而生产力中最活跃的因素是人的因素,社会发展的本质归根结底还要落实到人的发展问题上。质言之,作为社会发展状态的富裕表征着人的发展状况,并以人的发展为最终目的。同时,富裕也为人的发展、提高人的素质创

---

① [美] 威廉·A. 哈维兰:《文化人类学》,瞿铁鹏等译,上海社会科学院出版社 2006 年版,第 36 页。

造更优越的条件,并促进社会全面进步。其二,从发展问题而言,富裕不是发展问题的彻底化解,而是意味着社会发展问题实现了矛盾性质的变化。党的十九大报告指出:"中国特色社会主义进入新时代,我国社会主要矛盾已经转化为人民日益增长的美好生活需要和不平衡不充分的发展之间的矛盾。"[1] 社会主要矛盾发生新变化,发展的问题也随之发生新变化,富裕的问题就由"量"的追求——做大蛋糕,转向"质"的追求——做好蛋糕和分好蛋糕。其三,发展平等则是对"发展合理性"的价值评价,发展平等实质上是发展权利的诉求。1968年,第一次世界人权大会上通过的《德黑兰宣言》明确指出:若不同时享有经济、社会和文化权利,则公民及政治权利绝无实现之日。1993年,世界人权会议通过的《维也纳宣言和行动纲领》重申发展权作为一项基本人权,是一项普遍的、不可分割的权利。中国共产党领导全国人民在争取发展权的百年征程中,取得了伟大的实质性的发展成就。尤其是党的十八大以来,公平正义作为中国特色社会主义的内在要求,在发展问题上得到更加全面的落实。党的十八大报告提出:"要在全体人民共同奋斗、经济社会发展的基础上,加紧建设对保障社会公平正义具有重大作用的制度,逐步建立以权利公平、机会公平、规则公平为主要内容的社会公平保障体系,努力营造公平的社会环境,保证人民平等参与、平等发展权利。"[2] 在实现富裕和追求共同富裕阶段,如何实现发展平等,成为全国人民共同的期待和努力目标。其四,发展生态则是发展环境系统的一种综合反映。工业化过程中,人类社会盲目发展造成的环境破坏、资源枯竭、能源短缺、生态危机等问题,"似乎超过了人类社会为这些问题寻找解决方法的能力"[3]。发展过程中的个人主义、消费主义、达尔文主义,正以巨大的力量销蚀着人与自然的和谐关系,全球范围普遍存在生产方式、生活方式正陷入不可持续的困境,这些问题已经引起了整个世界的关注和警惕。

---

[1] 习近平:《决胜全面建成小康社会 夺取新时代中国特色社会主义伟大胜利——在中国共产党第十九次全国代表大会上的报告》,人民出版社2017年版,第11页。
[2] 胡锦涛:《坚定不移沿着中国特色社会主义道路前进 为全面建成小康社会而奋斗——在中国共产党第十八次全国代表大会上的报告》,人民出版社2012年版,第14页。
[3] [美]威廉·A.哈维兰:《文化人类学》,瞿铁鹏等译,上海社会科学院出版社2006年版,第491页。

富裕，不应该是发展生态遭到破坏换来的结果，而是发展生态实现优化的成就。

"文化生态"作为社会发展的实质内容，反映了富裕的社会特征。从"文化生态"的视角理解富裕，富裕则不仅仅是"财富"的别名，而是作为社会发展的良好状态，实现了社会结构和要素的系统优化。从"文化生态"的角度理解富裕，富裕反映的社会发展指向——人的全面发展，才能获得人类文化学的意义支撑，"共同富裕与人的全面发展"的探讨就有了社会整体性的基础。

第二节 共同富裕的存在论蕴涵

纵观西方哲学史，"存在"是一个不断演变发展的范畴。在古希腊哲学中，"存在"具有多重含义；中世纪哲学以"上帝"释"存在"；近代哲学以"实体"释"存在"；现代哲学以"人的生存"释"存在"。[①] 实际上，"存在"范畴的历史演变，反映了人们如何对待人类历史发展过程。近代欧洲的"文艺复兴"运动和"宗教改革"运动消解了"神性"，重新发现了人，赋予了对人类社会历史的自觉反思的"理性"方式。意大利人著名哲学家维科（Giambattista Vico，1688—1744）在《新科学》中提出"人类历史是由人类自己创造出来的"，最早给予了人的肯定，这是近代欧洲对宗教神学的反叛。维科的历史观对黑格尔产生了重要的影响。黑格尔认为："世界历史无非是自由意识的自我进展"[②]，虽然黑格尔认为"历史是精神自我发展的历程"是一种唯心主义的表达，但是他对历史发展变化的历史辩证法认识具有积极的革命性质。

马克思对黑格尔唯心主义的历史观念进行了唯物主义的改造，提出"世界不是一成不变的事物的集合体，而是过程的集合体"[③]。而所谓的"过程"即是指社会生活和人的实践活动的发展变化，马克思的哲学视野

[①] 李德顺、孙伟平、赵剑英：《马克思主义范畴研究》，中国社会科学出版社2010年版，第121页。

[②] ［德］黑格尔：《历史哲学》，王造时译，上海书店出版社1999年版，第18页。

[③] 《马克思恩格斯全集》第21卷，人民出版社1965年版，第240页。

转向了现实生活中从事实践活动的人,实现了现代哲学的"生活转向"。

从物质基础考察人的实践活动、理解人的生活,从而把握人的本质,这是马克思主义"存在"范畴的根本旨趣。显然,马克思对"存在"的理解不是单一的,而是具有层次性的。

"存在"首先是物质生活基础的构成。马克思指出:"历史的每一阶段都遇到一定的物质结果,一定的生产力总和,人对自然以及个人之间历史地形成的关系,都遇到前一代传给后一代的大量生产力、资金和环境,尽管一方面这些生产力、资金和环境为新的一代所改变,但另一方面,它们也预先规定新的一代本身的生活条件,使它得到一定的发展和具有特殊的性质。"① "物质结果"和"生活条件"是每一代人的生活的物质前提条件,也是每一代人"存在"的自我确证方式,只有从"社会生活的物质方面"才能真正地理解人的"存在"及其发展变化。

"存在"表征"现实的个人"的主体状态。"现实的个人"是"一般哲学前提",也是马克思主义理解全部人类历史的第一前提。马克思恩格斯在《德意志意识形态》中强调:"我们开始要谈的前提不是任意提出的,不是教条,而是一些只有在想象中才能撇开的现实前提。"这个"现实前提"就是"现实的个人,是他们的活动和他们的物质生活条件"。② 在马克思看来,不理解"感性的人"及其"活动"是旧唯物主义和唯心主义的共同错误,"从前的一切唯物主义(包括费尔巴哈的唯物主义)的主要缺点是:对对象、现实、感性,只是从客体的或者直观的形式去理解,而不是把它们当作感性的人的活动,当作实践去理解,不是从主体方面去理解"③。没有从人的社会联系和生活条件来理解人,人只能是"抽象的人"。

"存在"反映"现实的个人"的需要诉求。如果仅仅用生物学的方法和观点去定义人的需要,似乎贬低了人的需要的价值,因为显然人的需要不同于动物的需要。因此,用人类学的方法界定人的需要,人的需要具体化显然要受到社会环境的制约。历史唯物主义将社会"经济基础"作为考察社会发展和人的存在的重要场域,并以此作为对剥削社会形态

---

① 《马克思恩格斯选集》第1卷,人民出版社1995年版,第92页。
② 《马克思恩格斯选集》第1卷,人民出版社1995年版,第66—67页。
③ 《马克思恩格斯选集》第1卷,人民出版社1995年版,第55页。

的批判和对公正社会形态向往的重要根据。马克思在《〈政治经济学批判〉序言》中将经济基础定义为"人们在自己生活的社会生产中发生一定的、必然的、不以他们的意志为转移的关系，即同他们的物质生产力的一定发展阶段相适合的生产关系。这些生产关系的总和构成社会的经济结构，即有法律的和政治的上层建筑竖立其上并有一定的社会意识形式与之相适应的现实基础"①。马克思认为，经济基础的改造是社会上层建筑改变的决定力量。马克思恩格斯在肯定资本主义导致人类生产力和物质需要爆炸性提高时指出，"资产阶级在它的不到一百年的阶级统治中所创造的生产力，比过去一切世代创造的全部生产力还要多，还要大"②。马克思指出资本主义社会关系结构造就了"不断丰富的需要制度"，同时也造就了社会富裕和财富创造者的需要得不到满足的不公正社会制度，在大面积贫困和剥削中无疑埋藏着反抗的种子。马克思主义对资本主义社会制度的批判，表达着"现实的个人"的需要诉求，这就是更大程度地满足物质需要及其如何公正公平地实现这种物质需要。

正是基于马克思主义对"存在"的科学理解，"共同富裕"既作为我们生活物质条件改善的状态，也作为人类社会发展和人追求更好生活的实践活动，必须以"存在"的视角和态度，关注每一个"现实的个人"。

其一，共同富裕以社会生活物质条件的改善为基础。社会物质生活条件是人之存在和发展的物质要素，指人类社会赖以生存和发展的物质条件的总和。在历史唯物主义视域中，社会生活物质条件包括地理环境、人口因素和物质资料的生产方式。地理环境是人类社会生存和发展的自然条件，为人们日常的衣食住行提供物质资料，从此意义而言，地理环境（主要是生态环境）优化是共同富裕的必要条件。美丽的生态环境使得共同富裕具有了前提性基础，那种以资源消耗和环境污染为代价的生产生活方式，将抽空共同富裕的根基，摧毁共同富裕的美好向往。人口因素是社会存在和发展的主体条件，但并不是社会发展的决定性力量，只有与一定的社会生产方式相结合，才能推动社会的全面进步。人口的数量、素质和质量对社会共同富裕的实现具有重要的影响，没有一定人

---

① 《马克思恩格斯选集》第2卷，人民出版社1995年版，第32页。
② 《马克思恩格斯选集》第1卷，人民出版社1995年版，第277页。

口数量,经济社会发展就无法得到保障,没有人口素质的提升,即便有财富的堆积也难以实现共同富裕。显然,共同富裕是人的追求,却又取决于人的主体状况。物质资料的生产方式是社会生产力与生产关系的统一体,它决定着整个社会的性质和面貌。马克思指出:"物质生活的生产方式制约着整个社会生产、政治生活和精神生活的过程。不是人们的意识决定人们的存在,相反,是人们的社会存在决定人们的意识。"① 物质资料的生产方式决定了生存和生活需要的衣、食、住及其他物质资料生产。因此,高度的生产力为共同富裕提供物质保障;而生产关系则决定着生产活动中生产资料归谁所有、人们在生产中地位和关系、产品如何分配,也就决定着人们的生产活动的心理和精神状态,影响着富裕是否能够"共同""如何共同"。概言之,地理环境、人口因素和生产方式,为共同富裕的实现构筑了坚实的物质生活条件基础。其中,地理环境和人口因素只有通过物质资料的生产方式才能对社会的存在和发展产生作用和影响,质言之,生产方式是实现共同富裕的决定性条件,只有从生产方式的比较中,我们才能理解社会主义生产方式在哪些方面、在何种程度上优越于资本主义生产方式,才能真正把握为什么社会主义才能使实现共同富裕的可能性变为现实。

其二,共同富裕以优化"类"主体生存和生活状态为目的。马克思指出:"全部人类历史的第一个前提无疑是有生命的个人的存在。"② 这里的人不是抽象、纯粹的人,而是从事生产实践活动的人,是作为生存和生活的主体存在。这样的主体存在以实践活动为基本方式,并在实践活动中——主要是劳动的方式,追求更好的主体状态、创造主体的价值。同时,这种主体存在具有一种开放的主体意识,并不是仅仅为了追求个体的目标,而是以"类"的存在优化为努力。正如马克思指出:"有意识的生命活动把人同动物的生命活动直接区别开来。正是由于这一点,人才是类存在物。或者说,正因为人是类存在物,他才是有意识的存在物,也就是说,他自己的生活对他是对象。"③ 正是因为作为主体的人是"类

---

① 《马克思恩格斯选集》第2卷,人民出版社1995年版,第82页。
② 《马克思恩格斯选集》第1卷,人民出版社1995年版,第67页。
③ 《马克思恩格斯选集》第1卷,人民出版社1995年版,第46页。

存在物",所以"富裕"作为主体生存和生活的优化状态才不是个体的事情,而是"共同"的追求。也就是说,"共同富裕"不是个体主体的目标,而是整个社会共同的向往。

其三,共同富裕以人的生存和生活需要的满足为基本评判。马克思认为,满足需要是人的本性,也是人们活动的原动力,"任何人如果不同时为了自己的某种需要和为了这种需要的器官做事,他就什么也不能做"①。"需要"是一个含义广阔的概念,当马克思在《〈政治经济学批判〉导言》中强调"消费把需要再生产出来"②的时候,在更大程度上是指对物质生活资料的追求,即物质性的需要。马克思同时认为,人的需要是多样的,"人以其需要的无限性和广泛性区别于其他一切动物……"③。与此相反,不能满足需要的社会状态就是剥夺和贫困现象。剥夺经常被定义为"没有得到满足的需要",贫困被定义为"缺乏满足需要所必需的物质和金钱资源"④。此外,人的需要除了物质性的需要形态外,还有更高层次的心理和精神的需要。按照马斯洛人需要的五个层次理论划分,人有"生理""安全""爱与归属""尊重""自我实现"的由低到高的需要,在自我实现需要之后,还有自我超越的需求。从需要的多层次满足而言,共同富裕的目标显然不是物质需要的满足状态,还有"安全"(尤其是免遭"被剥夺")、"社会关怀"(尤其是公平正义的实现)、"权利尊重"(尤其是尊严和自由)、"社会价值实现"(奉献他人和社会)等。无论从历史唯物主义对"需要"内涵的理解,还是从社会现象学对"需要"的描绘,人的生存和生活需要的满足无疑应该成为共同富裕实现与否的重要衡量标准。

第三节 共同富裕的价值论释义

"价值"(Value)一词最初来源于梵文 wer(掩盖、保护)和 wal(掩

---

① 《马克思恩格斯全集》第3卷,人民出版社1987年版,第286页。
② 《马克思恩格斯选集》第2卷,人民出版社1995年版,第9页。
③ 《马克思恩格斯全集》第49卷,人民出版社1982年版,第130页。
④ [英]莱恩·多亚尔、伊恩·高夫:《人的需要理论》,商务印书馆2008年版,第28页。

盖、加固）。拉丁文中的 vallo（用堤护住、加固）、valeo（成为有力量的、坚固的、健康的）和 valus（堤），具有"对人有掩护、保护、维持作用"的意思，后来演化为"可珍惜、令人重视、可尊重"的含义。① 哲学上的"价值"是指客体满足主体需要的属性。所谓价值，"是指以主体的尺度为尺度的一种主客体关系状态"②。价值是属人的范畴，却存在于关系之中，揭示外部客观世界对于满足人的需要的意义关系。

"人"是个体存在与社会存在的统一，人的价值是社会价值与自我价值有机结合，这就要求作为主体的人能够辩证地对待索取（体现个人价值）与奉献（体现社会价值）的关系。一方面，自我价值是价值实现的归宿和落脚点，强调社会对个体需要的满足。从物质价值角度看，个人的物质需要得到满足，如经济利益获得、生存环境的改善、生活条件的优化、人身安全获得保障等；从精神价值角度看，即个体的心理和精神需要得到满足，如心理的满足、情感优化、文化的丰富、精神的振奋、关系的和谐等，从而使人的安全感、获得感、幸福感得到提升。另一方面，社会价值以社会为价值服务对象，强调个人对社会的整体贡献，如个人为社会的生存和发展创造必要的物质价值、精神价值和综合价值，体现的就是人的社会价值。自我价值与社会价值是辩证统一的，二者不可割裂开来看，既提倡和鼓励个人为社会多做贡献，又强调社会必须充分尊重和保障个人的需要和权益。

马克思主义的价值论以实践为导向，正如马克思指出："对实践的唯物主义者即共产主义者来说，全部问题都在于使现存世界革命化，实际地反对并改变现存的事物。"③ 因此，价值的问题是同人及其社会生活紧密相连的问题，或者说，只有在人及其社会生活的实践场域中，价值问题才能显示其现实性和必然性。

基于价值内涵的分析，我们才能辨析清楚如下几个问题：其一，共同富裕为了什么？其二，共同富裕是一种什么样的社会状态？其三，实现共同富裕的价值路径是什么？

---

① 李德顺主编：《价值学大辞典》，中国人民大学出版社1995年版，第261页。
② 李德顺：《价值论——一种主体性的研究》，中国人民大学出版社2020年版，第20页。
③ 《马克思恩格斯选集》第1卷，人民出版社1995年版，第54页。

其一，共同富裕为了什么？据本课题组调查，对此问题的回答选择"为了实现人的全面发展"占71.90%、"为了创造人的美好生活"占79.8%、"为了完全消灭收入差距"占34.9%、"为了赚大钱、住豪宅、开大奔"占22%，可见大部分民众对共同富裕的价值认知是比较清晰和正确的。

毋庸置疑，共同富裕是为了实现"好生活"。追求生活之美好是每一个时代、每一个社会、每一个人的具有共性的期待。何谓好的或美好的生活？"从个体生活实践而言，美好生活是满足个体性的'匮乏性需要'、'自主性需要'和'价值意义需要'的生活状态；从人作为社会性存在而言，美好生活必须从社会伦理的维度加以界定，即满足'互予性需要'。"① 首先，美好生活必须解决"匮乏性需要"，即物质生活资料充分满足和享受，这是美好生活的基础或前提。正如马克思所言："人们首先必须吃、喝、住、穿，然后才能从事政治、科学、艺术、宗教等等。"② 其次，美好生活必须满足"自主性需要"。所谓"自主性"即是说"我的生活我做主"，自主性需要就是主体"我"能够自觉支配自己的生活、自主地选择自己的生活方式的主体性需要，其目标是在生活中获得足够的尊严与自由。最后，美好生活还必须满足"价值意义需要"。人的生活不同于动物性活动，人必须在生活实践中探究价值、追寻意义，价值和意义的实现是美好生活的精神层面的满足。

显然，满足"匮乏性需要"是共同富裕的低层面目标，实现主体的生存；满足"自主性需要"是共同富裕的中间层面目标，是价值主体性的表达，实现主体的发展；而满足"价值意义需要"才是共同富裕追求的高层次目标，是生活实践具有终极性的价值指向，实现主体的完善。生存是发展与完善的前提，而要更好地生存，必须发展和完善。概言之，从价值论角度而言，共同富裕体现的是一种价值追求，即"客体对主体生存、发展、完善的效应"③。

其二，共同富裕是一种什么样的社会状态？共同富裕追求的应该是

---

① 肖祥：《美好生活与马克思主义伦理学生活化》，《浙江社会科学》2019年第6期。
② 《马克思恩格斯选集》第1卷，人民出版社1995年版，第776页。
③ 王玉樑：《21世纪价值哲学：从自发到自觉》，人民出版社2006年版，第152页。

个人积极地为社会做贡献,社会尽全力满足人的需要,从而使人的自由发展与社会的文明进步相得益彰的社会状态。德国著名的哲学家、文化哲学的创始人卡西尔(Ernst Cassirer)在《人论》中曾言:"人被宣称为应当是不断探究他自身的存在物——一个在他生存的每时每刻都必须查问和审视他的生存状况的存在物。人类生活的真正价值,恰恰就存在于这种审视中,存在于这种对人类生活的批判态度中。"① 也就是说,价值判断、价值选择和价值创造活动,是人类社会生活的重要主题,其中,自我价值与社会价值的共同实现和相互促进是价值活动的最为重要的两个方面。当我们把共同富裕作为一种社会状态来考虑,自我价值和社会价值如何实现辩证统一,并作为推进共同富裕的一种社会意识力量,就成为社会发展需要面对的重要问题。

共同富裕应给予自我价值的实现以关怀。所谓自我价值,就是社会对于个人的尊重以及满足是个人实现人生价值的基本前提和条件。"价值问题,本质上是一个关于主体、人的问题。"② 因此,从价值论角度探讨共同富裕,其实质就是探究共同富裕如何实现主体人的价值以及实现的程度如何。马克思历史唯物主义认为,价值是以主体的具体历史客观性为依据的,主体的具体历史客观性就是指人的本性。马克思指出:"如果我们想把这一原则运用到人身上来,想根据效用原则来评价人的一切行为、运动和关系等等,就首先要研究人的一般本性,然后要研究在每个时代历史地发生了变化的人的本性。"③ 何为人的本性?人的需要就是人的本性。毋庸讳言,需要是具体的、历史的、客观的,同时也是社会的、变化的、发展的。满足人的需要(物质的、精神的)正是体现人的本性。在价值关系中,"需要"以"利益"的形式呈现出来。"利益"是客体对于主体的物质存在和发展的保障。共同富裕即是推进个人在"利益"方面获得增长。如果没有利益获得,自我存在就无法进行衡量,如果没有利益获得的增加,自我存在的改善就无法做出评判。

---

① [德]恩斯特·卡西尔:《人论:人类文化哲学导引》,上海译文出版社1985年版,第8页。
② 李德顺:《价值论——一种主体性的研究》,中国人民大学出版社2020年版,第20页。
③ 《马克思恩格斯全集》第23卷,人民出版社1972年版,第669页。

共同富裕还要给予人的社会价值实现以关怀。从个人而言，人的生存生活不是一个完全索取的过程，更应该是一个不断服务他人和社会以确证价值存在的过程，是一个不断进行价值创造的过程。个人对于社会做出贡献是实现人生价值的基础和源泉。德国著名诗人歌德曾说过：你若要喜爱自己的价值，你就得给世界创造价值。从这个意义上说，人的价值体现必须超越自我价值，向外扩展。"价值是一切超越的不受限制的彼在，它一开始就应该是超越着自身存在的彼在，因为这是价值能够用以在一开始就成为一切可能的超越的彼在的唯一方式。"① 价值的"彼在"性不是对自我价值的抛弃，而是自我价值以社会形式的另一种表现，即社会价值，这样，价值的超越性得以充分展现。人只有贡献于社会，自我的价值才能获得社会的承认。从社会整体而言，一个社会的团结和美好，需要每一个人对他人和社会不断奉献，质言之，没有正确的社会价值导向，社会便不能发展进步。

其三，实现共同富裕的价值路径是什么？正如上文所述，自我价值无疑是根本性的，具有前提性功能，因为没有个人价值的实现，就没有真实的个人存在；社会价值是开放性的，因为人作为群体性存在，不顾及他人和生存生活共同体（社会）的发展，个人也不可能得到很好的发展；而社会价值反映了一个人的精神境界和思想高度，以一种意识、精神的形式表征着人的存在高级境界，这就是精神价值。因此，实现共同富裕的价值路径是自我价值—社会价值—精神价值的不断开拓和跃升。

首先，共同富裕给予自我价值实现的基本关怀。自我价值实现解决的生存生活问题是"怎样生活"。在社会物质财富贫乏的年代，"怎样活着"的解答往往成为个人生存的奋斗目标，共同富裕首先要解决的就是"富裕"的问题。但是，随着社会生产力的不断发展、社会物质财富的不断增长，如何"共同"就成为共同富裕要解决的尖锐问题。有些人为了自我目标，极力地获取物质财富，以一种"索取"的方式从他人和社会中获得需要满足。今天，物质财富极大增长，但同时造成了严重的贫富分化。中国的贫富分化主要体现在城乡差距和地区之间发展的不平衡。从城乡贫富差距来看，2019年上半年中国城镇居民人均可支配收入为

---

① [法]萨特：《存在与虚无》，生活·读书·新知三联书店1997年版，第136页。

13565元,农村居民人均可支配收入为6310元;从地区之间来看,中国最发达省份的人均GDP是收入最低省份的4倍。2019年上半年上海市居民人均可支配收入达35294元,居全国首位,是西藏地区人均可支配收入的4倍多。① 在此背景下,共同富裕就要把目标转向如何满足那些贫困人口的需要,帮助他们实现自我价值。

其次,共同富裕给予社会价值实现的积极鼓动。社会价值实现解决的生存生活问题是"怎样更好地生活"。一个人要实现更好的生活,就要努力创设一个美好的共同体,就需要每一个人有服务他人、奉献社会的心理和意识。人在获得物质财富的满足之后,被肯定的快感、被需要的喜悦、被赞扬的快乐,将会成为人心理舒适和幸福感的深层来源。当每一个人能够视满足他人需要为自己的一种需要,视他人之乐如自己之乐,社会将成为一个和谐的共同体。共同富裕就需要一部分人尤其是先富裕的那部分人,以实际行动和慈爱之心,在帮助他人和服务社会中创设社会价值。尼采曾言:"一个价值表高悬在每个民族的上面","任何民族不判断价值,便不能生存"。② 对于中国特色社会主义而言,我们需要正确的、不断升华的社会价值导向。

最后,共同富裕给予精神价值实现的目标指引。正如马克思指出:"单纯地追求财富不是人类的最终的命运。"③ 人类的最终的命运表现在"发展人类天性的财富这种目的本身"④。何谓"发展人类天性"?显然,人类的天性在于对卓越、价值和意义的精神追求。中国传统伦理儒家伦理尤其强调人的精神追求,对于我们理解"共同富裕"、如何给予精神价值实现的目标指引有着积极的启示。在中国传统儒家伦理中,向来认为如果人没有精神追求,就无异于禽兽。荀子曾曰:"水火有气而无生,草木有生而无知,禽兽有知而无义。人有气、有生、有知、亦且有义,故最为天下贵。"(《荀子·王制》)"有义"为何?道义存在乃是为了群体,"人能群"所以才比各种动物高级。孟子亦曰:"人之有道也;饱食、暖

---

① 资料来源:国家统计局,华经产业研究院整理,2019年12月10日,https://www.sohu.com/a/359443876_120113054。
② [德]尼采:《查拉斯图拉如是说》,文化艺术出版社1987年版,第54页。
③ 《马克思恩格斯全集》第45卷,人民出版社1985年版,第397—398页。
④ 《马克思恩格斯全集》第26卷Ⅱ,人民出版社1973年版,第124页。

衣、逸居而无教，则返于禽兽。"(《孟子·滕文公上》)如果人仅仅停留在吃饱、穿暖、安居而没有更高的追求，则与禽兽就没有差别了。子曰："士志于道，而耻恶衣恶食者，未足与议也。"(《论语·里仁》)有志于学习和实行圣人道理，但又以自己吃穿得不好为耻辱，对这种人，是不值得与他谈论道的。也就是说，一个汲汲于现实中的利益小事、只关注现实生活的物质享受，怎么可能有什么志向可言呢？显然，人应该有更高的对"道"的追求！所谓的"道"，就是道理、道义和规律的探寻，是精神的目标。一个国家、一个民族的强大，既需要物质的力量做支撑，也需要精神的力量做引导。今天，如何实现满足人民文化需求和增强人民精神力量相统一，成为促进人民精神生活、实现共同富裕的重要内容。

基于以上分析，从价值论视角把握共同富裕的目标追求，我们才能形成关于客观世界各种事物对于人类的生存与发展的意义（即价值）的正确认识，把握好自我价值、社会价值和精神价值的有机统一。

第四节　存在与价值的融合：共同富裕指向人的全面发展

从存在论和价值论维度对共同富裕进行诠释，归根结底，是对人的发展的眷注。从人的存在角度出发，共同富裕应该关注作为主体的人的发展，即主体性如何提升；从人的价值角度出发，共同富裕应该关注人的主体价值意识的激发，并在实践中不断将其转化为一种价值行为能力，实现主体价值和意义的需要。

一　在共同富裕中提升人的主体性

主体性是指人作为主体的特殊本质表现。从存在论的角度提升人的主体性，充分发挥其主观能动性，提高自我实现的能力，这是共同富裕的存在论指向。

其一，提升人的主体性，必须以高度发达的生产力、丰富的物质条件为基础。在贫困的社会状态中，是不可能有人的发展，更不可能有人的主体性提升的。一方面，贫困只会使人陷入争斗，社会陷入污浊。马克思曾深刻指出：未来社会如果没有"生产力的巨大增长和高度发展为前提","那就只会有贫穷、极端贫困的普遍化;而在极端贫困的情况下,必须重新开始争取必需品的斗争,全部陈腐污浊的东西又要死灰复燃"。①在中国历史上,贫困的朝代中社会动荡不安、民不聊生、官府腐败。中国清朝时期腐败和社会贫困交织,1894年《伦敦每日新闻》上有一篇名为"清国官场腐败危及人类道德"的述评里写道:"在当今世界的秩序下,大清国的存在对世界和平来说永远是一种威胁。在我们的地面上,大清国是一个既污秽又丑恶的国度,它的存在是一种时代错误……病入膏肓的政治腐败、深入骨髓的野蛮习性和无可救药的愚昧无知正在让这个腐烂之中的巨兽摇摇欲坠。"② 另一方面,在生产力的发展、社会的逐步富裕的基础上,社会普遍交往才能真正建立,社会才能成为"我们"的"共同体"。马克思深刻地指出:"生产力的这种发展之所以是绝对必需的实际前提,还因为:只有随着生产力的普遍发展,人们的普遍交往才能建立起来",如果没有生产力的发展,"交往的力量本身就不可能发展成为一种普遍的因而是不堪忍受的力量;它们会依然处于地方的、笼罩着迷信气氛的'状态'。"③循着历史唯物主义对生产力的论证思路,共同富裕为提升人的主体性、加强社会普遍交往提供了坚实的物质基础条件。

其二,有效提升人的主体性,要在共同富裕的实践中激发人的主观能动性。主观能动性不仅表征着人类认识世界和改造世界的能力,也反映了人类在认识世界和改造世界活动中所具有的精神状态。实现共同富裕,是社会发展到一定阶段之后的必然要求。共同富裕的目标实现,应该充分发挥民众的主观能动性,使每一个人对当前我国社会发展要求、发展新阶段的社会问题、社会新结构特征等形成正确认知,增强对国家政权和现行政策的认同。同时,鼓励民众积极投身于实现共同富裕的社会实践活动中,激发价值主体实践的积极性和主动性,在实践中努力实现自身价值的同时,创造更多的社会价值。需要注意的是,是否按规律

---

① 《马克思恩格斯文集》第1卷,人民出版社2009年版,第538页。
② 《清国官场腐败危及人类道德》,转引自《伦敦每日新闻》,载郑曦原编《帝国的回忆:〈纽约时报〉晚清观察记》,生活·读书·新知三联书店2001年版,第108页。
③ 《马克思恩格斯文集》第1卷,人民出版社2009年版,第538页。

办事以及按规律办事的程度，决定着人们发挥主观能动性能否收到积极的效果以及收到积极效果的程度。因此在实现共同富裕的过程中，遵循社会发展的规律、遵循人的发展规律，是激发人的主观能动性的根本前提。

二 在共同富裕中提升人的价值意识和价值能力

在社会实践（尤其是劳动）中应提升人的主体价值意识，并在实践中不断将其转化为一种价值行为能力，更好地实现主体价值需要。

从共同富裕的角度而言，主体价值意识表现在两个方面。一是物质财富的创造意识。物质财富既是社会发展的需要，也是人的生存与生活的需要，物质财富的创造既是实践活动的结果，也是实践活动的目的，积极主动地创造是主体价值意识的表现。正如恩格斯在《自然辩证法》中指出："人是唯一能够由于劳动而摆脱纯粹的动物状态的动物——他的正常状态是和他的意识相适应的而且是要由他自己创造出来的。"[①] 在社会发展过程中，人民群众总是能够以创造性思维、发挥创造潜能、力求产生创造性成果的思想观念推动社会生产力的发展。二是人的发展的价值意识。在马克思历史唯物主义视域中，人的发展是以人的解放的形式呈现的。宗教解放、政治解放都是人类社会的进步，"任何一种解放都是把人的世界和人的关系还给自己"，但政治解放还"不是一般人类解放的最后形式"。"解放"当然是个体人的自由获得，但需要注意的是，"在发现个体性蕴含着的现实性很有限之后，马克思对个体性不再极力推崇了"，[②] 马克思更关注的是"类"或"人类"的发展。马克思在《论犹太人问题》中强调："只有当现实的个人把抽象的公民复归于自身，并且作为个人，在自己的经验生活、自己的个体劳动、自己的个体关系中间，成为类存在物的时候，只有当人认识到自身'固有的力量'是社会力量，并把这种力量组织起来因而不再把社会力量以政治力量的形式同自身分

---

① 《马克思恩格斯全集》第20卷，人民出版社1971年版，第536页。
② 刘森林：《何为"现实的个人"之现实性?》，《马克思主义理论学科研究》2017年第4期。

离的时候，只有到了那个时候，人的解放才能完成。"① 马克思关于人的发展问题是基于生产力基础之上的问题。马克思通过对大工业社会发展的分析，认为大工业发展本身必然要求人的全面发展，"个人的充分发展又作为最大的生产力作用于劳动生产力"②。意思就是说，生产力的发展使得人的全面发展成为"必然"，而人的全面发展又将促进劳动生产力。正是在这个角度理解共同富裕，我们才能将人的发展作为实现共同富裕的重要的题中之义，强调在共同富裕中要确立人的发展的价值意识。

共同富裕是社会发展进步的新阶段，对主体的价值能力提出了新期待。所谓价值能力就是价值判断、价值选择和价值创造的能力。其一，对共同富裕的价值判断既要落实在对"富裕"的积极肯定，更要落实在"共同"的不断追求。也就是说，每一个人（尤其是先富的人）更应该有责任为他人和社会共同体的共同发展承担责任。"共同"涉及"自我"与"他人"的伦理关系，"自我"的权利需要"他人"承担义务，"自我"承担的义务又成为"他人"的权利。正如美国结构功能主义社会学家帕森斯（Talcott Parsons）指出的："社会系统的既成状态，就是两个或两个以上单独行动者的互补性相互作用的过程，在这一过程中，双方中每一方都因另一方的期待表现出自己的顺应性。"③ 我们只有对"自我"和"他人"做出正确的价值认识，在共同发展中做出正确的价值判断，才能为实现共同富裕营造良好的社会心理基础。其二，在共同富裕的实践中做出适宜的价值选择，是"共同"行动的开始。自我利益获取与他人物质需要、自我满足与他人满足、自我价值与社会要求之间，需要每一个人做出适宜的价值选择。一个汲汲于私利，"各人自扫门前雪，莫管他人瓦上霜"的社会，必定会陷入投机专营，也必定会导致人与人之间的利益纠葛和矛盾冲突，就无法实现稳定、团结与和谐。"寻求互利是人们道德行为最根本的动因。很显然，自利尽管作为人的行为动机，但是不可能成为道德行为的动机，道德行为的动机在于一种道德义务感，即超越

---

① 《马克思恩格斯全集》第3卷，人民出版社2002年版，第189页。
② 《马克思恩格斯全集》第46卷下，人民出版社1979年版，第225页。
③ [美] T. 帕森斯：《社会系统》，转引自贾春增主编《外国社会学史》，中国人民大学出版社2000年版，第225页。

第一章 共同富裕的存在论与价值论解析

自我之限制、达到互利的一种心理矢量。"① 正因为如此,限制自利、实现互利应该成为共同富裕实践的价值选择。其三,在共同富裕实践中还要积极倡导价值创造。从价值创造的物理过程看,价值创造就是生产更多的产品的使用价值,从而使社会物质财富得以积累和增长;从价值创造的工程学过程看,价值创造是包括生产资料占有、契约订立、命令服从等一系列关系生产和利润的程序;从价值创造的社会学过程看,价值创造就是以对人性、对社会的充分理解为基础、以社会健康发展为目的,引导社会创造出更丰富的价值。无论从哪个角度看,在共同富裕实践中实现价值创造、在价值创造中推进共同富裕,二者已然成为互为目的与手段的关系。

综上而言,从存在和价值统一的视角来理解共同富裕,不仅有利于把握改善人的生存状况的社会发展目的,而且有利于对人这一价值主体未来发展进行积极的建构,促进人的自由全面地发展,从而保证社会发展的进步趋势。实现共同富裕的过程,当然首先是物质财富的创造过程,实质上,这种创造过程作为一种劳动过程,"是制造使用价值的有目的的活动,是为了人类的需要而占有自然物……"②。但是,显然,实现共同富裕还有更高的社会发展目标,这就是在物质财富的生产过程中,促进人的发展和社会进步。正如马克思在分析物质生产的时候指出:"人本身是他自己的物质生产的基础,也是他进行的其他各种生产的基础。因此,所有对人这个生产主体发生影响的情况,都会在或大或小的程度上改变人的各种职能和活动,从而也会改变人作为物质财富、商品的创造者所执行的各种职能和活动。"③ 共同富裕为人的发展构筑了基础,也为人的发展开拓了全面自由的可能性。

---

① 肖祥:《伦理学教程》,电子科技大学出版社2009年版,第2—3页。
② 《马克思恩格斯全集》第23卷,人民出版社1972年版,第208页。
③ 《马克思恩格斯全集》第26卷Ⅰ,人民出版社1972年版,第300页。

第 二 章

共同富裕的发展伦理问题及价值目标

党的十八大以来,以习近平同志为核心的党中央把握发展阶段新变化,把逐步实现全体人民共同富裕摆在更加重要的位置上。[①] 党的十九届五中全会提出把"全体人民共同富裕取得更为明显的实质性进展"作为远景目标,强调要"扎实推动共同富裕"。[②] 究其实质,共同富裕是社会主义社会重大的"发展"问题,扎实推进共同富裕,需要从物质层面向价值层面的提升,即向人的发展层面、精神层面做更高要求。发展的核心是人与自然的和谐、实现美好生活、促进社会公正,发展需要价值视域和价值目标,因此,以发展伦理对作为发展问题的"共同富裕"做价值考量,成为扎实推进共同富裕的必然要求。

第一节 发展伦理的核心要义

"发展"是一个人类社会亘古的实践命题,也是一个古老的哲学命题,发展必然关涉人类与大自然的关系、关涉人类社会生活的基础是什么、关涉何为美好生活及其实现。发展伦理即是对"发展"问题的伦理考量,它并不单指发展过程中的伦理问题探究,而是从伦理的角度对发展问题(发展的目标、手段、过程、结果)等进行评判研究,从而揭示出发展的伦理

[①] 习近平:《扎实推进共同富裕》,《求是》2021年第20期。
[②] 《中共中央关于制定国民经济和社会发展第十四个五年规划和二〇三五年远景目标的建议》,《人民日报》2020年11月4日第1版。

价值。德尼·古莱（Denis Goulet）在《发展伦理学》一书中提出："发展的核心问题视为界定美好生活、公正社会以及人类群体与大自然关系的问题。"① 发展伦理的核心要义必须从如下几个方面来加以理解。

其一，发展是人类社会与自然界进行物质交换的过程。在历史唯物主义的视界中，人类社会的发展首先是物质资料生产实践活动所推动的，是人与自然之间物质变换的过程。因此，发展伦理首先要对美好生活与物质丰富之间的关系做出伦理评判。马克思指出，劳动是人与自然之间进行物质变换的中介，"劳动首先是人和自然之间的过程，是人以自身的活动来引起、调整和控制人和自然之间的物质交换过程"②。我们以一种怎样的劳动方式向自然索取，这不是一个纯粹的实践问题，也不是一个伦理问题。在追逐物质利益的过程中，人们往往忽视了自然资源的有限性、忽视人与自然之间的协调性。马克思批判了以利益最大化为最终目标的资本主义生产方式，"资本主义生产方式包含着绝对发展生产力的趋势"③，决定了"资本在无限地追求发财致富时，力求无限地增加生产力"④，这种生产方式最终破坏了人与自然之间物质变换的正常过程。事实已经证明，西方工业化造成了严重的环境污染、生态破坏、资源枯竭，人与自然的关系陷入了前所未有的紧张。今天，我们在推进社会发展的过程中，必须建立正确的发展观。正如德尼·古莱在《发展伦理学》一书中提出的："人类发展与大自然之间的对立可以纳入一个更大的整体，即整体发展，这是一个包罗三个要素的规范性概念：美好生活，社会生活基础，以及对大自然的正确态度。"⑤

其二，发展以遵循真理尺度为基础并以价值尺度为最终评判标准。发展以真理尺度和价值尺度相统一的价值观为指导。真理尺度是外在尺度，是坚持从客观实际出发进行评判的尺度。真理尺度要求人们在认识

---

① ［美］德尼·古莱：《发展伦理学》，高铦、温平、李继红译，社会科学文献出版社 2003 年版，第 49 页。
② 《马克思恩格斯全集》第 25 卷，人民出版社 1974 年版，第 201—202 页。
③ 《马克思恩格斯全集》第 25 卷，人民出版社 1974 年版，第 278 页。
④ 《马克思恩格斯全集》第 47 卷，人民出版社 1985 年版，第 545 页。
⑤ ［美］德尼·古莱：《发展伦理学》，高铦等译，社会科学文献出版社 2003 年版，第 143 页。

世界和改造世界的时候必须遵循客观事物的本质和规律，按照客观世界的本来面目认识事物。真理尺度是人向物的趋近，只有符合事物规律，人的行为才能获得实际效果。从发展的真理尺度而言，发展必须符合客观规律，那种以真理尺度压制价值尺度而忽视人们主体需要的发展，就会丧失意义。价值尺度是内在的人的尺度，坚持从主体出发进行评判，要求人们在认识世界和改造世界的时候按照主体自身的目的和需求去认识事物，使客观世界符合于人的生存和发展需要。价值尺度是物向人的趋近，只有符合人的主体需要，对物的改造才具有真实价值。从价值尺度而言，发展必须以价值性原则为先导，体现人的活动中的目的性原则。马克思曾说："人却懂得按照任何一个种的尺度来进行生产，并且懂得怎样处处都把内在的尺度运用到对象上去。"① 真理尺度以价值尺度为前提，价值需求不能凌驾于科学事实之上，那种以价值尺度压制真理尺度的发展往往会导致发展中出现浮躁心态和急功近利现象，同时还会导致主客分裂的思维方式。

科学发展观是真理尺度与价值尺度的有机统一。科学发展要遵循社会发展的客观规律，同时科学发展更强调发展要使得社会给予公民更加美好的物质生活，同时使每一个公民得到公正的对待，人民过上体面而有尊严的生活。一方面，发展首先要遵循社会发展的历史唯物主义规律，经济增长、物质财富丰饶、生产力提高，人类社会发展才有了坚实的物质基础和物质动力。因而，发展首先必须把"蛋糕做大""做好"。另一方面，发展还要把"蛋糕分好"，给予每个人以发展共享。因此，发展的最重要的伦理原则和伦理要求就是必须符合公平正义。德尼·古莱认为："发展的优点任务既不是求得总增长的最大化，也不是其最优化，而是为满足全国人口中最贫苦的、处于某种'贫困线'以下的阶层的一批基本需求。他们说如果基本需求可以满足而增长不大或没有，那这样就行了；无论如何，真正的发展不是由增长来衡量的。"② 也就是说，发展必须符合公平正义的伦理要求、彰显人道主义关怀。如果一个国家、一个社会

---

① 《马克思恩格斯全集》第42卷，人民出版社1972年版，第97页。
② [美]德尼·古莱：《发展伦理学》，高铦等译，社会科学文献出版社2003年版，第105页。

经济增长了,但物质的丰饶却造成了严重的贫富分化,一部分人以牺牲更多人的利益为代价享受奢华,这不是真正的发展,而是"虚假发展"和"伪发展",这样的发展是不道德的,也是不人道的。发展既要帮助人们从贫困和灾难中解脱,还要保障不受歧视、保有权利、获得自由,更大程度地实现价值满足。

其三,发展蕴含着对美好生活的伦理诉求。德尼·古莱将追求美好生活作为人类社会发展的目标,并对何为"美好生活"做出了发展伦理的阐释,——"美好生活的三个重要因素就是:生命、尊重与自由。将这三个目标最大限度的有机结合就是美好生活伦理价值观的根本诉求,是全面人性的彰显和提升,它是人类社会的发展目标的根本动力"[1]。首先,一切发展的前提是最大限度地维持生命,也是实现美好生活的主体保障,"发展的最重要目标之一就是延长人的生命,使人们少受疾病、自然因素的极端伤害以及面对敌人而无力防御的打击"[2]。其次,尊重是实现美好生活的重要基础。所谓尊重是指"人们对于自身受到尊重、他人不能违背自身意愿而用以达到其目的的感受"[3]。尊重既是一种"己所不欲勿施于人"的底线要求,也是一种"爱己及人"的伦理关爱,尊重人、尊重生命,社会发展才具有主体的尊严。最后,自由是构成美好生活的第三因素,所谓自由,"至少它意味着各个社会及其成员更多的选择,追求美好事物时受到较少的限制"[4]。从主体间关系而言,自由是一种理性存在者的相互对待。"自由存在者之间的相互关系就是通过理智力量和自由进行的相互作用。如果双方不相互承认,就没有一方会承认对方,如果双方不是这样相互对待,就没有一方会把对方作为自由存在者来对待。"[5]

发展是推进社会进步的实践动力,最终是为了实现人们共同追求的

---

[1] [美]德尼·古莱:《发展伦理学》,高铦等译,社会科学文献出版社2003年版,第49页。

[2] [美]德尼·古莱:《发展伦理学》,高铦等译,社会科学文献出版社2003年版,第50页。

[3] [美]德尼·古莱:《发展伦理学》,高铦等译,社会科学文献出版社2003年版,第51页。

[4] [美]德尼·古莱:《发展伦理学》,高铦等译,社会科学文献出版社2003年版,第53页。

[5] [德]费希特:《自然法权基础》,谢地坤等译,商务印书馆2004年版,第45页。

目标。对于中国特色社会主义初级阶段而言,发展"是我们解决国际问题、国内问题的最主要的条件。一切决定于我们自己的事情干得好不好"①。因此,邓小平同志多次强调:"发展才是硬道理"②;"中国解决所有问题的关键是要靠自己的发展"③。

第二节 共同富裕的发展伦理问题

发展的核心问题是实现美好生活、公正社会以及人类群体与大自然的和谐关系,共同富裕的发展伦理问题就是这三个维度的呈现。

其一,共同富裕为了什么?近代以来,人类社会就将"推翻那些使人成为受屈辱、被奴役、被遗弃和被蔑视的东西的一切关系"④作为社会发展的历史使命,并将基于一定物质生产条件实现"现实的人及其发展"作为价值目标。毋庸置疑,当今时代,社会发展迈向了新的发展阶段,由解决温饱正逐渐转向共同富裕的发展追求。共同富裕为了人,为了实现人民的美好生活。美好生活以物质需要的更大程度和更好层次的满足为基础,但是生活之"美好"并非系于物质的享受,而在于人的主体性的彰显和主体间和谐关系的建构。也就是说,共同富裕从个人状态而言应该是一种生存和生活的自足与自信,从社会状态而言应该是一种人们和谐自由关系得以建构的发展状态。一方面,"富裕了"而不是"满足生存需要",表明人的生存状态已经发生了积极的改变。这就是彻底摆脱了"人的依赖关系,是最初的社会形态",也逐渐脱离"以物的依赖性为基础的人的独立性,是第二形态";正向着"建立在个人全面发展和他们共同的社会能力成为他们的社会财富这一基础上的自由个性,是第三阶段"⑤迈进。在"人的依赖关系"的历史形态中,人不具有独立性,一部分人必须依赖另一部分人而活。在"以物的依赖性为基础的人的独立性"阶段,个人虽摆脱了人身依附关系而获得独立,但却丧失于"物的

---

① 《邓小平文选》第2卷,人民出版社1994年版,第240页。
② 《邓小平文选》第3卷,人民出版社1993年版,第377页。
③ 《邓小平文选》第3卷,人民出版社1993年版,第265页。
④ 《马克思恩格斯选集》第1卷,人民出版社1995年版,第10页。
⑤ 《马克思恩格斯全集》第46卷上,人民出版社1979年版,第104页。

依赖性"中，受物所钳制、受物所奴役。只有在人的"共同的社会能力成为他们的社会财富"，才表明人的生存状态正发生积极改变、迈上了新的台阶。另一方面，"富裕了"最终的价值目标是为了实现人的自由全面发展。共同富裕阶段虽然没有完全实现"人的自由个性和全面发展"，但是它已经表明，人的生存状态正在从第二个阶段中解脱出来，正在努力追求"人的自由全面发展"之境。

其二，共同富裕是一种怎样的社会状态？共同富裕的"共同"蕴含着公正的伦理价值诉求。公正（正义）是人类社会发展的亘古话题，也是永不褪色的价值追求。古希腊柏拉图的《理想国》就围绕"正义"而展开，认为理想的国家就是正义的国家，并认为公正包含了人类全部最基本的美德。亚里士多德提出公正就是各种德行的总称，并把公正作为调节社会政治生活、缓和社会矛盾、保持社会稳定的重要手段。休谟则指出："公共的效用是正义的唯一起源。"① 也就是说，公正以"公共效用"为评判，——作为公共效用的"共同富裕"正是公正的效用体现。罗尔斯在《正义论》中提出了正义的两个著名原则：第一是平等自由的原则，即"每个人对与其他人所拥有的最广泛的基本自由体系相容的类似自由体系都应有一种平等的权利"；第二是公平的机会平等和差别原则，即"社会的和经济的不平等应这样安排，使他们①被合理地期望适合于每一个人的利益；并且②依系于地位和职务向所有人开放"。② 罗尔斯认为，虽然财富和收入的分配无法做到完全的平等，但它必须合乎每个人的利益，尤其是要在公平机会的前提下最关怀那些处境最差者，允许那种能给最少受惠者带来补偿利益的不平等分配。罗尔斯的正义两个原则意图表明："所有社会价值——自由和机会、收入和财富、自尊的基础——都要平等地分配，除非对其中的一种价值或所有价值的一种不平等分配合乎每一个人的利益。"③ 一个以正义为原则的社会，才能在公平公正的基础上实现共同富裕，因为"正义否认了为了一些人分享更大利

---

① [英]休谟：《道德原则研究》，曾晓平译，商务印书馆2000年版，第35页。
② [美]约翰·罗尔斯：《正义论》，何怀宏等译，中国社会科学出版社1988年版，第60—61页。
③ [美]约翰·罗尔斯：《正义论》，何怀宏等译，中国社会科学出版社1988年版，第62页。

益而剥夺另一些人的自由是正当的，不承认许多人享受的较大利益能绰绰有余地补偿强加于少数人的牺牲"①。

中国特色社会主义社会在推进共同富裕的战略实践中，一方面致力于避免在经济增长过程中经济结构变化缓慢或经济结构变化方向不合理的"无发展增长"，另一方面致力于避免拉美国家在发展现代化的过程中的收入分配差距两极分化趋势拉大、社会消费畸形化、穷人增多、大多数人享受不到现代化成果的"拉美陷阱"现象。实践证明，中国式共同富裕探索正在实现着由"物本发展"向"人本发展"。当前，如何处理好社会活动中的竞争公平、交换公平的问题，如何处理好公共利益与私人利益的关系问题，尤其强调政府官员不能非法侵占公共利益、以权谋私，也不能让少数人或集团小利益打着"集体"的幌子侵占公共利益，这是实现共同富裕中需要迫切加以解决的关涉公正的问题。

其三，共同富裕中应以什么态度对待自然力和科学技术？前者涉及人与自然和谐状况的伦理关系问题；后者涉及人对科学技术如何保持主体性的伦理问题。马克思在对资本主义生产方式进行批判的时候就认为，那种"狂热地追求价值的增殖，肆无忌惮地迫使人类为生产而生产，从而去发展社会生产力，去创造生产的物质条件"②的生产方式，最终会导致人与自然的对立。自然界的一切为人而存在，但人并非自然界的主宰，无视自然规律和生态系统的平衡，是人类"沙文主义""统治主义""控制主义"的表现。对自然界的破坏，无疑会以一种釜底抽薪的方式摧毁共同富裕的自然根基。

实现共同富裕，还涉及以怎样的态度正确运用和控制科学技术等生产要素。快速的经济增长不仅来自扩大生产性资产的基础，而且来自利用生产要素（尤其是现代化技术）的更高生产率。现代工业社会将技术视为生产率提高的唯一最大因素，因此，大力强调现代化技术与生产进程相结合成为增进社会物质财富的重要途径。在实现共同富裕的过程中，如何在运用和控制科学技术中彰显人的主体性，越来越成为主体伦理建

---

① [美]约翰·罗尔斯：《正义论》，何怀宏等译，中国社会科学出版社1988年版，第3—4页。

② 《马克思恩格斯全集》第23卷，人民出版社1982年版，第649页。

构的重大实践问题。

法国社会学家艾德加·莫兰（Edgar Morin）在分析现代西方社会发展的时候指出，发展的危机正扑面而来。他指出："现代西方有两大神话，一个是人（主体/世界的主宰）对自然（客体）的征服，一个是作为社会一分子的资产阶级个人的胜利；发展的危机不仅仅是现代西方这两大神话的危机。科学和技术本应使全人类在人文理性的范例之中得到繁荣昌盛的，可是这样的范例却腐烂了。"而且更进一步认为，"发展的危机，同样也是对我们自身发展的发展进行控制的危机。我们自以为控制了经济，但是1973年出现的危机向我们揭示出，战后一些年里对经济的控制不仅是有缺陷的，而且也是暂时的。我们自以为控制了技术，但是，正是这种技术以失控的方式，控制着我们的经济和社会过程，而且我们没有能力来控制由信息技术、计算机技术和电子技术所导致的巨大变化。我们从来没能控制世界的变化，而且这一变化向来就是危机的、混乱的、跌跌撞撞的、疯狂的。正如我经常说过的那样，我们正处在'全球化的铁器时代'和'人类精神的史前时代'"。①

如何避免发展的危机，是中国特色社会主义共同富裕建设中必须解决的关键性问题，而面对存在的问题，我们应该充满信心地应对！

第三节 共同富裕的"共同"逻辑

毋庸置疑，共同富裕需要"共同行动"，但是共同行动需要"共同逻辑"作为规律支持。共同富裕的基本前提是"共同"，指向的目标是"富裕"。何为"共同"、如何"共同"，是实现共同富裕具有实质性的前提问题。奥尔森集体行动理论构建了一种解释发展问题、探究发展策略的理论框架，对共同富裕的理论和实践具有借鉴意义。

一 借鉴：奥尔森集体行动理论的要义

美国著名经济学家曼瑟·奥尔森（Mancur Olson）在其《集体行动的

---

① ［法］艾德加·莫兰：《社会学思考》，阎素伟译，上海人民出版社2001年版，第466—467页。

逻辑》《国家的兴衰》和《权力与繁荣》等著作中以传统理性人作为集体行动的逻辑假设、揭示了利益集团在集体行动中的影响与矛盾、剖析了政府权力对经济繁荣的影响,由此阐述了集体行动和国家兴衰之间的关联,呈现了"集体行动理论"的全貌。

其一,个人理性会导致集体行动困境。不同于亚当·斯密"经济人"假设关于个人理性的观点——个人追求自身利益的时候理性的社会结果(个体会增进共同利益)会随之出现,奥尔森认为理性的个人不会自觉地追求和实现共同的利益,相反,会在追逐个人利益的时候,造成"集体行动困境"。奥尔森指出:"即使一个大集团中的所有个人都是有理性的和寻求自我利益的,而且作为一个集团,他们采取行动实现他们共同的利益或目标后都能获益,他们仍然不会自愿地采取行动以实现共同的或集团的利益。"[1] 为什么理性的个人会最终导致集体行动困境呢?究其根本原因,参与集体行动对理性的个人来讲不符合收益最大化的权衡。一方面,集体利益是一种公共物品,具有公共性、非竞争性和非排他性,也就是说集团的每一个成员有权利获得利益,而且可以轻易地、廉价地甚至免费地获得。于是,每一个人都因为"搭便车"的心理和行动,造成集体行动的困境。另一方面,参与集体行动的成本往往是由个人而不是集体承担,就会造成个人承担成本、集体(他人)分享收益的矛盾。在这种情况下,理性的个人只想到瓜分集体利益、不愿承担成本,更不愿意投入更多为集体创造和增加利益。概言之,理性的个人在集体行动的时候,其效果往往事与愿违,最后造成了集体无理性,这就是集体行动困境。集体行动困境逻辑理路即为"个人理性—搭便车—集体无理性—集体行动困境"。

其二,利益是集体行动的动因,每个集团(作为集体形式,可分为大集团和小集团)都有其利益目的,"不存在没有其利益的集团"[2]。但是显然,小集团和大集团达成共同利益的可能性是不同的,大集团的共

---

[1] [美]曼瑟·奥尔森:《集体行动的逻辑》,陈郁等译,上海人民出版社1995年版,第2页。

[2] [美]曼瑟·奥尔森:《集体行动的逻辑》,陈郁等译,上海人民出版社1995年版,第7页。

同利益较难达成，相比较而言，小集团比较容易达成共同利益，"实际观察和经验以及理论都清楚地表明，相对较小的集团——'特权'集团和'中介'集团——具有更大的有效性"①。小集团由于规模（人数）较少达成共同利益和共同行动相对比较容易。奥尔森指出："在任何一种情况下，规模是决定对个体利益自发、理性的追求是否会导致有利于集团的行为的决定性因素。"② 既然如此，要达成最大化的集体利益，奥尔森认为必须采取"选择性激励"措施，即通过排他性的激励，使公共物品部分私有化，通过个人收益内部化来实现个人最优行动和集体最大利益。

其三，小集团的利益容易形成"特殊利益"，小集团由此容易成为特殊利益集团，对社会发展造成阻碍。社会发展中，利益集团具有分利性，由此往往会异化成分利集团。分利集团往往善于制造管制的复杂性，致使制度僵化。由于"分利"的特殊利益集团和特权集团总是倾向于维护自身的利益，利用政府作用、管制手段、设置规定等方法，在维护自身利益的时候阻碍其他集团或他人的利益，从而阻碍社会发展，造成发展的不公正。所谓发展的不公正，"也就是主体之间在社会财富、发展机会、可行能力等的占有、分配上的不平等"③。因此，要达成集体行动，必须克服和约束特殊利益集团，建构具有共容利益的发展目标、发展关系。

奥尔森集体行动理论旨在说明：个人理性由于对"私利"的追逐而无益于集体行动，最后会造成集体无理性的集体行动困境，因此如何约束和引导个人理性是实现集体行动的前提性问题；集体行动追求利益，但是集体规模并非获得公共利益的必备条件，相反有可能阻滞共同利益；实现共同利益要防止特殊利益集团或特权利益集团对利益的僭越，追求发展公正就格外重要。

二 启示：共同富裕需要消除特殊利益与实现发展正义

共同富裕从物质利益层面而言就是追求"共同利益"，实现共同利

---

① ［美］曼瑟·奥尔森：《集体行动的逻辑》，陈郁等译，上海人民出版社1995年版，第64页。
② ［美］曼瑟·奥尔森：《集体行动的逻辑》，陈郁等译，上海人民出版社1995年版，第42页。
③ 陈忠：《发展伦理学研究》，北京师范大学出版社2013年版，第99页。

益，必须警惕特殊利益集团或特权利益集团对利益的攫取和对发展正义的破坏。

其一，特殊利益集团或特权利益集团的利益不是公共利益，而是特殊的排他性私利，其实现也有其特殊性。特殊利益集团或特权利益集团的利益特殊性在于，不是通过生产效率和全社会利益总量的增加而获得，而是主要通过自身的权力或垄断地位获取更大的社会产品份额而实现。奥尔森在《国家的兴衰》一书中指出："在一个社会中进行集体行动的典型组织，如果只代表一小撮人的利益，将很少或不会为增加社会利益作出自我牺牲；它们会通过获取社会产品更大的份额而服务于成员利益，而不会考虑这会给社会总效益造成多大的损失。"① 也就是说，它们的自身利益（或集团成员利益）实际上是对社会利益的"分割"，或者说是"坐享其成"。这种利益集团就是所谓的"分利集团"（distributional coaliations），只想到"分利"，而从来没有想到创造利益。

其二，特殊利益集团或特权利益集团对利益的分割或攫取，只会造成社会发展的不公正。集团对国家和社会公共利益"搭便车"的行为会导致集团的分利性，而分利集团内在的保守性、垄断性、低效性又会造成经济发展的衰退、导致社会发展的种种问题，其中最为突出的问题就是造成社会发展的不公正。发展的不公正不是个体间的不平等，"发展不公正深层存在于组织、阶层、民族、国家等整体层面，真正的发展不公正性是诸多弱势群体作为潜在利益集团无法形成具有整体力量的自觉集团，无法与既得利益者已经构成的相对紧密型的垄断性集团具有平等的发展机会、发展基础、竞争条件"②。特殊利益集团或特权利益集团通过对政策制定的影响、政府权力的获取、组织机构的设置、制度规范的运行等，影响甚至主导社会利益的分配，从而造成发展的种种不公正的问题。

其三，基于以上两点，消除特殊利益与实现发展正义成为实现共同富裕的关键。从中国特色社会主义制度性质和中国共产党的政党性质看，

---

① ［美］曼瑟尔·奥尔森：《国家的兴衰》，李增刚译，上海世纪出版集团2007年版，第44页。

② 陈忠：《发展伦理学研究》，北京师范大学出版社2013年版，第99页。

第二章 共同富裕的发展伦理问题及价值目标

不应该也不允许存在"特殊利益集团"。所谓特殊利益集团就是一些有共同政治目的、经济利益、社会背景的团体和个人为了最大限度地获取利益、实现其目的而结成同盟。从中国特色社会主义制度的性质看，尊重人民主体地位、坚持人民当家作主、坚持以人民为中心、不断实现好维护好发展好最广大人民的根本利益，是其鲜明价值取向和本质特征。邓小平指出："社会主义的本质，是解放生产力，发展生产力，消灭剥削，消除两极分化，最终达到共同富裕。"[1] 一言以蔽之，中国特色社会主义的本质特征决定了不允许存在特殊利益集团。从马克思主义政党的性质而言，中国共产党章程的这一明确规定，中国共产党"除了工人阶级和最广大人民群众的利益，没有自己特殊的利益"，这是中国共产党的性质和宗旨，体现了我们党的先进性和纯洁性。中国共产党谋取的是"最广大人民群众的利益"，也就是全社会的共同利益。但不可否认的是，作为管理的组织机构和部门、作为个体的党员领导干部，却存在着牟取小集团和个人利益的现象和问题，而这正是背离党的性质与宗旨的，这就是为什么要开展反腐败斗争的原因。

特殊利益"对经济增长、充分就业、政府的英明、机会平等和社会流动是有害的"[2]，消除特殊利益集团及其特殊利益，实现社会发展正义，才能为实现共同富裕创造公平的社会环境。改革开放初期，邓小平同志提出的"先富—共富"的富裕观，是在当时经济水平极其落后的情况下制定的符合发展规律的发展策略，体现了"发展优先"的发展正义。经过改革开放四十多年的发展，中国发展的阶段性目标从原来"效率优先"，转移到了重点关注公平，发展正义观也实现了转型——即从"效率优先、兼顾公平"的发展正义观转向"基于公平的发展正义观"，如何促进中国社会与经济的同步发展，减缓收入分配差距、实现社会和谐发展，成为发展正义的重要特征。2001年，党的十五届六中全会提出了"共享发展"新理念，正是在全面小康决胜期提出的新发展正义理念。在此背景下，如何实现"共富"和"共享"成为新时代中国特色社会主义社会

---

[1] 《邓小平文选》第3卷，人民出版社1993年版，第373页。
[2] ［美］曼瑟尔·奥尔森：《国家的兴衰》，李增刚译，上海世纪出版集团2007年版，第242页。

发展正义的主题。2003年,党的十六届三中全会提出,要"统筹城乡发展、统筹区域发展、统筹经济社会发展、统筹人与自然和谐发展、统筹国内发展和对外开放",这五个统筹,强调要坚持统筹兼顾,协调好改革进程中的各种利益关系,坚持以人为本,树立全面、协调、可持续发展的发展观,促进经济社会和人的全面发展,对发展正义进行了统筹规划。2007年,党的十七大报告明确指出:"实现社会公平正义是中国共产党人的一贯主张,是发展中国特色社会主义的重大任务。"[1] 中国特色社会主义进入新时代,发展正义进入了全新的实践。2015年10月,党的十八届五中全会提出:"共享是中国特色社会主义的本质要求。必须坚持发展为了人民、发展依靠人民、发展成果由人民共享,做出更有效的制度安排,使全体人民在共建共享发展中有更多获得感,增强发展动力,增进人民团结,朝着共同富裕方向稳步前进。"[2] 党中央对"共享"的阐释和要求,正是新时代发展正义的实践指导。

以发展正义保障和实现"共同富裕",是一项复杂的系统工程。以习近平同志为核心的党中央领导集体,做出了多方面富有成效的实践努力。例如,努力实现决策科学化、决策民主化,制定维护公众利益的公共政策;切实转变政府职能,发挥市场在资源配置中的决定性作用;把切实维护公平正义、提升公共服务建设水平、促进就业、改善民生等作为政府的主要职能;坚决打破资本无序竞争、打破行业和部门垄断、鼓励公平竞争,维护社会经济秩序;严厉打击腐败、铲除"特殊利益"滋长的土壤等。中国特色社会主义正在朝着共同富裕的目标,迈出新时代雄健的步伐。

第四节 发展伦理视域下共同富裕的战略升级与价值转向

1953年12月16日,《中共中央关于发展农业生产合作社的决议》中

---

[1] 胡锦涛:《高举中国特色社会主义伟大旗帜 为夺取全面建设小康社会新胜利而奋斗——在中国共产党第十七次全国代表大会上的报告》,人民出版社2007年版,第17页。
[2] 《中共中央关于制定国民经济和社会发展第十三个五年规划的建议》,《人民日报》2015年11月3日第1版。

首次提出"共同富裕",认为党在农村中工作最根本的目的就是"使农民能够逐步完全摆脱贫困的状况而取得共同富裕和普遍繁荣的生活"①。自从"共同富裕"首次在党的正规文献中出现,在经历了社会主义革命时期、社会主义建设初期的探索,改革开放之后,"共同富裕"成为全国人民共同的追求,真正进入对"共同富裕"进行实质性追求的发展阶段。

一 战略升级:在高质量发展中扎实推进共同富裕

共同富裕的伦理实质蕴含着对公平、平等的价值追求,而公平和平等是历史发展的产物。每一个历史阶段,都有每一个阶段对公平和平等的理解和诠释。正如恩格斯所言:"平等的观念,无论以资产阶级的形式出现,还是以无产阶级的形式出现,本身都是一种历史的产物,这一观念的形成,需要一定的历史条件,而这种历史条件本身又以长期的、以往的历史为前提。"②只有在一定的历史条件下,我们才能准确把握公平的伦理诉求。在资本主义社会中,"什么是'公平的'分配呢?难道资产者不是断言今天的分配是'公平的'吗?"③。只有到了社会主义社会,当私有制和剥削阶级得以消灭,生产资料以公有制的形式得以形成,公平的分配才有了决定性的根基。

在历史唯物主义视域中,社会主义作为共产主义的初级阶段,尽管生产资料公有制得以确立,公平分配具备了充分的可能性,但由于生产力水平所限制,社会分配以"劳动"为尺度,即"按劳分配"。与资本主义社会中资产阶级无偿占有工人阶级的剩余价值的分配方式相比较,"按劳分配"当然是极大的进步,是一种极大的"公平"。但是,以"劳动"为标尺的分配,在马克思看来,依然是形式上的平等和事实上的不平等。因为这种平等"就在于以同一尺度——劳动——来计量"④,"这种平等的权利,对不同等的劳动来说是不平等的权利"⑤。因为对于劳动者而言,由于每一个人的智力和体力有差别,劳动的能力和质量有差异,导致获

---

① 《毛泽东文集》第6卷,人民出版社1999年版,第442页。
② 《马克思恩格斯选集》第3卷,人民出版社1995年版,第448页。
③ 《马克思恩格斯选集》第3卷,人民出版社1995年版,第302页。
④ 《马克思恩格斯选集》第3卷,人民出版社1995年版,第304页。
⑤ 《马克思恩格斯选集》第3卷,人民出版社1995年版,第305页。

得的产品分配也是有差别的,从而导致"事实上的不平等"。只有到了共产主义高级阶段,实行"按需分配",即不是按照"劳动"这唯一的尺度进行产品分配,这样才能真正消除"事实上的不平等"。中国特色社会主义现阶段处于社会主义的初级阶段,或者说处于共产主义的初级阶段的"初级阶段",基本上实行的是"按劳分配"的原则,因而事实上的不平等是难以避免的。

此外,从社会主义本质和目的的展现过程而言,必然存在"先富"与"后富"的矛盾统一关系。邓小平同志指出:"社会主义的本质,是解放生产力,发展生产力,消灭剥削,消除两极分化,最终达到共同富裕。"[1] 但是,由于中国仍处于社会主义初级阶段,生产力不是很发达,人口多、底子薄、资源少、技术差等是改革开放初期的基本情况,因此,社会主义本质展现的过程必然是"允许一些地区、一些人先富起来"。邓小平在总结社会主义建设初期的发展情况的时候强调:"我们坚持走社会主义道路,根本目标是实现共同富裕,然而平均发展是不可能的。过去搞平均主义、吃'大锅饭',实际上是共同落后,共同贫穷,我们就是吃了这个亏。改革首先要打破平均主义,打破'大锅饭'。"[2] 概言之,让一些地区、一些人先富,先富带动后富,最后达到共同富裕,这是事物波浪式前进的发展规律,是共同富裕的必由之路。

事实也正是如此,改革开放四十多年,中国生产力极大发展、社会财富快速增长,一部分人、一些地区先富起来了。但是,不容忽视的事实是贫富分化也开始拉大。2020年1月18日,国家统计局首次公布了10年来中国的基尼系数情况,除2004年下降外,从2003年开始中国基尼系数一路升高,2008年达到高点0.491,此后开始有所下降。如图2-1所示。

在此情况下,作为社会主义本质体现的"共同富裕"战略就由鼓励一些地区、一些人先富起来转向对贫富差距缩小的"共同"富裕的真正追求。尤其是党的十八大之后,中国特色社会主义进入新时代,共同富裕发展战略得到了进一步的切实推进。在邓小平提出了"三步走"的发

---

[1] 《邓小平文选》第3卷,人民出版社1993年版,第373页。
[2] 《邓小平文选》第3卷,人民出版社1993年版,第155页。

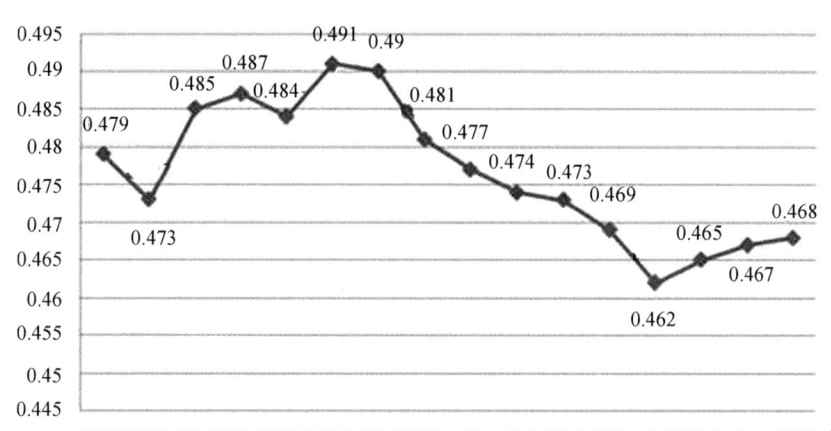

图 2-1 2003—2018 年居民收入基尼系数

数据来源：国家统计局官方网站，2022 年 10 月 22 日（http：//www.stats.gov.cn/）。

展战略（即通过国民经济翻番地增长，第一步，到 1990 年解决温饱问题；第二步，到 20 世纪末实现小康；第三步，到 21 世纪中叶达到中等发达国家水平）的基础上，2017 年党的十九大报告对全面建设社会主义现代化国家做出新的战略安排。第一个阶段，从 2020 年到 2035 年，基本实现社会主义现代化，"全体人民共同富裕迈出坚实步伐"；第二个阶段，从 2035 年到 21 世纪中叶，把中国建成富强民主文明和谐美丽的社会主义现代化强国，实现"全体人民共同富裕基本实现，我国人民将享有更加幸福安康的生活"。[1]

2020 年 10 月，党的十九届五中全会对扎实推动共同富裕做出重大战略部署，明确到 2035 年基本实现社会主义现代化远景目标，其中首次提出"全体人民共同富裕取得更为明显的实质性进展"[2]。在《中共中央关于制定国民经济和社会发展第十四个五年规划和二〇三五年远景目标的建议》中，不仅强调"全体人民共同富裕取得更为明显的实质性进展"，而且尤其在改善人民生活品质部分突出强调了"扎实推动共同富裕"，并

---

[1] 习近平：《决胜全面建成小康社会　夺取新时代中国特色社会主义伟大胜利——在中国共产党第十九次全国代表大会上的报告》，人民出版社 2017 年版，第 29 页。

[2] 《中国共产党第十九届中央委员会第五次全体会议公报》，人民出版社 2020 年版，第 7 页。

明确了一些重要要求和重大举措。① 2021年6月，中共中央、国务院发布《关于支持浙江高质量发展建设共同富裕示范区的意见》，为实现共同富裕现代化打造"样板"。

自此，实现共同富裕迈向了新阶段——在高质量发展中扎实推进共同富裕。所谓高质量发展阶段推进共同富裕，就是"坚持以人民为中心的发展思想，立足新发展阶段、贯彻新发展理念、构建新发展格局，紧扣推动共同富裕和促进人的全面发展，坚持以满足人民日益增长的美好生活需要为根本目的，以改革创新为根本动力，以解决地区差距、城乡差距、收入差距问题为主攻方向，更加注重向农村、基层、相对欠发达地区倾斜，向困难群众倾斜，……在高质量发展中扎实推动共同富裕，着力在完善收入分配制度、统筹城乡区域发展、发展社会主义先进文化、促进人与自然和谐共生、创新社会治理等方面先行示范，构建推动共同富裕的体制机制，着力激发人民群众积极性、主动性、创造性，促进社会公平，增进民生福祉，不断增强人民群众的获得感、幸福感、安全感和认同感"②。

二 价值转向：人的全面发展

发展的目的是"提升一切个人和一切社会的全面人性"③。发展最终就是为了促进人的全面发展。党的十九届六中全会提出，"推动人的全面发展、全体人民共同富裕取得更为明显的实质性进展"。基于实现共同富裕的战略升级，实现高质量共同富裕发展必然要求实现向"人的全面发展"的价值方向转变。

纵观人类社会发展历史，虽然民主、自由、人权等价值目标一直被宣扬，但近代以来社会的发展却被经济效率、财富堆积、经济增长等物质性目标所遮蔽，人的发展实际上处于异化的状态，价值目标的错位使

---

① 《中共中央关于制定国民经济和社会发展第十四个五年规划和二〇三五年远景目标的建议》，人民出版社2020年版，第55页。
② 《中共中央 国务院关于支持浙江高质量发展建设共同富裕示范区的意见》，2021年6月10日，新华社（http://www.gov.cn/zhengce/2021-06/10/content_5616833.htm）。
③ [美] 德尼·古莱：《发展伦理学》，高铦等译，社会科学文献出版社2003年版，第8页。

第二章 共同富裕的发展伦理问题及价值目标

得"许多人错误地认为人类最重要的需要是他们的物质需要"①。毋庸置疑,"发展"应该围绕人这一主体进行的,发展即是为了促进人的发展,并以"人的全面发展"为终极目标。在历史唯物主义视域中,主体性原则是马克思主义哲学的一个基本原则。所谓主体性原则,实际上就是人对世界包括对人自身的实践改造原则。当"我属于自己,不属于任何人,也不属于天使和上帝"成为人类社会普遍意识的时候,活生生"现实的人"成为有意识、有目的的主体。人作为主体,实现了"人不仅象在意识中那样理智地复现自己,而且能动地、现实地复现自己,从而在他所创造的世界中直观自身"②。当人真正成为主体,如何进一步获得和展现人的本质力量,成为人类实践活动和社会发展的核心主题。

一方面,人的主体本质的不断实现(即人的发展)始终是人类社会历史发展追求的目标。正如马克思所强调的:"历史,并不是把人当作达到自己目的的工具来利用的某种特殊人格,历史不过是追求着自己目的人的活动而已。"③ 在人类社会历史推进的过程中,人的发展受制于自然必然性和社会必然性的各种束缚,尽管自然必然性的束缚不断减少,但并不能摆脱自然必然性的束缚和似乎愈加严重的社会必然性的束缚,因而,人类追求解放和自由的实现仍在途中。显然,人"是由于有表现本身的真正个性的积极力量才得到自由"④,人类追求自由和争取解放、实现人的更好的发展不会停歇。

另一方面,在发展中确证人的主体的本质又成为人类社会历史的动力源。马克思认为,人的"本质力量作为一种主体能力自为地存在着"⑤,而人的本质正是通过社会实践即对象性活动得以确证,——在大机器工业社会中,这种对象性活动最普遍、最广泛和最典型的产物就是"工业"。因此,马克思得出结论:"在我个人的活动中,我直接证实和实现

---

① [美]德尼·古莱:《发展伦理学》,高铦等译,社会科学文献出版社2003年版,第247—248页。
② 《马克思恩格斯全集》第42卷,人民出版社1979年版,第97页。
③ 《马克思恩格斯全集》第2卷,人民出版社1972年版,第118—119页。
④ 《马克思恩格斯选集》第2卷,人民出版社1995年版,第167页。
⑤ 《马克思恩格斯全集》第42卷,人民出版社1979年版,第126页。

了我的真正的本质,即我的人的本质,我的社会的本质。"① 可见,正是为了在社会发展过程中使主体本质得到一步一步地确证,人的发展和社会的发展成为了必然性历史规律。

近现代以来,中国社会发生了翻天覆地的变化,人的发展取得了巨大的进步。中国共产党的成立、新中国的成立、社会主义制度的确立、改革开放四十多年发展、中国特色社会主义进入新时代的巨大进步,都极大地推进了中国人民的发展状态。2002年,党的十六大提出在实现经济社会发展的历史进程中,要努力促进人的全面发展。把"促进人的全面发展"列入了全面建设小康社会的战略目标之中,这是中国共产党执政历史上首次将人的发展纳入经济社会发展的规划中,具有划时代的历史意义。随后,党的十六届三中全会又鲜明地提出"以人为本的科学发展观";党的十六届五中全会则把以人为本作为"十一五"时期科学发展的核心内容和根本目标。2006年3月十届全国人大四次会议更为明确地提出要更加注重经济社会协调发展,加快发展社会事业、促进人的全面发展。2007年,党的十七大将"坚持以人为本,全面、协调、可持续的科学发展观"写入党章。所谓"以人为本",就是要把人民的利益作为一切工作的出发点和落脚点,不断满足人们的多方面需求和促进人的全面发展。② 党的十八大以来,中国共产党把全面建成小康社会作为战略着力点,人的发展取得了更大进展;党的十九大提出了"决胜全面建成小康社会,夺取新时代中国特色社会主义伟大胜利"的目标,以发展为手段、切实解决人的全面发展的相关问题取得了更加积极的进展。

"治国之道,富民为始。"党的十九届五中全会首次提出了"全体人民共同富裕取得更为明显的实质性进展",扎实推进共同富裕,力争在2035年基本实现社会主义现代化的远景目标,全国人民共同富裕迈出坚实步伐,成为当前中国经济社会发展的重要主题。社会主义现代化,不仅仅是共同富裕的现代化,更是以人的现代化——即实现人的全面自由发展为核心价值的现代化。共同富裕的价值转向昭示着"人的自由全面发展"的价值理想在新时代中国特色社会主义的伟大事业发展中正闪耀

---

① 《马克思恩格斯全集》第42卷,人民出版社1979年版,第37页。
② 《十六大以来重要文献选编》上,中央文献出版社2005年版,第768页。

着亮丽的光芒。

第五节　发展伦理视域下共同富裕的价值目标

发展伦理为实现共同富裕提供了价值视域，同时也确立了共同富裕的价值目标，发展目标是改善人类生活、推进社会进步，实现我们个人的和共同的福祉。

一　共同富裕的政治价值目标

从政治建设而言，共同富裕的国家目的是"美好生活的普遍促进"。共同富裕，是中国社会发展和中国特色社会主义的本质要求，这是中国共产党人始终如一的根本价值取向。在社会主义建设初期，"共同富裕"的提出是为了引导广大农民发展农业生产合作社、走上社会主义道路。1953年12月16日，"共同富裕"首次出现在中共中央通过的《关于发展农业生产合作社的决议》中，该《决议》提出："为着进一步地提高农业生产力，党在农村中工作的最根本的任务，就是要善于用明白易懂而为农民所能够接受的道理和办法去教育和促进农民群众逐步联合组织起来，逐步实行农业的社会主义改造，使农业能够由落后的小规模生产的个体经济变为先进的大规模生产的合作经济，以便逐步克服工业和农业这两个经济部门发展不相适应的矛盾，并使农民能够逐步完全摆脱贫困的状况而取得共同富裕和普遍繁荣的生活。"① 改革开放初期，一部分人先富起来、先富带动后富模式的"共同富裕"，是为了更好地发展生产力、更好地彰显社会主义制度的优越性。邓小平强调："这是一个大政策，一个能够影响和带动整个国民经济的政策。"② "让一部分人、一部分地区先富起来，大原则是共同富裕。一部分地区发展快一点，带动大部分地区，这是加速发展、达到共同富裕的捷径。"③ 中国特色社会主义进入新时代，以习近平同志为核心的党中央审时度势，提出了一系列新理念新观点新

---

① 《建国以来重要文献选编》第4册，中央文献出版社1993年版，第661—662页。
② 《邓小平文选》第2卷，人民出版社1994年版，第152页。
③ 《邓小平文选》第3卷，人民出版社1994年版，第166页。

上篇　共同富裕与人的全面发展的理论研究

论断，推进了共同富裕的实践历程。党的十九大对新"两步走"战略实施中的共同富裕提出了"迈出坚实步伐""基本实现"的目标要求。党的十九届五中全会擘画了到2035年中国基本实现社会主义现代化时，全体人民共同富裕取得更为明显的实质性进展的美好蓝图。综而观之，共同富裕在不同的阶段尽管有不同的目标要求，但作为中国特色社会主义国家发展战略的价值目标，已然成为中国发展的最大政治，因为从国家发展的根本而言，共同富裕是民生问题，而民生就是最大的政治。

为保障共同富裕的政治价值目标的实现，国家政府应该自觉谋划和承担发展责任。具体而言，有如下几个方面的基本问题或基本要求需要廓清。

其一，政府责任与公民权利、政府再分配责任应该如何划定？对于政府而言，"政府的职责就是要维护机会公平，打造一个公平的竞争环境，确保所有利益相关者贡献公平且分配公平，关注制度的可持续和包容性"[1]。也就是说，政府责任就是保障公民的权利，如何使公民权利得到切实保障？政府的责任落实关键就是保障制度的正义。罗尔斯在《正义论》中强调"正义是社会制度的首要价值"[2]。毋庸讳言，政府为社会制度正义担负根本职责。在正义的社会制度中，保障正义有两个基本原则：第一是平等自由的原则，即主张要平等地保障所有人的基本自由权利；第二是主张在公平机会的前提下关怀那些处境最差者，即公平的机会平等和差别原则。究其实，正义的基本原则一方面否定了不公平权利，即"正义否认了为了一些人分享更大利益而剥夺另一些人的自由是正当的，不承认许多人享受的较大利益能绰绰有余地补偿强加于少数人的牺牲"[3]；另一方面，肯定了保障公民的权利的正当性，这种权利既是指利益获取的权益，又指分配时被公平对待的权利，还包括弱者获得补偿性保障的权利。此外，为了使弱势群体获得正义的补偿以获得平等公民的

---

[1] ［德］克劳斯·施瓦布、［比］彼得·万哈姆：《利益相关者》，思齐、李艳译，中信出版集团2021年版，第214页。
[2] ［美］约翰·罗尔斯：《正义论》，何怀宏等译，中国社会科学出版社1988年版，第3页。
[3] ［美］约翰·罗尔斯：《正义论》，何怀宏等译，中国社会科学出版社1988年版，第3—4页。

对待，不至于处于弱势的那一部分被社会所"遗忘"或"抛弃"，政府还要承担再分配的责任。再分配或称"第二次分配"，主要由政府调控起主导作用，旨在保持社会稳定、维护社会公正的基本机制，例如国家对城乡的养老保险、医疗保险所注入的资金，下岗职工基本生活保障、失业救济、城镇居民最低生活保障等。政府通过必要的宏观管理和收入调节，从而使共同富裕能够有基本保障。

其二，如何发挥由政府命令、法律、政策的引入和实行的"强制性制度变迁"的作用，为实现共同富裕提供制度保障和政策环境？所谓强制性制度变迁，主要由政府命令、法律引入和实施而引起的经济社会的发展变化。显然，政府主导的强制性制度变迁能够为地方经济社会发展提供经济基础和政治环境，以便尽快摆脱封闭保守、僵化无力的旧体制，创设更优良的发展新环境。历史实践证明，无论是1953年12月16日中央通过的《关于发展农业生产合作社的决议》、1955年7月31日的《关于农业合作化问题》；或者是1993年中共十四届三中全会通过的对效率与公平的问题做出进一步阐述的《中共中央关于建立社会主义市场经济体制若干问题的决定》；还是2021年5月20日中央通过的《中共中央国务院关于支持浙江高质量发展建设共同富裕示范区的意见》，这些政策文件的出台，对于推进共同富裕都起到了显著的推动作用。强制性制度变迁的主导者是政府，程序是自上而下，因而能够起到立竿见影的效果。

其三，如何激发"诱致性制度变迁"在实现共同富裕中体现"制度优势"？所谓诱致性制度变迁"指的是现行制度安排的变迁或替代，或者是新制度安排的创造，它由个人或一群人，在响应获利机会时自发倡导、组织和实行"[1]。尽管强制性制度变迁在实现社会共同富裕中具有重要的作用，但是，加强由利益诱导而导致的自觉、主动的"诱致性制度变迁"，更能实现文化资源合理性配置和优化整合，推进共同富裕持续、良性、包容地实现。因此，在推进共同富裕实践中，我们在重视政府命令、法律、政策的引入和实行等制度性因素的作用的同时，也不能忽视文化价值理念、思想观念、开放意识、道德风尚、文化创新意识等非正式制

---

[1] 林毅夫：《关于制度变迁的经济学理论：诱致性变迁与强制性变迁》，《卡托杂志》1989年第1期。

度因素在实现民众利益、满足民众需求中的重要作用。

二 共同富裕的经济价值目标

从经济发展而言,共同富裕的价值目标是在实现共同富裕中如何实现效率与公平、分配正义。在经济发展中如何促进共同富裕的实现?如何促进人的全面发展?如何促进人的精神富有?

在中国经济社会发展过程中,效率一直成为重要的目标追求而占有主导地位,但是在社会主义社会中公平正义的价值目标一直没有被忽视,尤其当我们在为共同富裕取得实质性进展而努力的新发展阶段,公平正义的经济价值目标更加被凸显出来。在社会主义市场经济建设的过程中,公平正义的经济价值目标一直被重视和强调。1993年,中共十四届三中全会通过了《中共中央关于建立社会主义市场经济体制若干问题的决定》,对效率与公平的问题做出了进一步的阐述:"个人收入分配要坚持以按劳分配为主体、多种分配方式并存的制度,体现效率优先、兼顾公平的原则。劳动者的个人劳动报酬要引入竞争机制,打破平均主义,实行多劳多得,合理拉开差距。坚持鼓励一部分地区一部分人通过诚实劳动和合法经营先富起来的政策,提倡先富带动和帮助后富,逐步实现共同富裕。"[①]

中国特色社会主义进入新时代,尤其是党的十九届五中全会做出"十四五"时期中国将进入新发展阶段的重大战略判断,共同富裕的经济价值目标更是受到前所未有的重视;实现更高层次、更高质量、更高要求、更高目标的经济"新"发展,更强调要对经济的行为理念、价值目标、发展原则、主体责任做出伦理考量。经济新发展行为理念强调既要抛弃"理性自利"的经济动机评价及其造成的扭曲财富价值观,还要抛弃"效率崇拜"和"效用分配冷漠"的经济效果评价等错误理念,使经济行为符合伦理应当。经济新发展价值目标要求重视经济的"效用分配"和"增量的社会价值"以实现"美好生活"。经济新发展伦理原则强调坚持"公平正义"以维护经济安全、坚持"包容创造增长"以促进经济增长、拒绝"丛林法则"以维护经济体健康。经济新发展主体责任强调对

[①] 《改革开放三十年重要文献选编》上,中央文献出版社2008年版,第741页。

经济活动主体尤其是企业家有更高的责任伦理要求。

三 共同富裕的社会价值目标

从社会发展而言,在共同富裕中如何促进社会承认的实现、人的尊严和权利保护、社会普遍正义的保障,这是实现人的全面发展和社会全面进步的重要手段。

进入21世纪,中国的社会主义现代化建设进入了一个新的阶段,党中央提出了以"以人为本"为核心的科学发展观,社会公平受到了前所未有的重视。党的十七大对维护社会公平、建立社会公平保障体系提出了明确的目标要求,即"在促进发展的同时,把维护社会公平放到更加突出的位置,综合运用多种手段,依法逐步建立以权利公平、机会公平、规则公平、分配公平为主要内容的社会公平保障体系,使全体人民共享改革发展的成果,使全体人民朝着共同富裕的方向稳步前进"[1]。以科学发展观为指导,建构社会主义和谐社会,实现更大程度的社会公平,成为实现共同富裕的最迫切的社会价值目标。社会公平,首先是每个人在法律上或形式上获得平等,人的生存、人的尊严、人的幸福以及符合人性的生活条件获得了肯定;其次是每个人能够充分地享有比以往更多的个体自由,个体能够自由地追求自己的幸福,创造美好的生活;最后,公平正义的社会能够为人的心灵和谐、精神自由提供良性的社会条件,从而优化人的心灵秩序。

维护社会公平,实现共同富裕最繁重、最艰巨的任务就是如何保障弱势群体、发展落后地区尤其是改善农村贫困地区和贫困人口。为此,如何在经济发展的基础上,更加注重社会建设,着力保障和改善民生,推进社会体制改革,扩大公共服务,完善社会管理,促进社会公平正义,努力使全体人民学有所教、劳有所得、病有所医、老有所养、住有所居,[2] 成为建设和谐社会的根本要求。党的十九大报告中,习近平同志在深刻把握新时代中国社会主要矛盾新变化的基础上,尤其强调"我们要在继续推动发展的基础上,着力解决好发展不平衡不充分问题,大力提

---

[1] 《十六大以来重要文献选编》中,中央文献出版社2006年版,第712页。
[2] 《十七大以来重要文献选编》上,中央文献出版社2009年版,第29页。

升发展质量和效益，更好满足人民在经济、政治、文化、社会、生态等方面日益增长的需要，更好推动人的全面发展、社会全面进步"①。

四 共同富裕的文化价值目标

从文化发展而言，共同富裕不仅是一个物质积累的过程，也是一个精神丰实的过程，如何让文化发挥铸魂塑形赋能的强大力量和功能，实现精神文化生活丰富，最终促进人的全面发展和社会全面进步，这是共同富裕的题中之义。

共同富裕既是物质生活共同富裕，也是精神生活共同富裕，精神生活共同富裕靠文化支撑。党的十九大倡导"要坚持中国特色社会主义文化发展道路，激发全民族文化创新创造活力，建设社会主义文化强国"②。先进的社会主义文化在共同富裕中具有重要的价值力量。

其一，文化为实现共同富裕凝练价值目标。一个社会的良性运行，需要文化所提供的价值目标做引导。在社会主义先进文化发展中，我们逐渐建构了社会主义核心价值体系，凝练出了社会主义核心价值观。社会主义核心价值观对国民素质的提升、精神文明的创建、精神文化产品的创作具有重要的引领作用，社会主义核心价值观渗透到社会发展和共同富裕的实践中，能够为其指示正确发展的方向。

其二，文化为实现共同富裕凝聚精神的力量。一个国家和民族，要有发展的力量和希望，广大民众必须有精神的信仰，而精神的信仰来自先进文化。文化发挥精神的动力作用，主要表现在能够促进全体人民在理想信念、价值理念、道德观念上自觉地实现心理和情感认同，从而能够紧密地团结在一起。

其三，文化为实现共同富裕创设宽松的社会环境。在先进文化建设中提高人民思想觉悟、道德水准、文明素养，社会开放程度和文明程度就会更高。一个宽松的社会，就是一个人的尊严、尊重、优雅等价值得

---

① 习近平：《决胜全面建成小康社会 夺取新时代中国特色社会主义伟大胜利——在中国共产党第十九次全国代表大会上的报告》，人民出版社2017年版，第11页。

② 习近平：《决胜全面建成小康社会 夺取新时代中国特色社会主义伟大胜利——在中国共产党第十九次全国代表大会上的报告》，人民出版社2017年版，第41页。

以凸显的文明社会,在这样的社会氛围中,不仅主体之生命、财产、自由得到切实的保障,而且每一个公民主体的社会性得到激发,焕发出为维护和推进社会发展进步做出努力的积极性。

以发展伦理观照共同富裕,共同富裕的价值目标已然不是"自利"的价值实现,而是"伦理相关"的社会成就的实现,追求的必然是一种增量的社会价值(incremental societal value)实现。

第 三 章

"促进共同富裕"与"促进人的全面发展"的辩证关系与现实要求

一切理论都是灰色的,唯有生命之树常青!人的全面发展问题,是一个历史和时代命题,也是马克思主义哲学最为根本的问题。"人的全面发展"思想是马克思主义理论体系的价值主题,也是其理论体系的价值关怀和目标追求。马克思主义关于人的全面发展思想有着丰厚的历史唯物主义蕴涵,并成为中国特色社会主义发展的价值航标。在中国特色社会主义建设过程中,马克思主义人的全面发展学说的价值主题贯穿于社会发展不同阶段任务中,不断实现着理论创新和实践创新。中国特色社会主义进入新时代,共同富裕从发展的意义上说以实现人的全面发展为价值目标,是实现人的全面发展的重大历史任务。

第一节 "人的全面发展"的历史唯物主义意蕴

马克思主义人的全面发展思想始终关注着现实、从事实际生活活动的人,关注着人的生活状况以及人的价值追求的社会实践形式。从 19 世纪 40 年代马克思的哲学立场发生转变之后,彻底实现人的解放、实现人的自由全面发展就成为了贯穿其思想体系的一条主线,成为了建立在唯物史观和剩余价值理论基础之上的一个重要问题。

一 "人的全面发展"是人类社会历史的终极关怀

人的自由全面发展是通过人类解放的途径而实现的。马克思主义视

第三章 "促进共同富裕"与"促进人的全面发展"的辩证关系与现实要求

域中的人类解放，不仅是从宗教压制下的"宗教解放"和剥削制度下的"政治解放"，更是从一切异化形式的束缚下的解放，即实现全面自由的发展。马克思对束缚人、奴役人、贬低人的价值的种种异化现象的批判，透射着对主体价值的强烈终极关怀。马克思在明确了社会历史前提的基础上，从经济发展和社会关系两个维度，指示了人的全面发展的追寻路线。

（一）理解"现实中的个人"：人的全面发展思想的逻辑起点

康德曾将近代以来哲学的主题规定为："（1）我能知道什么？（2）我应当做什么？（3）我可以期待什么？（4）人是什么？"它们分别由形而上学、伦理学、宗教、人类学回答，并认为对于前三个问题的回答可以归结为对最后一个问题的回答，即人类学的回答。[①] 实际上，在马克思之前，唯心主义和旧唯物主义哲学家都没有很好地回答"人是什么"的问题。对此问题的科学解答，是由马克思完成的。对"现实中的个人"的关怀，是马克思主义人的全面发展思想的价值指向，也标志着人的自由全面发展思想确立了科学的逻辑起点。马克思、恩格斯在标志着历史唯物主义创立的《德意志意识形态》中指出："全部人类历史的第一个前提无疑是有生命的个人的存在。"[②] 在马克思主义的价值视域中，"现实中的个人"是社会历史的前提和唯物史观的逻辑起点，"这里所说的个人不是他们自己或别人想象中的那种个人，而是现实中的个人，也就是说，这些个人是从事活动的，进行物质生产的，因而是在一定的物质的、不受他们任意支配的界限、前提和条件下活动着的"。[③] 马克思在《关于费尔巴哈的提纲》中以唯物主义实践观为批判武器，不仅对当时社会中泛滥的各类唯心主义思想进行批驳，也对旧唯物主义对于人的曲解进行了批判。马克思指出："从前的一切唯物主义（包括费尔巴哈的唯物主义）的主要缺点是：对对象、现实、感性，只是从客体的或者直观的形式去理解，而不是把它们当做感性的人的活动，当做实践去理解，不是从主体

[①] 参见［德］康德《逻辑学讲义》，许景行译，商务印书馆1991年版，第15页；《纯粹理性批判》，邓晓芒译，人民出版社2004年版，第611—612页。

[②] 《马克思恩格斯文集》第1卷，人民出版社2009年版，第519页。

[③] 《马克思恩格斯文集》第1卷，人民出版社2009年版，第524页。

方面去理解。因此，和唯物主义相反，唯心主义却把能动的方面抽象地发展了，当然，唯心主义是不知道现实的、感性的活动本身的。"① 马克思所关注的个体，既不是黑格尔只存在于自我意识中的"观念中的人"，也不是费尔巴哈的"抽象中的人"，自然更不是某种处于幻想的、处于与世隔绝状态的人，而是从事实践活动的社会存在物。

马克思历史唯物主义从根本上否定了唯心主义和旧唯物主义看待人的方式方法，从实践角度去分析把握现实中的人，从而将人的全面发展思想建立在科学的实践观基础之上。这样，"现实中的个人"作为马克思主义理论体系的着眼点和落脚点，在实践中获得了正确的理解——"这些个人是从事活动的，进行物质生产的，因而是在一定的物质的、不受他们任意支配的界限、前提和条件下活动着的"②。清晰地将现实的人在社会历史发展过程中的重要作用做出定位，历史唯物主义主体论就超越了黑格尔唯心主义"观念的人"与费尔巴哈机械唯物主义"抽象的人"，科学社会主义的主体发展理论由此获得了历史科学性。正是出于对有生命的个人及人的生命价值的关怀，马克思毕生致力于实现人的解放事业、追寻人的自由全面发展的美好目标。

（二）经济发展和社会关系：人的全面发展的现实维度

既然理解"现实中的人"是马克思主义人的全面发展理论的逻辑起点，那么如何理解人的全面发展就必须在社会活动现实中加以探寻，而经济发展作为马克思对人的异化批判的主要场域、社会关系作为人的本质的呈现，必然成为理解人的全面发展的两个重要维度。

一方面，马克思从经济发展的角度，批判了人的异化及其造成人的异化的渊薮，从而为实现人的全面发展奠定了社会经济基础，指明了经济制度变革以实现人的全面发展的正确路向。马克思看到了私有制下人和自然、人和人、人的存在和本质、自由与必然、个体和类之间的矛盾，并指出解决这些"历史之谜"的途径是消灭私有制，消灭劳动异化。马克思的目标是使人从经济需要压迫下解放出来，摆脱"动物式"的经济，克服异化，恢复人的本质。在《1844年经济学哲学手稿》中，马克思通

---

① 《马克思恩格斯文集》第1卷，人民出版社2009年版，第499页。
② 《马克思恩格斯文集》第1卷，人民出版社2009年版，第524页。

第三章 "促进共同富裕"与"促进人的全面发展"的辩证关系与现实要求

过对资本主义社会从事劳动生产的人民惨无人道生存状况的观察,发现在资本主义剥削制度之下,人民所从事的劳动与其所得的收获无法对等,劳动生产者创造的财富越多,受资本的奴役程度就越高,在日复一日的劳动过程中自我不仅得不到确证,反而逐渐在丧失。马克思在《1844年经济学哲学手稿》中批判了异化劳动导致人同自己的劳动产品相异化、人同自己的生命活动相异化、人同自己的类本质相异化、人同人相异化的状况,并指出消灭私有制、实现共产主义是实现人的全面发展的现实路径——即"共产主义是对私有财产即人的自我异化的积极的扬弃,因而是通过人并且为了人而对人的本质的真正占有"[1]。马克思对异化劳动的批判和资本剥削劳动人民的本质的批判,就是要恢复人的真正本质,使人以一种全面的方式,也就是说,作为一个完整的人,占有自己的全面的本质,从而帮助工人阶级认清现实,唤醒反抗意识。马克思将人的发展的条件与人的发展的内容紧密联系在一起的,强调"人的全面的发展"实质上是"人的本质力量的展示"和"人的本质力量的发展",从而为人的自由全面发展理论的形成奠定了初步的基础。

那么,消除了异化状态的人的理想发展状况应该是怎样的?标志着马克思人的自由全面发展思想成熟的理论著作《共产党宣言》对此做出了回答。随着第一部科学系统阐述科学社会主义思想的巨著《共产党宣言》的发表,社会主义运动史迈入新的发展阶段。在《共产党宣言》中,马克思描绘了消除异化状态的人的自由全面发展的理想,这就是"代替那存在着阶级和阶级对立的资产阶级旧社会的,将是这样一个联合体,在那里,每个人的自由发展是一切人的自由发展的条件"[2]。马克思、恩格斯指出"每个人的自由发展是一切人自由发展的条件",这是"新社会的本质"。未来的共产主义社会之所以是一个"自由人的联合体"就是因为人获得了彻底的自由解放,彻底实现了政治、经济、精神方面的自由,劳动也不仅仅作为一种谋生手段而存在,更重要的是成为自由的人的生活第一需求。马克思同时指出,一切民族,不管他们所处的历史环境如何,最后都要达到"在保证社会劳动生产力极高度发展的同时,又保证

---

[1]《马克思恩格斯文集》第1卷,人民出版社2009年版,第185页。
[2]《马克思恩格斯文集》第2卷,人民出版社2009年版,第53页。

人类最全面的发展的这样一种经济形态"①。也就是说,生产力高度发展的社会状态与人的全面发展的社会状态是高度一致的。

另一方面,马克思从社会关系的角度,阐明了实现人的全面发展的实质内容和实现过程的阶段性特征。人是自然产物,更是社会产物,人的本质在社会关系中得以生成和确证,因此人的自由全面的发展只有在社会关系中才能得到科学的理解,并且在社会关系的变动中才能得到真正的实现。在《关于费尔巴哈的提纲》中,马克思对人的本质做出了历史科学的理解——"人的本质不是单个人所固有的抽象物,在其现实性上,它是一切社会关系的总和"②。马克思所关注和关心的"人",是实实在在存在着的、实践活动着的个体,并且"以一定的方式进行生产活动的一定的个人,发生一定的社会关系和政治关系"。③ 马克思强调,"个人的全面性不是想象的或设想的全面性,而是他的现实联系和观念联系的全面性"④。基于人的本质的理解,显然,"人的全面发展"既作为一种现实性的展开,也作为一种理想的状态,包括人的个性、能力和知识的协调发展,人的自然素质、社会素质和精神素质的共同提高,政治权利、经济权利和其他社会权利的充分体现。

人的全面发展是在社会发展中逐渐实现的过程。也就是说,全面发展的个人是历史的生成,是在社会关系的不断发展中获得人的普遍性和全面性。"全面发展的个人——他们的社会关系作为他们自己的共同的关系,也是服从于他们自己的共同的控制的——不是自然的产物,而是历史的产物。要使这种个性成为可能,能力的发展就要达到一定的程度和全面性,这正是以建立在交换价值基础上的生产为前提的,这种生产才在产生出个人同自己和同别人相异化的普遍性的同时,也产生出个人关系和个人能力的普遍性和全面性。"⑤ 马克思从社会关系的发展阶段和状态中理解人的发展,并根据人的三种不同的现实发展状态描述了三类不同性质的社会形态,即"人的依赖关系(起初完全是自然发生的),是最

---

① 《马克思恩格斯全集》第19卷,人民出版社1972年版,第130页。
② 《马克思恩格斯文集》第1卷,人民出版社2009年版,第501页。
③ 《马克思恩格斯文集》第1卷,人民出版社2009年版,第523—524页。
④ 《马克思恩格斯全集》第30卷,人民出版社1995年版,第541页。
⑤ [德]马克思:《资本论》第1卷,人民出版社2004年版,第683页。

第三章 "促进共同富裕"与"促进人的全面发展"的辩证关系与现实要求

初的社会形式","以物的依赖性为基础的人的独立性,是第二大形式","建立在个人全面发展和他们共同的、社会的生产能力成为从属于他们的社会财富这一基础上的自由个性,是第三个阶段",① 三者分别与资本主义前的各社会形态、资本主义社会形态、未来的共产主义社会形态相对应。就世界的社会现实而言,资本主义剥削制度或剥削现象正在以各种各样的形式存在并发挥作用,在这种社会状态之下,不可能实现人的全面发展,因为被剥削者"他不是把他自己创造出来的东西当作他自己的财富的条件,而是当作他人财富和自身贫穷的条件"②。只有在共产主义社会形态中,社会关系形态将超越资本主义私有制对生产力的、社会关系的、民族的、个人的各个方面的束缚,实现"一个更高级的、以每一个个人的全面而自由的发展为基本原则的社会形式"③。但是,马克思深刻认识到,实现人的全面发展具有过程性,受制于社会发展的各种条件,也就是说,"各个人的全面的依存关系、他们的这种自然形成的世界历史性的共同活动的最初形式,由于这种共产主义革命而转化为对下述力量的控制和自觉的驾驭,这些力量本来是由人们的相互作用产生的,但是迄今为止对他们来说都作为完全异己的力量威慑和驾驭着他们"④。

(三) 马克思人的全面发展思想的当代价值

人的自由全面发展目的是让现实的人能够获得更好、更高级、更全面、更协调的发展。在马克思的理论视域中,现实的人是社会历史发展的能动前提,人既是创造历史,推动社会发展的关键力量,同时也是社会发展的最终目的和一贯追求。在社会主义社会建设的过程中,我们更应当格外注重人的生命与价值,以人为本,将人置于至尊至重的地位。

其一,人的自由全面发展是社会主义所追求的终极价值理想。社会主义以每个人的自由全面发展为目的,也正是在真实的社会主义社会中,个人才真正获得了全面发展其才能的条件和手段。中国社会主义制度的建立,从根本上消除了妨碍人的自由全面发展的社会政治因素,使人的

---

① 《马克思恩格斯文集》第 8 卷,人民出版社 2009 年版,第 52 页。
② 《马克思恩格斯全集》第 30 卷,人民出版社 1995 年版,第 541 页。
③ 《马克思恩格斯文集》第 5 卷,人民出版社 2009 年版,第 683 页。
④ 《马克思恩格斯文集》第 1 卷,人民出版社 2009 年版,第 542 页。

自由全面发展特别是绝大多数人的自由全面发展不仅具有了可能性，而且具有了现实的制度依托和社会环境保障，为实现人的自由全面发展创造了必要的条件。

随着中国特色社会主义的不断发展与进步，越来越多的人将会在更高的程度上实现自身的全面发展。但同时应该看到，尽管中国当前国际地位、经济实力有了较大程度的提高发展，但中国仍处在社会主义初级阶段，而且正面临着百年未有之大变局，社会主要矛盾也已经发生了变化，人民群众的需求正日益多样化、高层次化。在新的发展阶段上，妨碍人自由全面发展的因素也在不断复杂化，促进人的自由全面发展仍然是一项长期而艰巨的任务。

无论是中国社会主义革命，还是社会主义建设和改革，其根本动因都是为了人的解放和自由全面发展。中国共产党人把马克思的人的全面发展思想与中国国情、传统文化相结合，为当代中国人寻求一条可行的、具有中国国情的全面发展道路。中国特色社会主义建设和改革的实践过程，就是不断推进人的自由全面发展渐进实现的过程。党的十九大提出习近平新时代中国特色社会主义思想，其中"8个明确""14个坚持"，归根结底落实在"促进人的全面发展"的根本目标上。人的全面发展思想，已然成为习近平新时代中国特色社会主义思想的基本内容和重要组成部分。始终坚持人民至上，为中国人民谋幸福，为中华民族谋复兴，把人民对美好生活的向往作为奋斗目标，推动人的全面发展，是中国共产党的初心和使命，是习近平治国理政理念的集中体现，也是坚持和发展新时代中国特色社会主义伟大事业的根本保证。

其二，人的全面发展思想是中国特色社会主义社会实现全面进步的价值航标灯。人民群众永远是社会历史发展的主体，只有全面发展的人才能更好地服务于社会的发展进步。中国当前已然进入了一个崭新的发展阶段，新时代下社会的理想发展是全面、协调、可持续的发展。而全面发展的人是推动中国经济转型的关键动力。当前中国经济已进入了高质量发展的新阶段，人才素质、科技实力的强弱决定了经济转型升级的成败。马克思曾经指出："工业的历史和工业的已经产生的对象性的存

第三章 "促进共同富裕"与"促进人的全面发展"的辩证关系与现实要求

在,是一本打开了的关于人的本质力量的书"①,社会的进步离不开科技力量的支撑,而科学技术的研发应用需要大量的科技人才。人的自由全面发展很重要的一个方面就是人的思维能力、逻辑分析能力、实践操作能力的全面发展,可以增强人们对复杂多变的发展形势的分析把控,更好地推动社会的转型升级与协调发展。

人民群众不仅是社会物质财富的创造者,更是社会精神财富的迸发源泉。人的全面发展能够更好地推动社会主义思想文化的繁荣和发展。人类发展史是一部关于人的文化史。从社会的角度看,人的知识、经验、观念、理论、情感世界、思想道德、价值观念、文化素质等的更新和发展,使人类文化的内容更丰富,也使人的精神富有、更充实。

其三,人的全面发展思想指引中国特色社会主义建设实践创新发展。中国共产党的初心使命就是为中国人民谋幸福,为中华民族谋复兴,实现人的自由全面发展也始终是党带领全体人民砥砺前行的价值指引。中国特色社会主义建设的道路,也是人的自由全面发展理论在中国的继承创新之路。早在毛泽东时期,对人自由全面发展问题就得到了重视,毛泽东在革命时期审时度势,科学准确地把握基本国情,将人民群众的利益摆在关键位置,在革命时期极其重视人的个性解放,在发展经济之余重视根据地人民的教育工作,提出了"三育"的教育目标和切实可行的人才培养标准。在改革开放新时期,邓小平提出要将人的全面发展与社会主义本质紧密融合,重视教育工作,培育"面向现代化、面向世界、面向未来"的"四有"新人,加快发展生产力,同时重视精神文明的建设,坚持科学技术是第一生产力,全面提高人的素质,促进人的全面发展。

党的十六届三中全会通过的《中共中央关于完善社会主义市场经济体制若干问题的决定》指出:"坚持以人为本,树立全面、协调、可持续的发展观,促进经济社会和人的全面发展。"② 这是我们党在总结社会主义建设经验的基础上,首次将"人的全面发展"与"经济社会发展"作为社会主义建设的重要目标,这是科学发展观的客观要求。坚持以人为

---

① 《马克思恩格斯全集》第42卷,人民出版社1979年版,第127页。
② 《十六大以来重要文献选编》上,中央文献出版社2005年版,第755页。

本的科学发展观，就是要以实现"现实的人"的全面发展为目标。党的十七大报告指出：科学发展观的核心是"以人为本"，"要始终把实现好、维护好、发展好最广大人民的根本利益作为党和国家一切工作的出发点和落脚点，尊重人民主体地位，发挥人民首创精神，保障人民各项权益，走共同富裕道路，促进人的全面发展，做到发展为了人民、发展依靠人民、发展成果由人民共享"①。

中国特色社会主义新时代，中国共产党深化了对社会主义现代化建设规律的认识，在社会建设过程中必须更加重视人的全面发展，指导和推动中国社会主义现代化建设不断迈出坚实步伐。习近平总书记强调："我们将坚持以人为本，全面推进经济建设、政治建设、文化建设、社会建设、生态文明建设，促进现代化建设各个方面、各个环节相协调。"②人的发展既是社会发展的内在要求，也是社会发展的最终体现。党的十九届六中全会提出："推动人的全面发展、全体人民共同富裕取得更为明显的实质性进展。"③ 共同富裕是社会主义的本质，也是中国式现代化道路的重要特征。实现共同富裕是中国共产党人的重要使命。党的十八大以来，党中央把逐步实现全体人民共同富裕摆在更加重要的位置上，采取有力措施保障和改善民生，打赢脱贫攻坚战，全面建成小康社会，为促进共同富裕创造了良好条件。中国特色社会主义进入新时代，社会主要矛盾演变为人民日益增长的美好生活需要和不平衡不充分的发展之间的矛盾。为适应中国社会主要矛盾的变化，实现第二个百年奋斗目标，共同富裕的侧重点应该放在"共同"上，必须把促进全体人民共同富裕作为为人民谋幸福的着力点。

"治国之道，富民为始。我们始终坚定人民立场，强调消除贫困、改善民生、实现共同富裕是社会主义的本质要求，是我们党坚持全心全意为人民服务根本宗旨的重要体现，是党和政府的重大责任。"④ 迈入新时

---

① 胡锦涛：《高举中国特色社会主义伟大旗帜　为夺取全面建设小康社会新胜利而奋斗——在中国共产党第十七次全国代表大会上的报告》，人民出版社2007年版，第15页。
② 《习近平谈治国理政》，外文出版社2014年版，第326页。
③ 《中国共产党第十九届中央委员会第六次全体会议公报》，新华社北京11月11日电，2021年11月11日，http://www.cac.gov.cn/2021-11/11/c_1638226476385060.htm。
④ 《在高质量发展中促进共同富裕》，《人民日报》2022年3月1日。

第三章 "促进共同富裕"与"促进人的全面发展"的辩证关系与现实要求

代,党中央提出了一系列新发展理念、新发展模式、新的发展策略,最终目的是人民的生活富足,精神富有。人民群众的获得感始终是策略制定的终极目标和实施过程的检验标准。

二 人的全面发展具有多重的现实要求

马克思在《〈黑格尔法哲学批判〉导言》中曾指出:"理论只要说服人 [ad hominem],就能掌握群众;而理论只要彻底,就能说服人 [ad hominem]。所谓彻底,就是抓住事物的根本。而人的根本就是人本身。"① 我们只有抓住人的根本,才能理解何为"人的全面发展",只有准确地把握马克思主义人的全面发展理论的内涵与精髓,才能真正理解"人的根本"。就具体内涵而言,人的全面发展具有多重性,是"完整发展""自由发展""多方面发展""和谐发展"的有机统一。

(一)人的全面发展是人的本质力量的"完整发展"

劳动作为人本质力量的外化表现,劳动能力的全面自由发展是实现其他一切自由全面发展的基础,因此人的全面发展首先是人的劳动能力的全面发展。马克思指出:"我们把劳动力或劳动能力,理解为人的身体即活的人体中存在的、每当人生产某种使用价值时就运用的体力和智力的总和。"②

从人类社会发展的事实而言,生产力的发展很大程度上就是劳动能力的发展。但是在资本主义剥削制度之下,人的劳动能力却被资本家购买和支配,工人的劳动能力不被自己所支配,工人劳动能力创造的比自身价值更大的价值——以剩余价值的形式被资本家所占有和剥夺。在剥削制度之下,人的劳动能力与工人本质力量的展现相脱离,因而不能体现人的全面发展的诉求。只有当人的劳动能力(脑力劳动能力和体力劳动能力)为自己所真正占有和支配,人的劳动能力才能真正促进并确证人的全面发展状态。

此外,认知能力、思维能力、逻辑分析能力、判断能力等,每一种能力都是人们创造美好生活、实现自身全面发展不可或缺的条件。人们

---

① 《马克思恩格斯文集》第1卷,人民出版社2009年版,第11页。
② 《马克思恩格斯选集》第2卷,人民出版社1995年版,第172页。

能否自由能动地发挥、使用和开发其所具有的各种能力,是衡量人的发展程度的重要标准。

（二）人的全面发展是人的独特性和个性的"自由发展"

马克思指出:"整个历史也无非是人类本性的不断改变而已。"① 在马克思人学视域中,人的自由发展和全面发展是有机联系在一起的,人的发展既应该是"全面"的,又应该是"自由"的,也就是人类本性"全面而自由"的改变。一方面,人通过全面发展而展示出人的发展的一般属性,只有个人普遍得到全面发展,才能成为一个自由发展的人。另一方面,人通过自由发展体现出人发展的内在的差异性,只有具备充分发展的自由的条件,才可能实现人的全面发展。因此,社会的每一个成员能够充分利用社会所给予的条件,全面发展和发挥自己的才能,只有那样,人们的社会关系才能丰富,人的个性才能得以充分展现,人类才能实现"从必然王国向自由王国的飞跃"。

人的全面发展是人的独特性和个性的自由的展现。马克思讲的人的发展,其实质是指"现实中的个人"的发展。这里的"个人发展",不是"某一个人"的发展,而是社会中"任何人"的个体特征即个性和独特性的发展,也是具有个性和独特性的"社会全体成员的普遍发展"。就人类个体而言,人的体力、智力、能力、意志、情趣、爱好、特长等个人自身特性存在着个体之间差异,只有人们不断完善自身的特性,发挥主观能动性,创造性地改造客观世界,人类才能不断在现实中创造自己的历史,寻求更高的理想价值。唯物史观视域中的人的自由发展,是指人作为真正的社会主体的自主能动的发展。就整个社会状态而言,人的自由发展的社会理想就是"把社会组织成这样:使社会的每一个成员都能完全自由地发展和发挥他的全部才能和力量,并且不会因此而危及这个社会的基本条件"②。就个人发展状态而言,人的自由发展的活动特征就是可以"根据社会需要或者他们自己的爱好,轮流从一个生产部门转到另一个生产部门"③。也就是说,人们可以自由地按照自己的想法去从事实

---

① 《马克思恩格斯选集》第 1 卷,人民出版社 1995 年版,第 172 页。
② 《马克思恩格斯全集》第 42 卷,人民出版社 1979 年版,第 373 页。
③ 《马克思恩格斯选集》第 1 卷,人民出版社 1995 年版,第 243 页。

践活动,能够在实践活动中实现自我本质,并获得满足感和成就感,这就是人实现了自由地发展。

(三) 人的全面发展是人的能力素质的"多方面发展"

所谓"多方面发展"是立足于自由的发展基础上,即人彻底摆脱各种束缚基础上实现包括智力、体力、社会关系、思想道德品质等多方面能力素质的发展。

就人的发展的需要而言,人的需要的多样性决定了人的发展的多样性,"人以其需要的广泛性和多样性而区别于其他动物"①。人的需要的广泛性和多样性如何获得满足?马克思认为,在社会历史过程中任何一种解放都是人的需要不断地得以实现。就人的发展能力而言,人的发展能力诉求也是多方面的。其中,人的劳动能力是最根本的方面,即人的智力和体力得到充分统一的发展。此外,人的发展能力还包括人的才能、志趣和道德品质的多方面发展。马克思指出:"任何解放都是使人的世界即各种关系回归于人自身"②,也就是说,当人可以自由地按照自己的规划,发挥自己各种能力的时候,人类解放才能够真正实现。

(四) 人的全面发展是人的"和谐发展"

人的和谐发展是马克思人的全面发展思想的现实指向,它主要指人的身心和谐发展,人与自然、他人和社会的和谐发展。

其一,人的身心和谐发展既指个人的思想、观念能够与时代发展合拍共振、与时俱进,也指人的心理处于积极向上、乐于进取的健康状态,还指人的能力得到全面充分的发展。

其二,人与自然的和谐发展实际上是人与外部环境和外部关系的和谐状态,为人的全面发展提供优良的外在支持。唯物史观认为,一方面,人是自然的一部分,人是自然界发展的产物,人就是"现实的、有形体的、站在稳固的地球上呼吸着一切自然力量的人"③。另一方面,自然界物质的条件又是人的生活和人的活动的一部分,也就是说,"在实践上,人的普遍性正表现在把整个自然界——首先作为人的直接的生活资料,

---

① 《马克思恩格斯全集》第49卷,人民出版社1982年版,第130页。
② 《马克思恩格斯文集》第1卷,人民出版社2009年版,第46页。
③ 《马克思恩格斯全集》第42卷,人民出版社1979年版,第167页。

其次作为人的生命活动的材料、对象和工具——变成人的无机的身体"①。人作为主体,不断地使自然界"人化",从而推动社会的不断进步,这是人与动物的最大区别。正如马克思指出的:"动物只是按照它所属的那个种的尺度和需要来建造,而人却懂得按照任何一个种的尺度来进行生产,并且懂得怎样处处都把内在的尺度运用到对象上去;因此人也按照美的规律来建造。"②

其三,人与他人的和谐发展。马克思认为,人的本质就是人的社会关系,因此人与他人之间的联系确证着人的本质,"人的本质是人的真正的社会联系,所以人在积极实现自己本质的过程中创造、生产人的社会联系、社会本质,而社会本质不是一种同单个人相对立的抽象的一般的力量,而是每一个单个人的本质,是他自己的活动,他自己的生活,他自己的享受,他自己的财富"③。从此意义而言,人的全面发展在于优化和发展人与人之间的社会关系,也就是说,"一个人的全面发展取决于和他直接或间接进行交往的其他一切人的发展"④。

其四,人与社会的和谐发展。人是社会的人,社会是人的社会,"正像社会本身生产作为人的人一样,人也生产社会"⑤。因此,建构社会与个人的良性互动、相互促进的关系,社会才能实现全面发展和进步,个人才能获得全面自由发展的条件。

三 实现"人的全面发展"具体化为坚持以人民为中心的发展要求

"人的全面发展"是人类社会历史的终极关怀,在中国特色社会主义发展中具体化为必须坚持以人民为中心的发展要求。

"以人民为中心"是马克思主义唯物史观中历史主体论的具体实践。"人民群众是历史的创造者",这是马克思主义唯物史观对推动人类社会历史发展的主体力量问题的回答。坚持以人民为中心、坚持人民的立场,这是马克思主义最鲜明的政治品格和价值立场。以人民为中心是中国共

---

① 《马克思恩格斯全集》第42卷,人民出版社1979年版,第95页。
② 《马克思恩格斯全集》第42卷,人民出版社1979年版,第97页。
③ 《马克思恩格斯全集》第16卷,人民出版社1979年版,第24页。
④ 《马克思恩格斯选集》第3卷,人民出版社1972年版,第551页。
⑤ 《马克思恩格斯全集》第42卷,人民出版社1979年版,第121页。

产党社会发展思想始终坚持的价值取向。毛泽东同志坚持"人民群众是历史的创造者",带领全国人民取得了新民主主义革命、社会主义革命和社会主义建设初期的伟大胜利,实现了中国人民真正地"站起来";邓小平同志提出并实践了"以经济建设为中心"的改革开放战略,极大地满足人民日益增长的物质文化需要,实现了中国人民"富起来"。改革开放以来,从"解决温饱"到"小康水平",从"全面建设小康社会"到"全面建成小康社会",见证着以人民为中心发展思想的社会实践历程与成效。党的十八大以来,以习近平同志为核心的党中央坚持以人民为中心的发展思想,顺应人民群众对美好生活的向往,把有利于提高人民的生活水平作为总的出发点和检验标准,实现了中国人民逐渐"强起来"的转变。

中国特色社会主义进入新时代,以习近平同志为核心的党中央从人民群众最关心最直接最现实的利益问题入手,采取各项保障措施改善民生,不断提高人民生活水平。党的十九大做出中国社会主要矛盾已经转化为人民日益增长的美好生活需要和不平衡不充分的发展之间的矛盾这一重大政治论断,着力解决发展不平衡不充分问题,更好满足人民在经济、政治、文化、社会、生态等方面日益增长的需要。党的十九大报告指出:"坚持以人民为中心,必须坚持人民主体地位,坚持立党为公、执政为民,践行全心全意为人民服务的根本宗旨,把党的群众路线贯彻到治国理政全部活动之中,把人民对美好生活的向往作为奋斗目标,依靠人民创造历史伟业。"[1] 2020年10月29日中国共产党第十九届中央委员会第五次全体会议通过的《中共中央关于制定国民经济和社会发展第十四个五年规划和二〇三五年远景目标的建议》再次强调经济发展要遵循坚持以人民为中心的基本原则,即"坚持人民主体地位,坚持共同富裕方向,始终做到发展为了人民、发展依靠人民、发展成果由人民共享,维护人民根本利益,激发全体人民积极性、主动性、创造性,促进社会公平,增进民生福祉,不断实现人民对美好生活的向往"[2]。

---

[1] 习近平:《决胜全面建成小康社会 夺取新时代中国特色社会主义伟大胜利——在中国共产党第十九次全国代表大会上的报告》,人民出版社2017年版,第21页。

[2] 《中共中央关于制定国民经济和社会发展第十四个五年规划和二〇三五年远景目标的建议》,《人民日报》2020年11月4日第1版。

以人民为中心推进共同富裕，是中国共产党人不懈的追求。新民主主义革命时期，中国共产党团结带领广大农民完成了反帝反封建的任务，建立了人民民主专政的政权，为使人民群众摆脱贫困和实现共同富裕创造了条件。新中国成立后，以毛泽东同志为核心的党中央领导集体坚持以人民为中心，完成了社会主义革命任务，为实现共同富裕夯实了制度基础，正如毛泽东同志强调的："现在我们实行这么一种制度，这么一种计划，是可以一年一年走向更富更强的，一年一年可以看到更富更强些。而这个富，是共同的富，这个强，是共同的强，大家都有份。"① 改革开放后，邓小平同志将共同富裕作为社会主义的本质特征，丰富了科学社会主义的时代内涵。他强调："共同致富，我们从改革一开始就讲，将来总有一天要成为中心课题。社会主义不是少数人富起来、大多数人穷，不是那个样子。社会主义最大的优越性就是共同富裕，这是体现社会主义本质的一个东西。"② 在改革开放和现代化建设实践中，中国共产党坚持以人民为中心、坚持一切从实际出发，不断解放和发展社会生产力，实现全国人民从解决温饱到实现小康、从全面小康到促进共同富裕的历史性跨越。

第二节　劳动、富裕与人的全面发展

人类社会历史是由劳动创造的，劳动促进了生产力的高度发展，创造了丰富的物质财富，为现代文明奠定了坚实的物质基础。但是，随着物质财富的增长，人的发展尤其是心灵的安宁和精神和谐没有得到应有的观照。如何建构劳动、富裕与人的全面发展三者之间的良性互动关系，使人的全面发展成为真正的目的，这是当代社会面临的一个重大问题。

一　劳动创造物质财富并使富裕成为现实

恩格斯对于劳动及其如何创造财富做出了清晰的描绘，并且对劳动的意义做出了积极的肯定。恩格斯指出："政治经济学家说：劳动是一切

---

① 《毛泽东文集》第6卷，人民出版社1999年版，第495页。
② 《邓小平文选》第3卷，人民出版社1993年版，第364页。

第三章 "促进共同富裕"与"促进人的全面发展"的辩证关系与现实要求

财富的源泉。其实劳动和自然界一起才是一切财富的源泉,自然界为劳动提供材料,劳动把材料变为财富。但是劳动还远不止如此。它是整个人类生活的第一个基本条件,而且达到这样的程度,以致我们在某种意义上不得不说:劳动创造了人本身。"① 毋庸置疑,劳动作为社会财富的源泉是人类社会发展的必要条件。

近代以来,随着资本主义的不断发展,一个以市场经济为存在基础,以资本逻辑为其运行机制的市民社会得以形成。市民社会有一个显著的特征就是从社会整体上追求国民财富的增加、从社会个体而言就是追求个人物质利益的满足。而这些利益和财富"在绝大多数的东西中,百分之九十九全然要归之于劳动"②。劳动作为财富的创造手段和劳动价值增加的方式,其重要性越来越受到资本主义社会的重视。劳动成为关涉人的存在的物质财富的源泉,也成为人的权利不断获取和实现的重要手段。例如,在洛克看来,财富和财产权是市民社会人们安身立命、享有自由平等权利的前提条件和重要保障。"既然劳动是劳动者的无可争议的所有物,那么对于这一有所增益的东西,除他以外就没有人能够享有权利"③,质言之,劳动成为人的私有的权利。对于资本主义创造的巨大社会财富,马克思和恩格斯在《共产党宣言》中也不吝赞美之词:"资产阶级在它的不到一百年的阶级统治中所创造的生产力,比过去一切世代创造的全部生产力还要多,还要大。"④

资产阶级经济学家看到了劳动在创造财富的作用,他们认识到"劳动是生产的主要要素,是'财富的源泉',是人的自由活动,但很少受到经济学家的重视"⑤,甚至对劳动的异化视而不见,相反还肯定了异化劳动的合理性。马克思对此进行了批判,指出"国民经济学虽然从劳动是生产的真正灵魂这一点出发,但是它没有给劳动提供任何东西,而是给私有财产提供了一切"⑥。马克思对资本主义社会展开批判的一个重要理

---

① 《马克思恩格斯全集》第20卷,人民出版社1972年版,第509页。
② [英]洛克:《政府论》下,叶启芳、瞿菊农译,商务印书馆1964年版,第27页。
③ [英]洛克:《政府论》下,叶启芳、瞿菊农译,商务印书馆1964年版,第19页。
④ 《马克思恩格斯文集》第2卷,人民出版社2009年版,第36页。
⑤ 《马克思恩格斯文集》第1卷,人民出版社2009年版,第72页。
⑥ 《马克思恩格斯文集》第1卷,人民出版社2009年版,第166页。

路就是：从劳动与劳动力的区分中，探究剩余价值的生产，从而揭开了资本主义剥削的秘密。在马克思的批判理论中，他根据劳动与资本的关系，将资本主义分为两个阶段，即"劳动对资本的形式上的从属""劳动对资本的实际上的从属"，并指出劳动在资本主义条件下以一种异化的形式存在着，劳动没有真正成为人的权利，从而为劳动应该如何促进人的全面发展留置了广阔的理论空间。

社会主义对生产资料占有制的根本性制度变革，改变了财富的增长仅仅为了满足个人物质利益需要的状况，财富的增长为社会整体的富裕提供了基本条件。当然，社会财富的增长并不必然导致富裕，发达资本主义的社会财富大量增长，但是贫困的现象却如影随形。只有以生产资料公有制为基础，努力为社会提供更多的可供分配的劳动产品，遵循社会公平的分配方式，富裕才能变为现实。实现共同富裕以社会财富的极大丰富为前提，在这个漫长而艰巨的过程中，社会主义的根本任务就是集中力量解放和发展生产力。只有创造出比资本主义更高、更快的生产力，才能为实现共同富裕打下坚实的物质基础。正是在此意义上，社会主义的富裕问题成为关涉"什么是社会主义""怎样建设社会主义"的根本性问题。正如邓小平指出的："一个公有制占主体，一个共同富裕，这是我们所必须坚持的社会主义的根本原则。我们就是要坚决执行和实现这些社会主义原则。社会主义与资本主义不同的地方就是共同富裕，而不是两极分化。"[①]

二 劳动促进人的全面发展

劳动不仅为人的全面发展创造坚实物质条件，从发生学的角度而言，劳动还是人的对象性活动，是人的本质的确证，并且为人的本质的实现提供制度基础和重要动力。

其一，劳动是人的本质的确证，在劳动中人的本质力量得到充分的体现。劳动作为人的本质的确证，首先是一种实践的、物质性的活动。马克思对黑格尔将劳动视作"抽象的精神的劳动"进行了批判，指出黑格尔把人看作自我意识，所以尽管"他把劳动看做人的本质，看做人的

---

① 《邓小平文选》第3卷，人民出版社1993年版，第111页。

自我确证的本质",但他"唯一知道并承认的劳动是抽象的精神的劳动",① 这是对劳动的唯心主义错误理解。劳动作为人的类特性(本质)的确证,还在于劳动使人区别于动物,是人之为人的根本标志。恩格斯指出:"动物仅仅利用外部自然界,简单地通过自身的存在在自然界中引起变化;而人则通过他所作出的改变来使自然界为自己的目的服务,来支配自然界。这便是人同其他动物的最终的本质的差别,而造成这一差别的又是劳动。"② 马克思在《1844 年经济学哲学手稿》中把劳动看成是"人的本质的对象化",把工业看成是"人的本质力量的公开展示","在人类历史中即在人类社会的产生过程中形成的自然界是人的现实的自然界;因此,通过工业——尽管以异化的形式——形成的自然界,是真正的、人类学的自然界"。③ 这样一种自然界,作为"工业的历史和工业的已经产生的对象性的存在,是一本打开了的关于人的本质力量的书……"④。

其二,劳动为人的本质的实现提供制度基础。在《反杜林论》"社会主义"篇中的理论部分,恩格斯开门见山指出:"唯物主义历史观从下述原理出发:生产以及随生产而来的产品交换是一切社会制度的基础;在每个历史地出现的社会中,产品分配以及和它相伴随的社会之划分为阶级或等级,是由生产什么、怎样生产以及怎样交换产品来决定的。"⑤ 这表明,生产方式和交换方式是一切社会变迁和政治变革的终极原因,物质生产劳动是社会历史发展的决定因素。随着大工业的发展,无产阶级的社会革命孕育而生,同时使人们能够建立这样一种社会制度,"在这种社会制度下,一切生活必需品都将生产得很多,使每一个社会成员都能够完全自由地发展和发挥他的全部力量和才能"⑥。

其三,劳动在确证人的本质的同时,成为推动着人类社会历史发展进步的主要力量。劳动是世界存在的基础和人类社会历史发展的根源。

---

① 《马克思恩格斯文集》第 1 卷,人民出版社 2009 年版,第 205 页。
② 《马克思恩格斯文集》第 9 卷,人民出版社 2009 年版,第 559 页。
③ 《马克思恩格斯全集》第 42 卷,人民出版社 1979 年版,第 128 页。
④ 《马克思恩格斯全集》第 42 卷,人民出版社 1979 年版,第 127 页。
⑤ 《马克思恩格斯文集》第 9 卷,人民出版社 2009 年版,第 283—284 页。
⑥ 《马克思恩格斯文集》第 1 卷,人民出版社 2009 年版,第 683 页。

马克思恩格斯在《德意志意识形态》中明确指出："这种活动、这种连续不断的感性劳动和创造、这种生产，正是整个现存的感性世界的基础。"[①] 而且，人类社会历史发展的每一个阶段，都是承接着上一个历史阶段由劳动创造的物质生活条件和生产力而不断实现进步的，也就是说，"历史的每一阶段都遇到一定的物质结果，一定的生产力总和，人对自然以及个人之间历史地形成的关系，都遇到前一代传给后一代的大量生产力、资金和环境，尽管一方面这些生产力、资金和环境为新的一代所改变，但另一方面，它们也预先规定新的一代本身的生活条件，使它得到一定的发展和具有特殊的性质"[②]。生产劳动是社会历史的基础，同样地，劳动也是世界历史形成的动力，正如马克思所言："整个所谓世界历史不外是人通过人的劳动而诞生的过程，是自然界对人来说的生成过程，所以关于他通过自身而诞生、关于他的形成过程，他有直观的、无可辩驳的证明。"[③]

其四，劳动异化会造成人的异化，因此实现人的全面发展必须消除异化劳动。如何消除劳动异化现象，实现劳动者的"自由个性"是马克思劳动价值观关注的一个重要问题。马克思批判了生产资料私人占有的资本主义社会条件下，劳动必然会产生异化的状况。劳动异化表现为四种情形：一是劳动产品同劳动者相异化。也就是说，"劳动的产品，作为一种异己的存在物，作为不依赖于生产者的力量，同劳动相对立"[④]，劳动产品本来是人的本质力量的创造物，却作为一种异己的力量与劳动者相对立，反过来统治工人，压迫工人。具体的表现就是"工人生产得越多，他能够消费的越少，他创造的价值越多，他自己越没有价值、越低贱；工人的产品越完美，工人自己越畸形；工人创造的对象越文明，工人自己越野蛮；劳动越有力量，工人越无力；劳动越机巧，工人越愚笨，越成为自然界的奴隶"[⑤]。二是劳动本身和劳动者相异化。劳动本是人的本质力量的表现和自我确证，但在资本主义条件下，劳动对工人来说是外在的东西，工人"在自己的劳动中不是肯定自己，而是否定自己，不

[①] 《马克思恩格斯选集》第1卷，人民出版社1995年版，第77页。
[②] 《马克思恩格斯选集》第1卷，人民出版社1995年版，第92页。
[③] 《马克思恩格斯文集》第1卷，人民出版社2009年版，第196页。
[④] 《马克思恩格斯文集》第1卷，人民出版社2009年版，第156页。
[⑤] 《马克思恩格斯文集》第1卷，人民出版社2009年版，第158页。

第三章 "促进共同富裕"与"促进人的全面发展"的辩证关系与现实要求

是感到幸福，而是感到不幸，不是自由地发挥自己的体力和智力，而是使自己的肉体受折磨、精神遭摧残"①。这种状况造成了劳动的异己性，即"只要肉体的强制或其他强制一停止，人们就会像逃避瘟疫那样逃避劳动"②。三是人同自己的类本质相异化。人的类特性是"自由的自觉的活动"，但是在资本主义剥削制度之下，"人的类本质，无论是自然界，还是人的精神的类能力，都变成了对人来说是异己的本质，变成了维持他的个人生存的手段。异化劳动使人自己的身体同人相异化，同样也使在人之外的自然界同人相异化，使他的精神本质、他的人的本质同人相异化"③。四是人同人相异化。前三种异化，直接导致了人同人相异化的结果。也就是说，剥削者和被剥削者即处于一种相互异化的状态。正如马克思指出："如果劳动产品不是属于工人，而是作为一种异己的力量同工人相对立，那么这只能是由于产品属于工人之外的他人。如果工人的活动对他本身来说是一种痛苦，那么这种活动就必然给他人带来享受和生活乐趣。不是神也不是自然界，只有人本身才能成为统治人的异己力量。"④

现实生活中，马克思所批判的劳动异化现象依然广泛地存在着。劳动的真正目的被忽视，而劳动的手段和工具被抬高，致使现实生活中很多人把手段当作目的本身，劳动的异化和财富目的的异化造成了社会发展误入歧途。正如舍勒所言："生意作为一种独立存在，其增长、繁荣以及盈利的上升，都已经变成了目的本身，结果，任何对人的福利和痛苦（包括他们自身的福利和痛苦）的回顾已完全消失。"⑤ 追求财富变成了目的本身，追求财富的方式变成了一种异化方式，而财富的真正目的却被忘记了。本来财富的创造是为了提升享受、获得满足，而事实却是"渴望惬意事物，为之憔悴，并占有惬意事物的那种人，其实就是不能享受它们的人，本可享受它们的人并未占有它们"⑥。

---

① 《马克思恩格斯文集》第1卷，人民出版社2009年版，第159页。
② 《马克思恩格斯文集》第1卷，人民出版社2009年版，第159页。
③ 《马克思恩格斯文集》第1卷，人民出版社2009年版，第163页。
④ 《马克思恩格斯文集》第1卷，人民出版社2009年版，第165页。
⑤ [德]马克斯·舍勒：《资本主义的未来》，罗悌伦等译，生活·读书·新知三联书店1997年版，第27页。
⑥ [德]马克斯·舍勒：《价值的颠覆》，刘小枫编，罗悌伦等译，生活·读书·新知三联书店1997年版，第141页。

要消灭这种异化劳动，就要寻求劳动的解放，这必须以高度发达的物质生产力为前提条件和物质基础，更重要的是需要劳动者自我解放意识的觉醒。当劳动者意识到资本主义剥削制度下"物的世界的增值同人的世界的贬值成正比"①，物质财富的增长以牺牲大多数人的全面发展为代价，消灭剥削、消除两极分化，在社会主义制度建立的基础上实现共同富裕，自然就成为劳动追求的现实目标。

第三节 促进共同富裕与促进人的全面发展之辩证关系

既然劳动创造物质财富、实现富裕，使人的全面发展成为可能，"如何促进共同富裕"与"如何促进人的全面发展"就成为关系社会发展进步的两个重要问题。一方面，只有不断促进共同富裕，人的全面发展才能获得不断实现的条件；另一方面，只有以促进人的全面发展为目的，促进共同富裕才能有正确的价值方向，社会财富才能成为人的全面发展的物质动力。促进共同富裕与促进人的全面发展是高度统一的。社会主义社会发展过程中，"社会生产力和经济文化的发展水平是逐步提高、永无止境的历史过程，人的全面发展也是逐步提高、永无止境的历史过程。这两个过程应相互结合、相互促进地向前发展"②。促进全体人民共同富裕与促进人的全面发展，二者是相互依存相互促进的。

一 共同富裕为人的全面发展创造条件

在庆祝改革开放40周年大会上，习近平总书记宣称："忍饥挨饿、缺吃少穿、生活困顿这些几千年来困扰我国人民的问题总体上一去不复返了！"并强调当前全国人民面临的主要任务就是"我们要着力解决人民群众所需所急所盼，让人民共享经济、政治、文化、社会、生态等各方面发展成果，有更多、更直接、更实在的获得感、幸福感、安全感，不断促进人的全面发展、全体人民共同富裕"。

---

① 《马克思恩格斯文集》第1卷，人民出版社2009年版，第156页。
② 《"三个代表"重要思想基本问题读本》，人民出版社2003年版，第19页。

第三章 "促进共同富裕"与"促进人的全面发展"的辩证关系与现实要求

（一）共同富裕为人的全面发展提供物质基础

共同富裕意味着在社会生产力高度发展，物质财富相对丰富的基础上，实现人民的共同富裕协同发展。马克思强调："个人的全面性不是想象的或设想的全面性，而是他的现实联系和观念联系的全面性。……要达到这点，首先必须使生产力的充分发展成为生产条件，不是使一定的生产条件表现为生产力发展的界限"①。

按照历史唯物主义的观点，人的需要是促进个人不断发展的关键动力。马克思主义认为，人以其需要的无限性和广泛性区别于其他一切动物，人的需要就是人的本性的反映。随着生产力的不断发展，人作为社会实践主体的解放程度不断提高，除了衣、食、住、行等满足生活所必需的自然需求外，人还会在实践中自然而然地产生各种提高自身生活质量的需求，人通过在实践中结成的各种各样的社会关系和不可避免的各种社会交往来实现生活的完满。需要的不断满足和不断地升级，按照美国著名社会心理学家马斯洛五个需求层次，人总是追求更高层次的精神生活上的满足，追求自我实现。而满足更高层次需求的前提，就是由于生产力的高度发展带来的人自身生活的富足。共同富裕不仅仅指生产力的富裕，物质财富的富足，还包括在此基础上实现政治、文化精神、道德等各个方面的全方位富足。

中国共产党成立一百年来，正是通过对人的全面发展的终极目标的不懈追求，将实现共同富裕与促进人的全面发展高度统一起来。习近平总书记曾多次强调指出：共同富裕是全体人民的共同富裕，是人民群众物质生活和精神生活都富裕。但是，显然只有实现人民群众物质生活富裕，才能实现精神生活的富裕，才能使人的全面发展获得实质性进展。中国特色社会主义进入新时代，满足人民日益增长的对美好生活各个方面的需要，才能为推进人的全面发展夯实基础。当前中国已经全面完成脱贫攻坚战略任务，在全面建成小康社会基础上，正昂首阔步开启了现代化建设的新征程，人民群众的美好生活需要和人的全面发展已经成为了指引经济社会发展的目标。如何不断满足人民群众多样化、高层次的需求，让人民群众的获得感、幸福感、安全感

---

① 《马克思恩格斯全集》第30卷，人民出版社1995年版，第541页。

更加充实、更有保障、更可持续，成为中国特色社会主义实现人的全面发展的重要任务。

（二）共同富裕为人的全面发展营造环境空间

虽然物质基础对人的自由全面发展过程中所起到的作用不容忽视，但如果仅有物质基础，却不能真正地满足人日益增长的各项需要，还需要为人的全面发展创造良好的环境空间。按照马克思主义对人的本质的规定，"人的本质是一切社会关系的总和"，人总是生活在一定的社会关系中，人也一定要在各种社会关系中才可以展开他的实践活动，"一个人的发展取决于和他直接或间接进行交往的其他一切人的发展"。[①] 也就是说，要想真正实现人的自由全面发展，满足人民更高层次的发展需求，除了要以雄厚的物质基础为支撑，更重要的是自由、全面、丰富的社会实践、社会交往和社会关系为其提供发展环境空间。

显然，共同富裕为人们参与社会实践提供了条件并提供各式各样的实现手段。在共同富裕基础上，人们才能获得相应的条件和手段，实现与这个社会进行自由的物质和精神交换；在此过程中，旧的社会关系不断被突破、新的社会关系不断被建造、新社会交往境界不断被开辟，借此，人就可以不断实现其自身的自由发展。党的十九大报告指出："人民美好生活需要日益广泛，不仅对物质文化生活提出了更高要求，而且在民主、法治、公平、正义、安全、环境等方面的要求日益增长。"[②] 这就是说，我们所要追求的美好生活和美好社会，不仅仅是一个物质产品充足富裕，更是一个由经济、政治、文化、社会以及生态文明等多方面内容共同组成、协调发展的完备的社会有机体。只有在这样一个协同发展的有机体中，人的全面发展才能获得良好的环境空间保障。

二 人的全面发展为共同富裕指示价值方向

人的全面发展是马克思实践唯物主义的立足点，或者说，实践唯物主义以人的全面发展为价值目标。1894 年，《新纪元》杂志要求恩格斯用

[①] 《马克思恩格斯全集》第 3 卷，人民出版社 1976 年版，第 515 页。
[②] 习近平：《决胜全面建成小康社会 夺取新时代中国特色社会主义伟大胜利——在中国共产党第十九次全国代表大会上的报告》，人民出版社 2017 年版，第 11 页。

第三章 "促进共同富裕"与"促进人的全面发展"的辩证关系与现实要求

一段话来表达未来社会主义新纪元的基本思想时,恩格斯就说:"除了《共产党宣言》中摘出下列一段话外,我再也找不出合适的了:'代替那存在着阶级和阶级对立的资产阶级旧社会的,将是这样一个联合体,在那里,每个人的自由发展是一切人的自由发展的条件。'"① 马克思的实践唯物主义所指向的"联合体"即共产主义理想社会。只有在生产力高度发展的共产主义社会,全体个人以联合的方式占有生产力的总和,劳动成为自主自觉的活动,现实的个人才能实现完全的个人发展。

现实是,"现存世界"里个人的异化状态普遍存在,如何以实践活动为基础,"使现存世界革命化",消除异化,实现人的全面发展,就成为了实践唯物主义的根本任务。正如马克思所指出的:"对实践的唯物主义者即共产主义者来说,全部问题都在于使现存世界革命化,实际地反对并改变现存的事物。"② "现存世界"就是人的全面发展的社会环境,在历史唯物主义视域中就是以生产力为基础的社会经济形态。马克思对人的异化的批判,抓住了人的异化的经济根源,因而其关于人的全面发展理论具有深刻的科学性。马克思从商品形式方面做出了揭示,他指出:"商品形式在人们面前把人们本身劳动的社会性质反映成劳动产品本身的物的性质,反映成这些物的天然的社会属性,从而把生产者同总劳动的社会关系反映成存在于生产者之外的物与物之间的社会关系。"③

基于以上分析,一方面,人的全面发展依赖于生产力的不断发展和社会财富的增长,没有物质财富的基础,人的全面发展就丧失了物质根基。在此意义上,劳动创造财富,劳动使富裕成为现实,使人的全面发展成为可能。另一方面,实现人的全面发展更重要的是有赖于生产关系的根本变革。使"现存世界革命化"就是在生产力高度发展前提下,改变生产商品的劳动的社会性质,也就是说,实现社会主义公有制的建立和完善。在人的全面发展目标下,共同富裕对生产力和生产关系的要求有着内在的一致性。共同富裕奠定了人的全面发展的实质性基础和现实

---

① 《马克思恩格斯全集》第39卷,人民出版社1972年版,第189页。
② 《马克思恩格斯选集》第1卷,人民出版社1995年版,第75页。
③ 《马克思恩格斯选集》第2卷,人民出版社1995年版,第138页。

前提,劳动作为一种对象化的活动,成为"自由的有意识的活动",从而实现了劳动、富裕和人的发展的统一。因而,共同富裕的逐步实现过程同时也应当是人的全面发展的过程。

实现个人全面而自由的发展理想,是一个不断发展的连续性过程,并与社会发展的高级阶段相契合。按照马克思主义的观点,人实现自身的自由全面发展也是未来共产主义社会中人的真实存在状态,是未来社会发展目标的最终指向。正如马克思所言:"在共产主义社会高级阶段上,在迫使人们奴隶般地服从分工的情形已经消失,从而脑力劳动和体力劳动的对立也随之消失之后;在劳动已经不仅仅是谋生的手段,而且本身成了生活的第一需要之后;在随着个人的全面发展生产力也增长起来,而集体财富的一切源泉都充分涌流之后,——只有在那个时候,才能完全超出资产阶级法权的狭隘眼界,社会才能在自己的旗帜上写上:各尽所能,按需分配!"①

三 促进共同富裕与促进人的全面发展有机统一

习近平总书记反复强调促进共同富裕与促进人的全面发展是高度统一的。促进共同富裕的过程,是朝着促进人的全面发展目标的进步过程;促进人的全面发展过程,是在不断实现共同富裕过程中逐步得以实现的过程。为此,党的十九届六中全会决议指出:"必须坚持以人民为中心的发展思想,发展全过程人民民主,推动人的全面发展、全体人民共同富裕取得更为明显的实质性进展。"②

促进共同富裕与促进人的全面发展何以能够实现有机统一?

其一,任务统一——实现中华民族的伟大复兴。为中华民族谋复兴,为中国人民谋幸福,始终是中国共产党的初心使命。促进共同富裕之"促进"与促进人的全面发展之"促进",既表明二者是"现在进行时"的任务,同时也表明现阶段二者统一于中国社会发展的更长远更高的目标,即实现中华民族的伟大复兴。一方面,实现共同富裕是社会主义的

---

① 《马克思恩格斯全集》第19卷,人民出版社1963年版,第22页。
② 《中国共产党第十九届中央委员会第六次全体会议公报》,新华社北京11月11日电,2021年11月11日,http://www.cac.gov.cn/2021-11/11/c_1638226476385060.htm。

第三章 "促进共同富裕"与"促进人的全面发展"的辩证关系与现实要求

目的。邓小平指出:"社会主义的目的就是要全国人民共同富裕,不是两极分化。"① 全体人民通过辛勤劳动和相互帮助解放和发展生产力,消除两极分化、最终实现丰衣足食和共同富裕,这正是社会主义的本质体现。现阶段中国特色社会主义发展的目标指向就是实现中华民族的伟大复兴。另一方面,实现人的全面发展、实现社会理想状态不是一蹴而就的过程,在现阶段如何"促进"人的全面发展具体化为实现中华民族的伟大复兴的目标任务。中华民族的伟大复兴,是科学社会主义在中国的当代胜利,是对马克思"人的自由全面发展"终极目标的阶段性实践。概而言之,"促进共同富裕""促进人的全面发展""实现中华民族的伟大复兴"的逻辑关系是,前二者为了实现后者的目标,并最终指向"自由人联合体"的社会理想和"人的自由全面发展"的终极目标。

其二,要求统一——坚持中国特色社会主义发展道路。"改革开放以来我们取得一切成绩和进步的根本原因,归结起来就是:开辟了中国特色社会主义道路,形成了中国特色社会主义理论体系。高举中国特色社会主义伟大旗帜,最根本的就是要坚持这条道路和这个理论体系。"② 这一重要论断表明我们党对社会主义发展规律的科学认识上升到了新高度。中国特色社会主义道路,"就是在中国共产党领导下,立足基本国情,以经济建设为中心,坚持四项基本原则,坚持改革开放,解放和发展社会生产力,巩固和完善社会主义制度,建设社会主义市场经济、社会主义民主政治、社会主义先进文化、社会主义和谐社会,建设富强民主文明和谐的社会主义现代化国家"③。事实证明,中国特色社会主义道路是我们实现国家繁荣富强、人民幸福安康的唯一正确道路。中国特色社会主义道路之所以正确,就在于它既坚持了科学社会主义的基本原则,又根据中国实际和时代特征赋予其鲜明的中国特色,能够引领中国发展进步。一方面,中国共产党从诞生的那一天起,就将为中国人民谋幸福作为自己的初心和使命,坚持将马克思主义的基本理论与中国的实际情况紧密

---

① 《邓小平文选》第3卷,人民出版社1993年版,第110—111页。
② 《十七大以来重要文献选编》上,中央文献出版社2009年版,第566页。
③ 胡锦涛:《高举中国特色社会主义伟大旗帜 为夺取全面建设小康社会新胜利而奋斗——在中国共产党第十七次全国代表大会上的报告》,人民出版社2007年版,第11页。

结合,在中国特殊的社会环境和条件下坚定不移地坚持社会主义道路,根本目标就是实现全体人民的共同富裕。共同富裕目标的提出是对中国社会现状进行准确把握分析所得出的结论,是在中国特色现代化建设道路上基于本国国情而进行的探索创新,是新时代中国特色社会主义发展的必然要求。另一方面,实现人的自由全面发展也是中国特色社会主义建设的终极价值追求,也是中国特色社会主义建设的价值指引。积极促进人的发展是中国特色社会主义建设的一个显著的特点。共同富裕和人的自由发展都是中国特色社会主义建设中的持续性的关注点。在促进人的全面发展与推动实现共同富裕的过程中,只有坚持二者相互协调、相互统一,融汇于中国特色社会主义建设道路上,才能实现两者真正的统一。

其三,目标统一——提升人的发展能力和社会成就。共同富裕的目标从社会整体而言,不仅仅是实现社会财富的增长,更重要的是促进社会的全面进步,即实现社会成就——人与社会的共同进步;从社会个体而言,则是为个人的全面发展创造条件,实现人的自由全面发展的美好状态。无论从社会整体还是个体的目标出发,共同富裕的目标与人的全面发展目标是高度一致的。正是在此意义上,马克思的社会批判理论直指社会剥削制度,认为只有消灭剥削制度,人的全面发展才能成为可能。马克思尖锐地批判指出:"私有制使我们变得如此愚蠢而片面"[1],只有在"对私有财产的积极的扬弃"的基础上,也就是说,一个社会只有在实现共同富裕的基础上,才能实现"人以一种全面的方式,也就是说,作为一个完整的人,占有自己的全面的本质"[2]。毋庸置疑,要想真正实现社会发展,提升人的发展能力和社会成就,就必须不断优化物质生活条件。正如恩格斯指出,"通过社会化生产,不仅可能保证一切社会成员有富足的和一天比一天充裕的物质生活,而且还可能保证他们的体力和智力获得充分的自由的发展和运用"[3]。

在马克思主义理论指导下,中国特色社会主义社会中不管是人的发

---

[1] 《马克思恩格斯全集》第42卷,人民出版社1979年版,第124页。
[2] 《马克思恩格斯全集》第42卷,人民出版社1979年版,第123页。
[3] 《马克思恩格斯文集》第3卷,人民出版社2009年版,第563—564页。

展能力、还是社会成就，都取得了伟大的成绩。在中国共产党领导下，中国人民正在朝着共同富裕的方向努力前进。促进共同富裕，就是全方位地推进社会富裕，全面推进社会生活中的人的发展程度与生活状态。也可以这样说，实现了共同富裕的社会，就能为提升和拓展人的能力提供各方面的支持，使人在社会中能够充分发挥自身的能动性，并且能够自由地施展自己的能力才华，从而实现人的自由全面发展，推动社会的不断发展进步。

第四节　促进共同富裕与促进人的全面发展之现实要求

共同富裕是社会主义的本质要求，人的自由全面发展是社会发展的终极目标，二者的有机统一，是中国特色社会主义社会建设的现实要求，也就是说，"我们建设有中国特色的社会主义的各项事业，我们进行的一切工作，既要着眼于人民现实的物质文化生活需要，同时又要促进人民素质的提高，也就是要促进人的全面发展。这是马克思主义关于建设社会主义新社会的本质要求"[1]。

其一，在人称指谓上，促进共同富裕与促进人的全面发展要求从"大多数"到"全体"的实现。如果说在改革开放之初，邓小平同志提出共同富裕是"要让一部分人先富起来、先富起来的人带动和帮助后富"，这是基于中国当时生产力水平落后的现实状况对共同富裕的战略设计；那么今天我们在强调促进共同富裕的时候，在人称指向上就不应该是一部分人，而应该是"全体人民"，——这正是"共同"之真义。尽管共同富裕不是"同步富裕"或"同时富裕"，也不是"同等富裕"或"平均富裕"，但是"共同"二字则涵盖着所有社会成员，意味着全体社会成员的共同进步并最终走向富裕，"生产将以所有的人富裕为目的"[2]。2021年习近平总书记在中央财经委员会第十次会议上发表重要讲话强调，共同富裕是社会主义的本质要求，是中国式现代化的重要特征，

---

[1]《江泽民文选》第3卷，人民出版社2006年版，第294页。
[2]《马克思恩格斯全集》第46卷下册，人民出版社1980年版，第221页。

上篇　共同富裕与人的全面发展的理论研究

要坚持以人民为中心的发展思想,在高质量发展中促进共同富裕。① 因此,促进共同富裕与促进人的全面发展,是关涉国家全局的发展战略,是社会主义的整体进步,也是中国特色社会主义对全世界和全人类的发展贡献。

其二,社会发展整体性上,促进共同富裕与促进人的全面发展要求社会建设各方面协调推进。习近平总书记强调,围绕全面建设小康社会和在新中国成立100年时建成富强民主文明和谐的社会主义现代化国家这两大目标,"我们将坚持以人为本,全面推进经济建设、政治建设、文化建设、社会建设、生态文明建设,促进现代化建设各个方面、各个环节相协调,建设美丽中国"②。中国社会的全面进步是各个领域协调发展的全面进步。2002年,党的十六大报告提出包括经济建设、政治建设、文化建设的"三位一体"发展战略;2007年党的十七大提出了包括经济建设、政治建设、文化建设和社会建设的"四位一体"发展战略;2012年党的十八大将社会主义总体布局进一步拓展到经济建设、政治建设、文化建设、社会建设、生态文明建设"五位一体"战略,其中经济建设是根本,政治建设是保证,文化建设是灵魂,社会建设是条件,生态文明建设是基础。"五位一体"总体布局意味着中国进入21世纪后,将努力实现从局部现代化到全面现代化、从不断协调的现代化到全面协调的现代化。2017年党的十九大提出要紧扣中国社会主要矛盾新变化,"统筹推进经济建设、政治建设、文化建设、社会建设、生态文明建设,坚定实施科教兴国战略、人才强国战略、创新驱动发展战略、乡村振兴战略、区域协调发展战略、可持续发展战略、军民融合发展战略,突出抓重点、补短板、强弱项,特别是要坚决打好防范化解重大风险、精准脱贫、污染防治的攻坚战,使全面建成小康社会得到人民认可、经得起历史检验"③。党的十九大之后,促进共同富裕与促进人的全面发展成为社会发展的主题,只有将这一重大主题与"五位一体"战略紧密结合,"共同富

---

① 习近平:《在高质量发展中促进共同富裕　统筹做好重大金融风险防范化解工作》,《人民日报》2021年8月18日。
② 《习近平谈治国理政》,外文出版社2014年版,第326页。
③ 习近平:《决胜全面建成小康社会　夺取新时代中国特色社会主义伟大胜利——在中国共产党第十九次全国代表大会上的报告》,人民出版社2017年版,第27页。

裕"与"人的全面发展"才能成为"革命的""实践批判"的活动力量,展示科学社会主义的中国化发展魅力。

其三,在成果分配上,促进共同富裕与促进人的全面发展要求全民共享发展成果。中国古代就有"大同"的社会理想,《礼记·礼运·大同篇》有言:"大道之行也,天下为公。选贤与能,讲信修睦。故人不独亲其亲,不独子其子,使老有所终,壮有所用,幼有所长,矜、寡、孤、独、废疾者皆有所养,男有分,女有归。货恶其弃于地也,不必藏于己;力恶其不出于身也,不必为己。是故谋闭而不兴,盗窃乱贼而不作,故外户而不闭。是谓大同。"在古代社会中,社会发展成果实现全民共享是一种难以实现的美好憧憬,只有在当代社会,才有可能变成现实。今天,我们要以人的自由全面发展理论引航共同富裕,就要明确共同富裕与人的自由全面发展理论的内在关联:共同富裕所要建立的社会就是人的自由全面发展的社会。共同富裕应当重视物质财富的分配,确保人民群众的个性需求得以发展,其要求是使"发展成果惠及全体人民",满足人民群众的各类需求,为人的自由全面发展打下坚实的基础和保障。为此,重视收入分配的公平,重视各级各类保障制度的建设,提升治理能力治理体系现代化,才能使社会生活中的人逐步摆脱各类异化,推动人的个性释放和需求层次的提升,使人们可以更加自由地运用自己的主体力量,最终实现自由全面发展。

其四,在发展的具体要求和标准上,促进共同富裕与促进人的全面发展要求获得实质性进展。《中华人民共和国国民经济和社会发展第十四个五年规划和2035年远景目标纲要》明确指出:展望2035年,人均国内生产总值达到中等发达国家水平,人民生活更加美好,人的全面发展、全体人民共同富裕取得更为明显的实质性进展。[①] 所谓"实质性进展",就是社会发展不仅仅表现为物质财富增长和经济收入的增加,还要努力解决地区差距、城乡差距、收入差距等问题,更大程度地实现社会的公平正义,提升广大人民群众的获得感、幸福感、安全感,实现人的全面发展和社会全面进步。其主要表现在如下几个方面:一是物质生活水平

---

① 《中华人民共和国国民经济和社会发展第十四个五年规划和2035年远景目标纲要》,2021年3月13日,新华社(http://www.gov.cn/xinwen/2021-03/13/content_5592681.htm)。

得到提高、经济收入得到提升。新中国成立 70 多年、改革开放 40 多年，我们取得了丰硕的成就，打赢脱贫攻坚战，全面建成小康社会，整个国家的发展都上了一个大台阶。尤其是 2020 年中国经济总量突破 100 万亿元大关，人均 GDP 连续两年超过 1 万美元，创造了经济快速发展和社会长期稳定的"中国奇迹"。二是社会差距问题得到有效调节，社会公平正义得到进一步凸显。地区、城乡、收入等差距是社会发展存在的不容忽视的问题，也是社会公平正义状况最直接的反映。中国共产党在百年奋斗历程中致力于缩小差距、实现社会公平正义。2020 年全面打赢脱贫攻坚战、全面建成小康社会，这些标志性的事件就是对社会差距的有效调节，使得社会主义的本质特征得以彰显、社会主义制度的优越性得以进一步显现。三是民生建设取得巨大成绩。尤其是党的十八大以来，党中央把保障和改善民生作为重要发展目标，重点加强基础性、普惠性、兜底性民生保障建设。例如，加大民生投入力度，优先保障和改善民生，尤其是近些年来，国家财政加大了对"三农"、教育、医疗卫生、社会保障和就业、保障性住房等民生领域的投入；提高城乡居民收入水平，改善人民生活质量；等等。四是加快发展教育、文化、卫生等社会事业，民众的文化精神生活需求得到进一步满足。尤其是近些年，社会文化建设事业得到进一步繁荣，培育和践行社会主义核心价值观深入人心，人民群众多样化、多层次、多方面的精神文化需求得到不断满足，社会文化舆论环境日趋良好。

概言之，促进共同富裕与促进人的全面发展是一个双向互动而又有机统一的发展过程。一方面，共同富裕作为社会主义的本质要求，更是中国式现代化的重要特征，因此，坚持以人民为中心的发展思想，在高质量发展中促进社会主义的共同富裕，是当前中国特色社会主义建设的重要任务。"物质财富极大丰富，社会生产力高度发展"是未来共产主义社会实现的基础和首要特征，也是中国特色社会主义新时代发展的目标追求。实现全体人民的共同富裕，才能够创造充足的财富为人的自由全面发展奠定坚实的物质基础。另一方面，人的自由全面发展是社会发展的理想，也是新时代中国特色社会主义发展的价值导向。正如马克思指

第三章 "促进共同富裕"与"促进人的全面发展"的辩证关系与现实要求

出:"人类全部力量的全面发展成为目的本身。"① 我们所要建设的共同富裕的社会是否能够取得成功,就是要看其是否成功推动了人的自由全面发展。人的自由全面发展包括劳动能力、智力体力的自由全面发展,更重要的是包括道德品质、社会关系、人的个性需求等各个方面在内的人的全面自由发展。我们有理由相信,随着社会的不断发展,全体人民的自由发展将逐渐得以实现,"'自由活动'——在共产主义者看来这是'完整的主体'……的全部才能的自由发展中产生的创造性的生活表现"② 将迸发出人性的华彩。

---

① 《马克思恩格斯全集》第 46 卷上,人民出版社 1979 年版,第 486 页。
② 《马克思恩格斯全集》第 3 卷,人民出版社 1960 年版,第 248 页。

第 四 章

人的全面发展目标下实现共同富裕的伦理路向

共同富裕是经济发展的更高层次阶段。党的十九届五中全会上,以习近平同志为核心的党中央做出"十四五"时期中国将进入新发展阶段的重大战略判断。同时,全会通过的"十四五"规划建议再次强调经济社会发展必须遵循坚持以人民为中心的原则,坚持人民主体地位,坚持共同富裕方向,促进社会公平,增进民生福祉,不断实现人民对美好生活的向往。① 新发展阶段承载着全面建成小康社会、实现"两个一百年"的奋斗目标,要求中国经济朝着更高目标、更高层次、更高质量、更高要求的方向发展。在此背景下,对共同富裕的发展理念、价值目标、发展原则、主体责任做出伦理考量,这不仅是新发展阶段推进社会更加公平、更可持续、更为安全发展的现实需要,也是实现人民日益增长美好生活需要的迫切要求。

第一节 理念更新:经济行为动机与效果的伦理应当

共同富裕作为经济新发展阶段的主要目标追求,必须抛弃关于经济行为动机与效果评价的错误理念,以符合伦理应当的经济行为推进经济更高层次的发展。在一段时间内,受传统主流经济学尤其是市场主义或

---

① 《中共中央关于制定国民经济和社会发展第十四个五年规划和二〇三五年远景目标的建议》,《人民日报》2020 年 11 月 4 日第 1 版。

市场派的影响深重,经济发展在动机上追逐"自利"、在效果上执迷于效率和效用,这是阻碍经济新发展的重要因素,显然与新阶段中国特色社会主义实现共同富裕的要求相背离。人的全面发展目标下共同富裕的理念更新,就是要对经济行为动机的理念和经济行为效果的理念进行纠偏,使经济动机与效果符合伦理应当。

一 经济行为动机的理念纠偏

实现经济新发展,首先在经济行为的动机问题上要廓清和批判主流经济学所主张的"理性的自利"的核心观点。尤其在市场原教旨主义或市场派的人看来,市场中的自利是天经地义的事情。他们倡导市场具有可以自动恢复平衡的功能,反对政府任何方式的干预。这种"放任自由"(laissez-faire)的市场经济理念认为,人们追求自己狭隘的私利,同时可以实现公众的利益最大化。市场原教旨主义不仅误解了市场的运作机制——坚信市场会趋向均衡并实现资源的最优配置,更偏执地将私人利益和公共利益等同,从而赋予追求私利者以道德品质,因而是一种错误和危险的意识形态。正是因为市场是非道德的,所以我们不能任由市场来进行资源配置;而将私人利益等同于公共利益不过是为既得利益者宣扬的冠冕堂皇的说辞,没有对公共利益的关注,个人利益的狭隘追求只能导致社会走向分裂。

"理性的自利"被推崇,恐怕如下两个原因不能忽视:

其一,自由主义的经济传统对市场自由竞争的推崇,强化了"自由"与"利益最大化"的联姻效应。从以亚当·斯密和大卫·李嘉图为代表的古典自由主义认为市场的自由竞争可以自动调节私有制经济而使其有利于整个国家和人类,到以哈耶克(及其伦敦学派)、弗里德曼(及其货币主义学派)、卢卡斯(及其新古典宏观经济学)、拉弗和费尔德斯坦(及其供给学派)、布坎南(及其公共选择学派)等为代表的新自由主义倡导政府干预就是对自由的限制和对自由的剥夺,尽管他们对自由的理解和对利益维护的目的不尽相同,但认为自由可以实现利益最大化的致思路径却是一以贯之的。在古典自由主义中,自由主义的政治、经济主张是一致的,其主要观点认为自由是个人不可剥夺的权利、自由市场是个人自由之源、市场受"看不见的手"的调节、政府干预会限制自由。

新自由主义高擎古典自由主义的大旗，对自由的追寻显示出了一致的狂热，无论是"经济的新自由主义"（Neo-Liberalism）还是"政治的新自由主义"（New Liberalism），虽然指涉的领域不同，但对"达尔文主义"和霍布斯"丛林法则"的推崇是它们共同的特征——即便是新自由主义将"追求物质利益最大化"修正为"追求效用最大化"，把"完全理性"现实化为"有限理性"。需要指出的是，新自由主义对"自由"和"利益最大化"的诉求，一方面是希望通过对完全市场机制和市场统治的推崇、对私有化的鼓吹、对政府管制的反对而实现，而其反对政府干预的理由是其会对垄断私人资本、权势集团造成自由限制和利益侵害。另一方面新自由主义也反对弱势群体实现平等的任何努力，常常以弱化政府作用为名，倡导通过削减教育、医疗等社会公共服务开支，削弱穷人安全保障的投入，并以"个人责任"代替"公共物品"或"共同体"的概念，迫使穷困阶层自寻出路。显然，"随着它从学术理论嬗变为国际金融垄断资本主义的经济范式、政治纲领和意识形态，新自由主义反讽性地完成了'自由'的自我背叛"①。国际金融市场的厮杀、帝国主义金融霸权对他国的打压、资本国际化的唯利是图，都证明新自由主义严重地损害了自己信誓旦旦要维护的"自由"。

其二，现代经济学的贫困化加深了"经济行为是自私自利"的印象。阿玛蒂亚·森（Amartya Sen）批评指出，主流经济学把理性等同于"自利最大化"（maximization of self-interest）②，造成了"现代经济学与伦理学之间隔阂的不断加深，现代经济学已经出现了严重的贫困化现象"③，这是对现代经济学确当的病症诊断。现代经济学理论对自利最大化的不断强化，无疑加深了人们对经济行为动机的偏狭理解。这标志着现代经济学的正式诞生，并成就了亚当·斯密"现代经济学之父"美名的《国富论》，分析了经济行为中人的动机的主要特征是自私而贪婪的，自由市场受"看不见的手"的指引并利用这样的人性来提供更多产品和服务，

---

① 李仙飞：《新自由主义经济自由观批判》，《高校理论战线》2012年第12期。
② ［印度］阿玛蒂亚·森：《伦理学与经济学》，王宇、王文玉译，商务印书馆2018年版，第18页。
③ ［印度］阿玛蒂亚·森：《伦理学与经济学》，王宇、王文玉译，商务印书馆2018年版，第13页。

第四章 人的全面发展目标下实现共同富裕的伦理路向

进而造福整个社会。毋庸争辩,《道德情操论》和《国富论》中对"经济人"论证的出发点是一致的——"毫无疑问,每个人生来首先和主要关心自己"。① 但是,在现代经济学后来的发展中,斯密关于人类行为动机和自由市场复杂性被曲解和放大,这是罔顾其《国富论》中所建立的经济理论体系以他在《道德情操论》中建立的道德体系为前提的事实。现代经济学把斯密关于人类行为的看法狭隘化,而其强调的同情心、道德情操、伦理考虑也被忽视了。

经济行为的动机被先定地认为是理性自利的,实际上没有根据,至少是没有充分的根据。

首先,从人类行为动机的特征看,人类行为(包括经济行为)的动机是多元的。自利的理性观(self-interest view of rationality)似乎先入为主地认为自利是人类的唯一动机,而否认了人类动机的多元性。就连把利己作为"经济人"活动根据的斯密,在《道德情操论》中也阐述了人类行为动机的丰富内涵,他把基于个人利益的利己主义称为"自爱"(Self-Love),此外人类行为还有同情、追求自由的欲望、正义感、劳动习惯和交换倾向共六种动机。

其次,从逻辑判断而言,理性自利的拥趸显然犯了以偏概全的独断论的错误。"自利是经济行为的动机"的判断并不能得出一个全称判断的结论——所有经济行为是因为有自利的动机,或者说不能将其理解为自利是经济行为的唯一动机。正如阿玛蒂亚·森所言,"把所有人都自私看成是现实的可能是一个错误;但把所有人都自私看成是理性的要求则非常愚蠢"。②

再次,自利理性观抛弃了动机的伦理要素。自利理性观意味着对"伦理相关"动机观的断然拒绝。③ 而人的行为的动机显然都是包含着伦理要素的,否则就不能称作"人的行为",经济行为亦是如此。正如斯密

---

① [英]亚当·斯密:《道德情操论》,蒋自强等译,商务印书馆2003年版,第101—102页。
② [印度]阿玛蒂亚·森:《伦理学与经济学》,王宇、王文玉译,商务印书馆2018年版,第21页。
③ [印度]阿玛蒂亚·森:《伦理学与经济学》,王宇、王文玉译,商务印书馆2018年版,第21页。

所言，无论人们认为某人怎样自私，但这个人的天赋中明显地存在着怜悯或同情的本性，这些本性使他关心别人的命运。①"关心别人"作为一种链接人与人、人与社会的情感素质，就是一种真实的动机伦理要素，与自我控制、推崇人道、公正仁慈、慷慨大方、热心公益等作为最有益于他人的品质一样，是完全的自利理性观所不能解释的。

最后，理性自利造成了一种扭曲的财富价值观。从社会经济的事实看，没有证据表明自利最大化是人类合理而恰当的行为，也没有证据表明自利最大化必然导致最优的经济发展。倒是让人瞠目结舌的是，"理性"的人们机智地追求着他们的自利，在利益追逐的道路上一路狂奔、永不停歇，使得当代财富价值观以势不可当的威力横扫整个社会——财富变成了价值体系中最高也是最核心的内容。财富价值观的积极倡导者和狂热的践行者——已经攫取了巨量财富的上层精英，一方面强烈刺激着整个社会尤其是中下层民众躁动的神经，另一方面却嫌恶地用仇视的眼神和各种冷酷的手段阻碍他们获得更多的财富，因为在财富拥有者看来，别人对财富的获得无异于对自己财富的分割，这是难以容忍的。这种扭曲的财富价值观如果肆意蔓延，将会造成贫富对立和社会怨恨，并进一步撕裂整个社会。

二　经济行为效果的理念纠偏

廓清了经济行为的动机问题，并获得了经济发展评价的一个重要标准，但这远远不够，因为经济行为的效果更能对经济发展做出客观公正的评价。对经济行为效果的考察旨在回答经济发展"为了什么""实现什么"的目的问题，这显然不仅仅是一个经济学的问题，更是伦理学关注的价值问题。经济行为的效果在现实生活中受到如此的重视，以至于我们常常迷失在效果评判的标准中。为此，需要对与经济行为效果密切相关的经济效率和效用问题进行分析。

效率的经济学含义是指社会能从其稀缺资源中得到最多东西的特性，当经济行为能够实现最有效地使用社会资源以满足人类的愿望和需要时，这就是有效率的。追求效率对于经济发展而言具有重要意义，由此它也

---

① ［英］亚当·斯密：《道德情操论》，蒋自强等译，商务印书馆2003年版，第5页。

似乎成为经济行为无可指责的目标。但是显然，受社会资源、生产条件、劳动力供给、生态承受力、社会发展阶段性特征等各种因素的影响，不可能实现经济效率一以贯之的高速增长。这样，我们就可以理解：对于中国特色社会主义而言，当"人民日益增长的物质文化生活需要同落后的社会生产之间的矛盾"是社会主要矛盾阶段，经济效率优先显然是无可厚非的，而当"人民对美好生活的向往与不平衡不充分发展之间的矛盾"成为社会主要矛盾时，追求公平正义和实现社会共享则成为社会发展的重要主题，我们就不应该以"刻舟求剑"的方式坚持对经济高效率的崇拜。

如果说效率从整体上反映了经济蛋糕的大小，那么效用则是经济效果在主体身上的体现。传统经济效用主义认为行为正确与否取决于该行为所产生的效用增量，这成为20世纪30年代建立在帕累托理论基础之上的福利经济学的主要主张。对效用增量的重视似乎无可指责，但是经济效用主义并不重视效用分配方面的考虑，甚至持有严重的"分配冷漠"（indifferent to distribution）。正是由于这种简单效用主义的观点，"自利行为"被极大地刺激和鼓励着。"自利行为"的三个特征——"以自我为中心的福利（self-centered welfare）：一个人的福利仅仅依赖于他自己的消费"；"自我福利目标（self-welfare goals）：一个人的目标就是最大化他自己的福利，以及这种福利的概率加权期望值"；"自我目标选择（self-goal choice）：每个人的每一行为选择在接受其目标引导"——淋漓尽致地体现了效用主义特征。[①] 显然，经济效用主义执迷的效用增量就是效用范围内的效率——实质上就是经济效率，而对效用分配的冷漠与新发展阶段社会主义经济的要求背道而驰。

关于经济行为效果的评价分析，无疑廓清了新发展阶段如何对经济发展做出评价的问题：其一，效率优先具有长久的合理性吗？如果说经济效率在社会发展的某个阶段是值得鼓励的，那么显然，效率优先不可能实现"伦理相关"的社会成就，"效率崇拜"不应该成为社会发展的永恒定律，尤其不能成为新发展阶段中国经济追求的主要目

---

① [印度]阿玛蒂亚·森：《伦理学与经济学》，王宇、王文玉译，商务印书馆2018年版，第81页。

标。其二，以效用增量为标准，就能衡量并肯定经济行为充分的合理性吗？显然，不顾"效用分配"的经济增长，不是现代社会经济发展的合理特征，更不应该成为中国经济新发展的主要追求，中国特色社会主义的福利理论应该向以效用为基础的"社会成就"作为判断准则而努力。

三 经济行为的伦理应当

以上关于经济行为动机和效果的评价分析表明，经济新发展的行为理念应该强化经济行为与伦理价值的耦合，遵循着伦理应当。

经济行为的伦理应当应该从个人价值和社会发展两个维度进行说明。评价一个人的经济行为（或者成功与否），不能仅用效用作为唯一或主要标准，亚当·斯密在《道德情操论》中论证过人的天赋中存在着怜悯或同情的本性，从而使我们的行为具有合宜性。马克思主义理论则提供了更为科学公正的评价标准，认为评价经济行为应该是个人与社会"交互性认证"的价值二重性标准，即人的个人价值和社会价值的统一。个人价值就是人的实践活动对自身需要的满足，体现的是个人存在和发展的意义；社会价值就是个人对社会需要的满足或对社会的贡献，体现的是个体行为对于他人和社会的意义。经济行为如果摆脱了伦理思考和伦理评判，其对人类的关注只能搁浅于"工具价值目的"（Instrumental value purpose）层面，而不可能达致"内在价值目的"（Intrinsic Value Purpose）——即人应该怎样活着、社会如何实现美好状态、人类最终的目的是什么。如果一个企业家只看到自己庞大的财富是市场行为的获得，而不是社会资源的占有和他人牺牲所成就的，就会陷入一种"社会冷漠"的经济病，置他人困境和社会责任于不顾。正是因为如此，那种只为索取和财富堆积而没有社会责任的行为，显然是罔顾人的真实需要，更别提"共同富裕"和"共同美好"的问题。

与对个人的经济行为（或者成功与否）的评价一样，对社会经济和社会发展的评价也是一个价值问题，即应该以"伦理相关"的社会成就作为考量标准。现代经济理论和经济行为实践对经济效用极其重视而忽略了真实的人，实质上抛弃了人类合目的性特征，在对经济行为的分析中只重视"获得（得利）什么"，而忽略了更深层次的关于"意义"的考虑，因而成为一种"目的缺失"的工具性理论。因此，我们在斯密的经济学遗产继承中，对悲惨现实的关注、对同情心的强调、对人类行为的伦理考虑、对行为规范和自我控制的强调、对责任感和正义仁慈美德的推崇等内容，是不能忽略的，——而这正是新自由主义经济理论所讳莫如深的，也是资本主义经济发展中故意避开的。大量的经验证据也表明，责任感、忠诚和友善这些与自利行为无关的伦理因素在社会经济发展中发挥了十分重要的作用，虽然这些伦理因素不一定能够改变资本的逻辑，但一定可以优化资本运行，使得经济行为显示出非同寻常的力量。例如，20世纪90年代西方国家对日本经济危机进行了预测，但却出人意料地落空了。原因是西方人忽略了日本文化和日本民族精神中深层的伦理因素在经济发展中的作用，——在经济危机中日本企业不解雇工人而是自愿降低工资，与企业同舟共济；企业在竞争时不是采取你死我活的方式，而是更多地采取合作，"一荣俱荣一损俱损"的伦理观念融入了企业文化中。概而言之，就经济发展最终目的而言，"一切理论都是灰色的，唯有生命之树常青"，经济新发展的目的指向应该是对真实的人的关注，促进人如何更好地生活、实现社会如何更公正和谐地发展。

第二节 人的全面发展目标下共同富裕的美好生活追求

生活是实现人的全面发展的实践场域，共同富裕是经济新发展的更高目标发展阶段，实现"美好生活"是共同富裕的普遍性追求。

实现美好生活以"何为美好生活"为认识前提。就经济生活而言，当前，人民日益增长的美好生活需要和不平衡不充分的发展之间的矛盾成为社会主要矛盾，"美好生活"必然是这种矛盾最大程度的化解，并赋予经济新发展的价值目标以确定的要求。其一，以追求"美好生活"为目标的经济新发展要实现"全体"人民的共同富裕。"美好生活"一定具有宽广的范围和众多的主体，一定是全体人的共同的生活。由于"人天生是一种政治动物"，不存在孤立的个人，而是要追求一种社会的生活，并"以完美的、自足的生活为目标"。① 但是,"自足并不是就单一的自身而言,并不是孤独地生活"②。个体"匮乏性需要"的满足或个人优越的物质享受虽然也算得上是生活,但不考虑其他人、置同类贫困状况于不顾却不一定是好的也不一定是符合社会发展规律的生活。改革开放四十多年,我们已经实现了物质财富的极大提升、富裕程度的极大提高,新发展阶段,中国特色社会主义的经济发展必然要实实在在地真正实现"以人民为中心"的发展,不断促进全体人民共同富裕和人的全面发展。"共同富裕"是一个整体性的目标,是"全体"的实现,这是社会主义本质的要求。其二,以追求"美好生活"为目标的经济新发展要致力于消除"不平衡不充分"的问题。尤其是那种"以牺牲与他人的关系为代价来获取的利益,难道不是人世间最疯狂的事吗?而幸福和快乐,正是建立在事物允许(至少看上去允许)你与他人建立更有利的关系上"③。因此,人作为一种社会性存在,美好生活更应该从社会伦理的维度加以界定,即满足"互予性需要"。④ 质言之,实现美好生活,经济发展必定要克服狭隘的个人主义,倡导以最广大人民的利益为核心的社会主义功利主义,更清晰、更大程度地对全体人民给予更公平、更充分的生存关注!

实现美好生活以"何以可能"为实践追求。经济新发展要实现美好生活,必须真正实现"发展为了人民、发展成果由人民共享",这一实质性内容实际上是一个关涉经济效用的分配问题。"效用分配"如此重要,是因为它涉及"伦理相关"的社会成就问题,即经济效用的伦理应当。传统福利经济学常常将效用大小作为衡量成功与否的依据——效用常常作为对一个人的需求、欲望等得到满足的度量,尤其在维多利亚女王时代,它被经济学家当作一个人整个的福利指标。传统经济效用主义认为在资源分配中没有使任何人境况变坏的前提下,使得至少一个人变得更

---

① 《亚里士多德全集》第9卷,颜一等译,中国人民大学出版社1994年版,第92页。
② [古希腊]亚里士多德:《尼各马科伦理学》,苗力田译,中国社会科学出版社1999年版,第12页。
③ [西班牙]费尔南多·萨瓦特尔:《伦理学的邀请》,于施洋译,北京大学出版社2015年版,第55页。
④ 肖祥:《美好生活与马克思主义伦理学生活化》,《浙江社会科学》2019年第6期。

第四章 人的全面发展目标下实现共同富裕的伦理路向

好,这就是一种理想状态;或者说,当且仅当不减少其他人的效用就无法增加任何一个人的效用时,这种社会状态就是帕累托最优(Pareto Optimality)或帕累托效率(Pareto efficiency)。效用主义经济学家之所以对"帕累托最优"极力推崇,实际上是为了证明把垄断资产阶级(少数人)福利的增进说成是社会福利的增进。显然,认为效用是价值的唯一源泉、把效用等价于福利,是一种片面而具有误导性的观点,因为只关注效用增加而忽视"效用分配",缺失了共享的伦理维度。

即便是对传统经济效用主义进行了修正,并形成了以行为效用主义与规则效用主义为主要形式的当代效用主义,由于对公平的忽视,也与社会主义经济新发展的价值目标相背离。行为效用主义主张一个行为只要能获致最大的效用就是对的或是道德的。行为效用主义遭受诟病的原因在于:由于执迷于效果,就有可能导致对个人正当权利和利益的否定(如"器官移植"的"杀一救五"),如此,行为效用主义的"超道德"就会陷入"不道德"境地。规则效用主义将效用原则运用于检验道德规则的正当性,即"一个行为是否道德取决于它是否为它所处的社会的理想的道德体系所允许,能够获致最大普遍接受的效用的道德体系就是这个社会理想的道德体系"[①]。规则效用主义认为一种行为规则能产生较大的普遍效用就是对的,似乎比行为效用主义更具有合理性。但无论是行为效用主义还是规则效用主义,令人遗憾之处在于:一是对人际公平的忽视。无论是以牺牲平等为代价来换取较大的人均效用,还是以牺牲少数人的效用来成全多数人的效用,要么缺乏充分的合理性,要么不具备令人信服的道德性。效用主义对平等的漠不关心,致使如何保护弱势群体成为效用主义面临的最大难题。二是对代际公平的忽视。效用主义现有的分配模式只考虑分配对象当下的效用,而这远远不够,未来对其他人可能的效用也是不容忽视的,如生态资源产生的效用就必须置于代际公平的伦理考量中才具有充分的合理性。

效用主义对主体公平的漠视抛弃了"伦理相关"的社会成就观,实质上忽视了美好生活建立在更高目标的共享基础上,也就模糊甚至

---

① Richard B. Brandt, *The Real and Alleged Problems of Utilitarianism*, The Hastings Center Report, No. 2, 1993, p.38.

误导了经济发展的价值目的。与之迥异的是，中国经济新发展追求的"美好生活"，必定是一种增量的社会价值（incremental societal value）实现。

第三节 人的全面发展目标下共同富裕的伦理原则

人的全面发展目标下，实现共同富裕必须遵循相应的伦理原则。伦理原则为共同富裕提供一种价值评判标准，以保证共同富裕具有人道主义的温情。具体而言，人的全面发展目标下实现共同富裕必须遵循经济安全原则，即公平正义；经济增长原则，即包容增长；经济体健康原则，即健康安全等。

一 经济安全原则——坚持公平正义

坚持公平正义是经济发展的根本原则，是经济安全的根本保障。公平正义实现社会和谐，创造经济发展的自由宽松的环境。任何一个经济行为都具有"外部性"，即经济主体的经济活动对他人和社会造成的非市场化的影响。英国经济学家马歇尔在其经典著作《经济学原理》一书中最早提出"外部性"概念。"外部性"亦称为外在效应或溢出效应，可以分为"正外部性"和"负外部性"，前者指经济行为个体的活动使他人或社会受益，而受益者无须花费代价；后者指经济行为个体的活动使他人或社会受损，但行为人却没有为此承担成本。显然，经济行为的"负外部性"堆积，就会造成社会贫富分化和"仇富"氛围氤氲，甚至导致社会怨恨一触即发，造成社会不稳定，甚至走向动荡和分裂。

改革开放以来，在国家政策允许和鼓励下一部分人、一部分地区先富起来，也有少数人通过不正当手段获得了与其才能和努力不相符合的巨大财富，造成了社会贫富拉大的严重情况，这与社会主义共同富裕的大原则相背离。对此，历届国家中央领导人尤其重视公平正义在社会主义经济发展中的重要作用。邓小平同志指出："社会主义的目的就是要全国人民共同富裕，不是两极分化。如果我们的政策导致两极分化，我们就失败了；如果产生了什么新的资产阶级，那我们就真是走了邪路了。"①新时期，习近平总书记强调"全面深化改革必须着眼创造更加公平正义的社会环境，如果不能创造更加公平的社会环境，甚至导致更多不公平，改革就失去意义，也不可能持续"②。当前，实现中国经济发展的公平正义，一是注意财富获取要遵循公平正义的原则，二是注意财富传承要遵循公平正义原则。

在所有维护公平正义的因素中，经济环境对国家经济安全起着至关重要的作用。符合伦理应当的经济政策实际上为政府对经济的干预提供有力支撑。经济政策如何保障公平正义？——不是对贫穷的"施与"，而是对可持续生计的积极"反应"。亚当·斯密在《国富论》中以饥荒的分析为例，认为饥荒的产生并不一定产生于食品产量下降所导致的"真正稀缺"，而有可能产生于市场机制的运作过程。阿玛蒂亚·森对此做出了进一步分析，将一个人不能获得足够的食物要么归因于"拉动缺陷"（pull failure）（如因为失业或工资下降而造成的收入水平下降），要么归因于"反应缺陷"（response failure）（例如，由于贸易者操纵了市场，为了取得巨额利润进行垄断经营，从而使市场需求不能得到有效的满足）③。因此，中国脱贫攻坚伟大胜利的经验不是靠单纯的救济，最重要的是增加贫困者提高收入的机会，让市场对贫困者增加收入做出积极的反应。为保障公平正义，经济政策的制定及其施行必须致力于解决诸如此类的"反应缺陷"问题。只有从更深层的意义上进行伦理考虑并接受伦理应当的考量，社会经济政策和发展战略才能更具说服力，对经济行为才能做出合目的性的公正评价。

为此，一方面，国家所要做的重要事情就是制定有效的生产和发展的导向性政策，提供有力的政策保障和政策支持。导向性政策应该具有社会性、公平性、互济性和发展性的社会伦理内涵，应该将社会成员的基本权利、追求公平正义、强化互济作为关注的主要目标，努力提升社

---

① 《邓小平文选》第3卷，人民出版社1993年版，第111页。
② 习近平：《切实把思想统一到党的十八届三中全会精神上来》，《求是》2014年第1期。
③ ［印度］阿玛蒂亚·森：《伦理学与经济学》，王宇、王文玉等译，商务印书馆2018年版，第31页。

会成员的自我发展和应对生活风险的能力。另一方面，政府所要做的重要事情就是肩负赋予市场活力的责任，打破垄断经营、抑制巨额利润——尤其是打击钻制度空子的巧取豪夺、游走在法律边缘甚至逾规逾矩的抢劫式财富积累。近几年，中国互联网巨头和互联网金融巨头如电商、外卖、网约车等，以垄断和无序扩张的方式获得了巨量财富，但它们似乎没有在科技创新和提升社会整体富裕方面有更高的追求，而是惦记着如何更快、更多地从社会民众中获取钱财，甚至以"便捷"为名鼓动贷款、提前消费，掀起消费主义浪潮。只有将经济政策纳入伦理的视界，社会经济才能遵循社会主义本质的要求，实现安全健康和谐的发展。

二 经济增长原则——包容创造增长

包容地经济增长或是包容性增长，与单纯追求经济增长相对立，是寻求社会和经济协调发展、可持续发展的增长方式。2007年亚洲开发银行首次提出"包容性增长"（inclusive growth），为经济增长扩展了伦理内涵。

包容性增长有三个基本特征：一是倡导机会平等的增长。每个人获得的生存与发展之机会并不因其出身、贫富、性别等因素而有所差异。相对于发展机会起点的平等，机会实现过程的平等更为重要。对此，国家和政府负有主要责任，提升治理体系和治理能力现代化的重要任务就是要通过制度和程序的设计创设一个公平正义的环境。二是包容性增长的主体是人民，而不是少数人，更不是少数官僚、权贵和富豪独享的"海天盛筵"。三是公平合理地分享经济增长。改革开放使"一部分人富起来"，也造就了社会高度原子化、个体化，财富的占有和享受成为"家"或"家族"或"集团"或"少数群体"的特权。党中央已经意识到这个问题并且采取积极的政策措施努力解决问题。党的十九届五中全会再次强调要坚持把实现好、维护好、发展好最广大人民根本利益作为发展的出发点和落脚点，健全基本公共服务体系，完善共建共治共享的社会治理制度，扎实推动共同富裕，不断增强人民群众获得感、幸福感、安全感，促进人的全面发展和社会全面进步。

三 经济体健康原则——拒绝"丛林法则"

中国经济体健康发展必须拒绝"丛林法则"。经济体不是"丛林",而是亟待照料的花园,市场应受规范约束。这一原则既适用于全球经济体,也适用于国家经济体。而现实是,无论是经济全球化还是国家市场经济建设,"适者生存、优胜劣汰、弱肉强食"的丛林法则(the law of the jungle)备受推崇,奉丛林法则为圭臬的市场原教旨主义大行其道。"丛林法则"在全球经济体中最突出的表现就是主张霸权与强权、恶意打击与零和博弈;在人类面临共同灾难的时候,丛林法则的残酷性更暴露无遗。跨三个年度的新冠肺炎疫情迄今已经有超过5.31亿人感染,超过630万人死亡(截至2022年6月5日)。在抗疫过程中,一些国家推卸责任、把健康问题上升为经济问题和政治问题,对其他国家进行无情经济制裁和经济打击;国家之间离心离德、国际组织协调乏力、国际合作陷入利益困境。丛林法则在国家经济体中则表现为以自由竞争之名弱肉强食、疯狂垄断、大肆敛财,把一切社会交往都打上市场交换的特征,尤其在面对地震、"非典"、"新冠"等灾难时,一些企业忙于发灾难财、大肆攫取利益等,这些都是丛林法则的效应。令人不可思议的是:新自由主义经济学的主要代表、美国经济学家米尔顿·弗里德曼对那些发国难财的人给予了肯定,认为他们是在救别人的命,他们应该得到一个奖章,而不是得到惩罚,而我们社会中竟然有人振振有词地盛赞这些行为,认为即便乘人之危也是自由选择,有利可图才会刺激生产、增加所需物品的供给,而阻止人们发国难财,就没有人愿意向灾区供给物品,会恶化受灾人的处境。如果这种危险而具有破坏性的观点大行其道,对于整个经济体来说将是一场灾难。由此看来,无论是全球经济体还是国家经济体,避免丛林法则恶意横行,需要建立和完善市场规范和交往规范,将经济体视作"花园"好好照料。

对中国当前经济发展现状而言,"反垄断和防止资本无序扩张"是维护经济体健康的当务之急。2020年12月11日召开的中共中央政治局会议提出"要强化反垄断和防止资本无序扩张",这是遏制经济行为人的贪婪变态和社会病态的关键手段。贪婪只能导致经济行为人的变态,而这样的变态将会导致整个社会的病态。一方面,如果自私自利成为经济行为的唯一动机，无疑会将经济行为参与者导向一种"精神分裂症式"的生活。事实是，贪婪并不能将经济行为人塑造成资本家，而只能使他成为一个恶毒的贪婪者和一个彻底的变态者。贪婪的欲望会导致贪婪者盲目享乐、自我放纵，陷入弗洛姆所言的重"占有"（to have）而不是重"生存"（to be）的状态；同时还会造就人们为满足一己私利不择手段、无视他人乃至社会利益的道德风气败坏。如果一个社会的民众人人都唯利是图，都用得利与否衡量人际交往，说明这个社会"病"了。另一方面，社会病态具有反噬作用，反过来对企业和个人造成伤害。社会病态常态以心理病态和行为病态为主要形式，躲避崇高、拒绝美德、仇富仇官、社会怨恨等心理病态最后会导致行为病态，如制假贩假、坑蒙拐骗，甚至杀人越货，最后不仅会导致人人自危、相互提防的社会紧张，还会造成普遍的社会怨恨。当"物的世界的增值同人的世界的贬值成正比"[①]、物质财富的增长以牺牲大多数人的全面发展为代价的恶果就会遍地开花，这样的社会就会危机四伏。显然，反垄断、反不正当竞争、防止资本无序扩张，是完善社会主义市场经济体制、推动高质量发展的内在要求，也是社会主义本质的基本要求。

第四节 人的全面发展目标下共同富裕经济主体的责任伦理

人的全面发展目标下共同富裕要求建立经济主体的责任伦理、塑造经济主体的责任伦理精神，以适应经济新发展的更高要求。实现共同富裕，尤其是对企业家提出了更高的责任伦理要求。

虽然个人有追求自利的自由权利，不需要经过他人许可也不应受到随意的阻碍，但是，权利的存在并不表明通过自利经济行为来行使这种权利就具有伦理的正当性。对于一个公司、一个企业、一个社会、一个国家也是如此，如果缺失对经济主体的伦理正当性评判，经济发展就有可能误入歧途。

对经济行为主体的伦理约束，最终会塑造经济行为者的美德，并淳

[①] 《马克思恩格斯文集》第1卷，人民出版社2009年版，第156页。

化社会风尚。斯密在《道德情操论》中从主体的角度对美德做了两种形式的划分,对于今天经济行为者美德塑造依然具有积极启示。他认为,在两种不同的努力即"旁观者努力体谅当事人的情感"和"当事人努力把自己的情绪降低到旁观者所能赞同的程度"的基础上,前者确立了诸如温柔、有礼、和蔼可亲、公正、谦让和宽容仁慈等美德,后者确立了崇高、庄重、令人尊敬、自我克制、自我控制、控制各种激情的美德。①也就是说,经济行为者(更多指企业家们)一方面要以公正和宽容等方式对待他人,尤其是对待社会弱势群体和大量存在的贫困人口,应该有同情、责任的美德,而不是无视他人存在;另一方面则应该对自己的欲望进行有效节制,在追逐财富的时候能够想到"为了自己好的生活",也可以"给别人好的生活",而不是为财富的堆积暗暗狂喜的同时,还嘲笑社会大众的愚蠢成就了自己的辉煌。更重要的是,经济行为的伦理美德具有传递性,如果一个社会的民众不以自私逐利为风尚,而是在获取利益权利的时候也想一想能够如何帮助他人、都为实现"好的生活"而共同努力,这样的社会才能实现"各美其美,美人之美,美美与共,天下大同"。

企业家们对社会经济发展承担着最重要的主体责任,增进他人和社会整体利益必须塑造企业家的责任伦理精神。公司和企业的目的不只是使股东富裕,还要致力于提升所有人的利益,因此必须塑造企业家的责任伦理精神。个人利益与社会利益的实现及其关系协调,是伦理学关注的重要问题,也是企业家应该承担的伦理责任。2020年7月21日,习近平总书记在企业家座谈会上讲话时勉励企业家们在爱国、创新、诚信、社会责任和国际视野等方面不断提升自己,努力成为新时代构建新发展格局、建设现代化经济体系、推动高质量发展的生力军,并强调企业家在承担经济责任、法律责任的同时,更应该担负起社会责任和道德责任,"只有真诚回报社会、切实履行社会责任的企业家,才能真正得到社会认可,才是符合时代要求的企业家"②。对于中国特色社会主义经济发展而

---

① [英]亚当·斯密:《道德情操论》,蒋自强等译,商务印书馆2003年版,第24页。
② 习近平:《在企业家座谈会上的讲话》,新华社北京7月21日电,2020年7月21日,http://www.xinhuanet.com/politics/leaders/2020-07/21/c_1126267575.htm。

言，企业家不仅肩负激发市场蕴藏活力的主要任务，也肩负着增进社会利益、促进国家和民族繁荣富强的重要责任。正如古希腊先贤亚里士多德将德行幸福论建立在个人与社会利益协调基础上，把取得"对个人有益的东西"的目标与社会成就联系起来，认为某种目标的实现对于个人而言只是有所值，但对于民族和国家而言则具有更为卓越和神圣的意义。因此，企业家精神除了创新精神之外，还有更重要的责任伦理精神和兼济天下的伦理精神。企业家的盈利和财富追求不应该成为一种精明的炫耀，更不是一种一骑绝尘的得意忘形，而应该以"摩顶放踵以利天下"的精神境界，不仅对贫困同类有基本同情心，愿意为他们生活质量的提升付出努力，为社会大众创造更多财富、增进他人的利益和幸福，更要把履行社会责任作为自觉追求，肩负起民族和国家富强的光荣使命。

中国特色社会主义正阔步迈进新发展阶段，贯彻新发展理念、构建新发展格局，中国经济新发展必须抛弃新自由主义——新自由主义经济学自以为建构了社会发展的有效规范，并且把它当作不变的自然法则试图说服每一个人，实际上这种社会规范和构建的说法基于伪科学——因为经济学定律不像物理定律，"伦理选择能力"是经济学定律最重要和最具活力的因素，或者说经济学定律是一种"向好"的选择。毋庸置疑，如果我们想要一个更公平、更自由、更繁荣、更可持续的"新经济"，我们需要做的，就是要选择去拥有它！

党的十八大以来，党中央把逐步实现全体人民共同富裕摆在更加重要的位置上；党的十九届五中全会做出"十四五"时期中国将进入新发展阶段的重大战略判断；2021年3月13日通过的《中华人民共和国国民经济和社会发展第十四个五年规划和2035年远景目标纲要》中提出"制定促进共同富裕行动纲要"，并做出支持"浙江高质量发展建设共同富裕示范区"的决定。"共同富裕"的国家工程已经开始实施，在实现共同富裕的号角声中，实现更高层次、更高质量、更高要求、更高目标的经济"新"发展，是关键性的任务。在人的全面发展目标下，必须对实现共同富裕的经济的行为理念、生活追求、发展原则、主体责任做出伦理考量。为此，共同富裕的行为理念强调既要抛弃"理性自利"的经济动机评价及其造成的扭曲财富价值观，还要抛弃"效率崇拜"和"效用分配冷漠"

的经济效果评价等错误理念，使经济行为符合伦理应当。共同富裕对生活的追求，要求重视经济的"效用分配"和"增量的社会价值"以实现"美好生活"。共同富裕的伦理原则强调坚持"公平正义"以维护经济安全、坚持"包容创造增长"以促进经济增长、拒绝"丛林法则"以维护经济体健康。共同富裕强调对经济活动主体尤其是企业家，有更高的责任伦理要求。

下 篇

共同富裕与人的全面发展的实践研究

——基于浙江省共同富裕示范区建设的分析

第 五 章

共同富裕：社会正义的中国实践及其发展启示

党的十八大以来，以习近平同志为核心的党中央把握发展阶段新变化，把逐步实现全体人民共同富裕摆在更加重要的位置上。① 党的十九届五中全会提出把"全体人民共同富裕取得更为明显的实质性进展"作为远景目标，强调要"扎实推动共同富裕"。② 2021年3月13日通过的《中华人民共和国国民经济和社会发展第十四个五年规划和2035年远景目标纲要》中提出"制定促进共同富裕行动纲要"，并做出支持"浙江高质量发展建设共同富裕示范区"的决定。这标志着作为社会主义本质特征的"共同富裕"目标正实现着理论与实践的创新发展。共同富裕体现了社会主义制度的正义诉求，不仅为我们理解社会主义制度的优越性和比较优势提供价值坐标，也对世界发展具有理论和实践的重要示范意义。

第一节 社会正义：何以"共同"

社会正义是人类社会历史发展中的重要价值追求。古希腊的城邦（国家）观念中将正义作为一种美德。智者普罗泰格拉将正义视作一种"政治德行"，柏拉图在《理想国》认为理想的国家就是正义的国家。古希腊伦理思想集大成者亚里士多德把正义作为调节社会政治生活、缓和

---

① 习近平：《扎实推进共同富裕》，《求是》2021年第20期。
② 《中共中央关于制定国民经济和社会发展第十四个五年规划和二〇三五年远景目标的建议》，《人民日报》2020年11月4日第1版。

社会矛盾、保持社会稳定的重要手段。中国传统伦理思想中，正义的美德与政治的德行相结合或相佐证。如孔子曰："政者正也，子率正，孰敢不正"（《论语·颜渊》）；孟子曰："君义，莫不义，群正，莫不正"（《孟子·离娄上》）；荀子曰："上公正则下易直矣"（《荀子·正论》）。时至今日，正义如此受到推崇，盖因为正义对于社会发展而言起着举足轻重的作用。

社会正义，将社会的每一个人视作社会主体，以"我们"的身份自觉，维护生存环境、社会秩序的良性运行。社会正义，使得社会主体的"共同"成为现实。尤其在中国社会主要矛盾发生了新变化之后，广大群众不仅要求经济发展、生活富裕，还要求社会和谐、公平正义。概而言之，社会公平正义是中国特色社会主义的本质属性。①

其一，维护利益公平。社会正义的前提性基础或实质性内容中，最关键的是"通过共享分配发展成果，维护社会公平正义，使发展获得深厚的力量支持"②，这样才能以新理念推动发展新飞跃、赢得发展新优势、创造发展新奇迹。马克思曾指出："人们奋斗所争取的一切，都同他们的利益有关。"③ 正因为如此，人们在争取自己的利益的时候，就容易造成利益冲突，这就需要"正义"的出场，以调节社会利益之间的冲突。罗尔斯认为，正义之所以成为必要，有两个前提：社会财富的中等匮乏，所以才有利益冲突的发生；人们对自己利益需求有所限制。他指出："正义否认了为了一些人分享更大利益而剥夺另一些人的自由是正当的，不承认许多人享受的较大利益能绰绰有余地补偿强加于少数人的牺牲。"④ 如何维护利益公平，这是社会正义最受人关注的问题。一是国家和政府有责任保证经济活动必须守法，使所有的经济活动主体遵守市场规律和规则，从而保障经济活动中实现竞争公平和交换公平。二是国家和政府必须保证资源合理化配置，其中最关键的是避免权力参与市场资源的分

---

① 《十七大以来重要文献选编》中，中央文献出版社2011年版，第100页。
② 《〈关于新形势下党内政治生活的若干准则〉〈中国共产党党内监督条例〉辅导读本》，人民出版社2016年版，第18页。
③ 《马克思恩格斯全集》第1卷，人民出版社1956年版，第82页。
④ [美] 约翰·罗尔斯：《正义论》，何怀宏、何包钢、廖申白译，中国社会科学出版社1988年版，第3—4页。

配,从而避免权力商品化和官商勾结。公平与效率有机结合,才能保障高效率。三是铲除巧取豪夺、非法暴富,处理好公共利益与私人利益的关系,避免利益分配两极分化。特别强调政府官员不能以权谋私、侵占公共利益。这样,正义——在亚里士多德那里即"守法的公正"——才能成为社会普遍追求,也就是说"守法的公正不是德性的一部分,而是德性的总体。它的相反者,即不公正,也不是恶的一部分,而是恶的总体"。①

其二,社会制度的齐备和完善。亚当·斯密曾言:"正义犹如支撑大厦的主要支柱,如果这根柱子松动的话,那么人类社会这个雄伟而巨大的建筑必然会顷刻之间土崩瓦解。"② 罗尔斯在《正义论》一书中认为"正义是社会制度的首要价值"③,社会制度最能体现正义在社会层面的落实和发展程度。中国共产党人向来重视社会制度的建设与完善,尤其是改革开放以来,邓小平同志积极倡导完善社会制度、改革原有社会制度弊端、建设与社会发展相协调的新制度,他指出:"制度好可以使坏人无法任意横行,制度不好可以使好人无法充分做好事,甚至会走向反面。"④ 邓小平同志还指出,改革实质上就是社会主义制度的自我完善,"改革是社会主义制度的自我完善,在一定范围内也发生了某种程度的革命性变革"⑤。党的十八届三中全会提出,全面深化改革的总目标是完善和发展中国特色社会主义制度,推进国家治理体系和治理能力现代化。习近平同志强调:"摆在我们面前的一项重大历史任务,就是推动中国特色社会主义制度更加成熟更加定型,为党和国家事业发展、为人民幸福安康、为社会和谐稳定、为国家长治久安提供一整套更完备、更稳定、更管用的制度体系。"⑥ 以制度保障社会正义,一是要在全社会确立制度意识,人人都尊重制度、遵守制度,正义才能得以保障。二是要推进制度创新,

---

① [古希腊]亚里士多德:《尼各马可伦理学》,商务印书馆2003年版,第131页。
② [英]亚当·斯密:《道德情操论》,韩巍译,商务印书馆1997年版,第106页。
③ [美]约翰·罗尔斯:《正义论》,何怀宏、何包钢、廖申白译,中国社会科学出版社1988年版,第3页。
④ 《邓小平文选》第2卷,人民出版社1994年版,第333页。
⑤ 《邓小平文选》第3卷,人民出版社1993年版,第142页。
⑥ 《习近平谈治国理政》,外文出版社2014年版,第104页。

对那些不适应社会活动和社会关系的旧制度,要敢于破除、敢于更新,以适应社会变化和生活更新。

其三,民众享有充分权利。公共效用是衡量社会制度良善与否的根本标准。休谟曾言:"公正显然有助于促进公共效用和支撑文明社会"[①],与此同时,"公共的效用是正义的唯一起源"[②]。当一项制度能够为维护人民享有权利提供保障,就说明这项制度是有公共效用的;当一个社会中民众能够普遍享有平等的政治、经济、文化等权利,就说明正义的公共效用成为了这个社会的支撑力量。中国特色社会主义制度之所以极大地体现社会正义,就在于其能够确保全体人民在政治、经济、文化等方面获得充分的权利,从而极大地激发群众的积极性。

其四,社会充盈着伦理精神。社会正义的伦理精神营建和展示,一是以公共善为目标的公民理性的形成为基础。所谓公共理性,"它是公民的理性,是那些共享平等公民身份的人的理性,他们的理性目标是公共善,此乃政治正义观念对社会基本制度结构的要求所在,也是这些制度服务的目标和目的所在"[③]。由于公共理性的形成,社会将是和谐有序的,不盲从、不狂热、不消极、不颓废。二是以对正义的普遍心理认同为动力。社会正义的实现程度从心理层面而言取决于对正义的认同程度。正如麦金太尔所言:"在德性与法制之间还有另一种关键性的联系,因为只有对于拥有正义等德性的人而言,才可能理解如何去运用法则。"[④]

显然,从指向的对象而言,社会正义指向"共同",是一种对共同体的维护。与正义美德的主体是道德主体不同——道德注重"自我",社会正义的伦理指向则是维护共同体的合理秩序。社会正义对社会发展的伦理审视可以分解为三个紧密相关的命题。

一是社会正义是对"我们在一起"的维护。"我们"即是一种公共空间的认知,意味着一种"去私人化"(deprivatized)和"去个人化"(deindividualized)的公共意识。"认知空间的客体是我们与之共存(live

---

① 《休谟政治论文选》,商务印书馆1993年版,第18页。
② [英]休谟:《道德原则研究》,曾晓平译,商务印书馆2000年版,第35页。
③ [美]约翰·罗尔斯:《政治自由主义》,万俊人译,译林出版社2000年版,第224页。
④ [美]麦金太尔:《德性之后》,龚群等译,中国社会科学出版社1995年版,第277页。

with）的他者。道德空间的客体是我们为之存在（live for）的他者。"①"我们"意味着将"我"与"他"联系起来，共同置于同一个生活空间。显然，在认知绘制的社会空间中，我们没有将他人真正纳入认知，我们并不期望对他人了解更多。而"我们在一起"的道德认知中，则是将他人放置于共同的社会关系中，允许他人与自己平等相处，共同承接社会正义的阳光。"我们在一起"的判断，则是社会正义对人之存在状态的肯认。

二是社会正义追问"我们如何在一起"。基于"我们在一起"的现实观照，"我们如何在一起"则是对社会关系优化的审思。"从伦理学上来说，为他人而在（being for）优于与他人共在（being with），在自我与他人相互作用的时刻，他已经开始为他者的福祸负责了，道德行为能够履行的惟一空间就是'与……共在'的社会空间"②，也就是说，只有将"我们在一起"的事实纳入伦理的省思中，"我们如何在一起"的追问就显得如此的重要，而这正是关涉着社会正义"何以必要"的问题。一言以蔽之，社会正义如此重要，就是因为"作为共同世界的公共领域既把我们聚拢在一起，又防止我们倾倒在彼此身上"③。

三是社会正义的目标是实现"我们如何更好地在一起"。"我们在一起""我们如何在一起"的目标指向就是应该实现"我们如何更好地在一起"。现代社会充满着风险，全球社会风险时代"我们如何更好地在一起"成为关系每个人的事情。实际上，"'现世生活的必需'（necessitas vitaepraesentis）要求下进行的各种活动，由于也是在他人在场情况下发生的，会自行导致建立某种世界的对应物（counterworld），某个在此秩序内的公共领域，这种危险是如此之大，以至于需要一些额外的规则和禁令，我们的语境最直接相关的是这种对卓越和随之而来的骄傲的禁止"④。所谓的"规则"和"禁令"，就是为了防止社会公共生活中冷漠歧视、贫富分化、矛盾冲突等种种伤害我们的外在因素，使我们免除共同的人为的

---

① ［英］齐格蒙特·鲍曼：《后现代伦理学》，江苏人民出版社2003年版，第195页。
② ［英］齐格蒙特·鲍曼：《后现代伦理学》，江苏人民出版社2003年版，第219页。
③ ［美］汉娜·阿伦特：《人的境况》，王寅丽译，上海人民出版社2017年版，第35页。
④ ［美］汉娜·阿伦特：《人的境况》，王寅丽译，上海人民出版社2017年版，第36页。

风险。社会正义作为一种公共善，指示着"我们如何更好地在一起"，作为一种社会价值规则，维护着"我们如何更好地在一起"。

社会正义，最能彰显中国特色社会主义的价值优势、道义优势、制度优势，也是中国特色社会主义凝聚力、向心力、感召力不断增强的根本原因。我们始终坚信："社会主义是世界历史的结局部分，是世世代代关于公正、善良、幸福的幻想的最终体现。"①

第二节 共同富裕的社会正义蕴涵

共同富裕作为社会主义的本质特征，不仅为实现社会正义奠定了物质经济基础，其对符合伦理应当的经济效用分配的追求更体现了社会正义的实质。从马克思主义利益理论的视角而言，共同富裕是实现社会正义的重要利益机制，或者说，没有共同富裕的利益机制在起作用，社会正义就会"徒有虚名"。扎实推进共同富裕，就是朝着公平正义坚贞地靠近。

一 增进经济利益：共同富裕构筑社会正义的物质基础

共同富裕为促进社会公平正义提供物质利益基础。物质利益对社会生活起着基础性和决定性作用，共同富裕的唯物主义基石就是物质经济利益，没有物质经济利益的增进，公平正义就失去了实质内容。共同富裕以"富裕"为实质。所谓"富裕"，即物质经济利益和精神文化利益的极大满足，而物质经济利益是最重要的内容。马克思指出："物质生活的生产方式制约着整个社会生活、政治生活和精神生活的过程。"② 因此，物质利益也决定着精神文化利益和政治利益等其他不同的利益形式。正是如此，马克思恩格斯在《共产党宣言》中对资本主义生产力在人类社会发展的重要性给予了充分肯定，指出"资产阶级在它的不到一百年的阶级统治中所创造的生产力，比过去一切世代创造的全部生产力还要多，

---

① 《列宁全集》第32卷，人民出版社1972年版，第205页。
② 《马克思恩格斯全集》第31卷，人民出版社1998年版，第412页。

还要大"①。这一思想在《资本论》中得到了持续一致的表述,马克思认为未来社会共同富裕的物质基础是"资本主义时代的成就",即发达的生产力。概言之,生产力的发展促进物质经济利益的增加和福利享受,从而使社会正义的实现成为可能。

共同富裕为正义观念和正义实质提供了基本的历史唯物主义评判。一方面,作为社会意识形式的正义观念不是虚幻的,正义首先表现为社会物质经济利益获得的增进和分配的公正。另一方面,从经济关系上才更能确证一个国家和社会的公平正义,正义的实质实际上是一定经济关系的物质经济利益在政治上的表现。利益是社会分工的个人之间相互关系的客观反映,"每一既定社会的经济关系首先表现为利益"②。马克思指出:"利益不是仅仅作为一种'普遍的东西'存在于观念之中,而首先是作为彼此有了分工的个人之间的相互依存关系存在于现实之中。"③ 从利益关系中就能洞察是剥削与被剥削、还是平等互助的社会关系。概言之,唯有把握正义的物质经济利益内容及其利益主体相互关系的客观性,正义才不会像"普洛透斯似的脸"(a Protean face)④ 变幻无常。

二 强调经济效用分配:共同富裕彰显社会正义实质

共同富裕不仅是生产的目的——"生产将以所有的人富裕为目的"⑤,也是生活的目的——"所有人共同享受大家创造出来的福利"⑥。因此社会正义不仅需要以物质利益的增量为保障,更关键在于社会发展要能够实现经济效用的合理分配,以促进美好生活的实现。如果执迷于对正义物质利益基础的夯实,生产力发展中的效率优先应该被推崇,然而,物质利益增长并不能保证正义实现,还必须对共同富裕的"社会成就观"进行伦理考量,从效用分配中理解和实现共同富裕的正义实质。

---

① 《马克思恩格斯选集》第 1 卷,人民出版社 1995 年版,第 277 页。
② 《马克思恩格斯选集》第 3 卷,人民出版社 1995 年版,第 209 页。
③ 《马克思恩格斯文集》第 1 卷,人民出版社 2009 年版,第 536 页。
④ [美] E. 博登海默:《法理学——法律哲学与法律方法》,邓正来译,中国政法大学出版社 1999 年版,第 252 页。
⑤ 《马克思恩格斯文集》第 8 卷,人民出版社 2009 年版,第 200 页。
⑥ 《马克思恩格斯文集》第 1 卷,人民出版社 2009 年版,第 689 页。

下篇　共同富裕与人的全面发展的实践研究

其一，共同富裕追求符合伦理应当的经济效用。亚里士多德曾言："财富显然不是我们在寻求的善。因为，它只是获得某种其他事物的有用的手段。"① 他强调"善作为目的"，并且指证"最高的善或目的就是人的好的生活或幸福"。亚里士多德对财富以及追求财富的目的做出的"伦理相关"考察，激发了对当代福利经济学做出卓越贡献的阿玛蒂亚·森对经济学的伦理思考。他认为，人类行为的动机和社会成就的判断是与经济学相关涉的两个根本问题，即"伦理相关的动机观"（the ethics-related view of motivation）和"伦理相关的社会成就观"（ethics-related view of social achievement）。② 亚里士多德"善的目的"思想以及阿玛蒂亚·森对经济学中的动机观和社会成就观的分析，为我们清晰理解共同富裕的正义蕴涵提供了积极启示。

与简单的效用主义者将效用总和作为判断成功与否的主张不同，共同富裕以符合伦理应当的经济效用为依据，即以公共经济效用为基础的"社会成就"作为评判标准。简单效用主义者执迷于个人利益获取的效用，导致了其行为突出的"自利性"特征，即"以自我为中心的福利（self-centered welfare）：一个人的福利仅仅依赖于他自己的消费"；"自我福利目标（self-welfare goals）：一个人的目标就是最大化他自己的福利，以及这种福利的概率加权期望值"；"自我目标选择（self-goal choice）：每个人的每一行为选择直接受其目标引导"。③ 自利理性观的持有者往往对效率优先推崇备至，但效率优先不可能实现"伦理相关的社会成就观"，因为其致命缺陷是不重视效用分配，甚至陷入严重的分配冷漠（indifferent to distribution）。只有当经济行为不仅能够带来经济效用增长，而且能够实现经济效用的公共分配，也就是使经济效用符合伦理应当，经济发展就能创造"伦理相关的社会成就"，"共同富裕"才能彰显正义实质。

其二，提升"社会成就"的公共经济效用，即社会公共利益（福利）

---

① ［古希腊］亚里士多德：《尼各马可伦理学》，商务印书馆2003年版，第13页。
② ［印度］阿玛蒂亚·森：《伦理学与经济学》，王宇、王文玉译，商务印书馆2018年版，第10页。
③ ［印度］阿玛蒂亚·森：《伦理学与经济学》，王宇、王文玉译，商务印书馆2018年版，第81页。

的普遍实现是共同富裕的正义追求。公共利益不是一个虚幻的观念,它表明满足个人与社会的物质生活条件的丰富和优化。在资本主义社会中,资产阶级固然宣称要谋求社会利益,并通过社会保障与社会福利制度进行分配额调节——资产阶级经济学家将其称为"分配正义"。然而,所谓的"分配正义"首先要优先保障私有资本的利益,这只不过是资产阶级经济学家的"正义圈套"。马克思质问道:"什么是'公平的'分配呢?难道资产者不是断言今天的分配是'公平的'吗?"[①] "凡是现在被称为'善'的东西——个人的或社会的善的东西——都有利于资产者,谁会对这一点表示怀疑呢?"[②] 与资本家通过资本的私人占有从而榨取工人剩余价值的方式获取利益不同,在社会主义条件下,社会主义的生产方式决定了劳动者自己的劳动不仅是获取个人利益的主要途径和手段,也是人们为满足社会需要而提供物质生活资料的途径和手段,即促进社会利益增长,实现增量社会价值(incremental societal value)。在社会主义社会中,个人利益与社会利益共存,社会利益最终是为了保障和提升个人利益。正是如此,邓小平指出:"社会主义最大的优越性就是共同富裕,这是体现社会主义本质的一个东西。"[③]

显然,共同富裕不仅仅追求经济利益的增进、把"蛋糕做大",更重要的是要重视经济效用分配,即把"蛋糕分好",前者为正义奠定物质基础,决定着社会正义是否可能,后者为正义呈现具体表达,反映着社会正义如何成为可能及其实现程度。

第三节 在共同富裕实践中推进社会正义

对共同富裕的理论与实践探索,是中国共产党百年奋斗中在经济建设和政治建设方面取得的重大成就和历史经验之一。共同富裕的实践体现了社会正义在国家、社会和个人三个层面的落实:从国家而言是彰显社会主义优越性,从社会而言是实现"美好生活的普遍促进",从个人而

[①] 《马克思恩格斯选集》第3卷,人民出版社1995年版,第302页。
[②] 《马克思恩格斯全集》第42卷,人民出版社1979年版,第260页。
[③] 《邓小平文选》第3卷,人民出版社1993年版,第364页。

言则增进主体的福利、尊严、自由与德行,从而不断实现国家政治伦理目的、社会发展价值和个体价值目标。

一 彰显社会主义优越性:共同富裕推进社会正义在国家层面落实

共同富裕是中国共产党百年历程的历史使命,关系着党的执政基础、体现着党的执政能力。一个政党的执政合法性源于它在何种范围、多大程度上体现了广大民众的利益。中国共产党自成立以来,"始终把为中国人民谋幸福、为中华民族谋复兴作为自己的初心使命,始终坚持共产主义理想和社会主义信念,团结带领全国各族人民为争取民族独立、人民解放和实现国家富强、人民幸福而不懈奋斗"[1]。

以人民为中心,实现共同富裕,是中国共产党百年发展历程中矢志不渝的奋斗目标。新中国成立以来,全国人民就在中国共产党的带领下,不断开拓共同富裕的伟大实践。在经济恢复发展时期(1949—1957年),中国建立了国营经济领导下多种经济成分并存的新民主主义经济体制,开始了大规模的经济建设,为实现共同富裕做出了最初的制度设计。1953年12月16日,"共同富裕"首次出现在党的正规文献中,《中共中央关于发展农业生产合作社的决议》提出党在农村中工作最根本的目的就是"使农民能够逐步完全摆脱贫困的状况而取得共同富裕和普遍繁荣的生活"[2]。在经济动荡发展时期(1958—1978年),中国开始了全面经济建设,制定了社会主义农业、工业、国防和科学技术现代化的宏伟目标。在经历了社会主义革命时期、社会主义建设初期的探索,改革开放之后,"共同富裕"成为全国人民共同的追求,并获得了社会主义本质的价值规定。共同富裕作为社会主义的本质特征,既体现了正义实质,也展现了发展的价值关怀,成为中国改革开放、全面实现小康社会和建设社会主义现代化强国的价值旗帜。在经济体制转型初期(1979—1991年),中国制定了现代化建设"三步走"发展战略,把改革开放和社会主义现代化建设一步一步推向前进。此时期,"共同富裕"作为社会主义的

---

[1] 《中国共产党第十九届中央委员会第六次全体会议公报》,新华社北京11月11日电,2021年11月11日,http://www.cac.gov.cn/2021-11/11/c_1638226476385060.htm。
[2] 《毛泽东文集》第6卷,人民出版社1999年版,第442页。

第五章　共同富裕：社会正义的中国实践及其发展启示

本质在理论上得到确认，在实践中通过"解放生产力、发展生产力、消灭剥削、消除两极分化"而逐渐得到实现。在全面建立市场经济体制时期（1992—2002年），全国全党统一了关于经济发展和改革开放的认识，明确了"建立社会主义市场经济体制"的改革目标。"实现共同富裕是社会主义的根本原则和本质特征，绝不能动摇"①已经深入人心。在完善市场经济体制时期（2003—2012年），中国抓住重要的战略机遇期，不断完善社会主义市场经济体制，不断实现"使全体人民共享改革发展的成果，使全体人民朝着共同富裕的方向稳步前进"②。中国特色社会主义进入新时代，以习近平同志为核心的党中央将推进共同富裕作为治国理政的重要主题，如何坚持以人民为中心的发展思想，化解人民日益增长的美好生活需要和不平衡不充分的发展之间的矛盾，不断促进人的全面发展和全体人民共同富裕，成为全国人民共同的心声。习近平总书记强调指出："发展依然是当代中国的第一要务，中国执政者的首要使命就是集中力量提高人民生活水平，逐步实现共同富裕。"③实现共同富裕，这是党在中国特色社会主义新时代的责任和使命。

共同富裕是社会主义的根本目标和原则，是社会主义优越性的重要体现。1992年，邓小平在南方谈话中指出："社会主义的本质，是解放生产力，发展生产力，消灭剥削，消除两极分化，最终达到共同富裕。"④党的十八大以来，共同富裕在理论和实践上受到前所未有的重视。习近平总书记多次强调，"共同富裕是中国特色社会主义的根本原则"⑤；"消除贫困、改善民生、逐步实现共同富裕，是社会主义的本质要求，是我们党的重要使命"⑥。中国特色社会主义的感召力和凝聚力，来自制度的优越性，而制度何以优越，其评判的基本标准乃在于制度给予广大民众的尊严、利益的保障与呵护。"全面建成小康社会，一个也不能少；共同

---

① 《江泽民文选》第1卷，人民出版社2006年版，第466页。
② 中共中央文献研究室：《十六大以来重要文献选编》中，中央文献出版社2006年版，第712页。
③ 《习近平谈治国理政》第2卷，外文出版社2017年版，第30页。
④ 《邓小平文选》第3卷，人民出版社1993年版，第373页。
⑤ 《邓小平文选》第3卷，人民出版社1993年版，第373页。
⑥ 中共中央文献研究室编：《习近平关于全面建成小康社会论述摘编》，中央文献出版社2016年版，第155页。

富裕路上，一个也不能掉队"①，体现了中国特色社会主义制度的魅力所在。

当前，推进国家经济宏观政策落实、引导资本良性运行、保障社会公平正义、促进社会发展和人的发展，成为共同富裕的实践主题。尤其当中国经济高速发展并取得伟大成绩，如何提升社会公平正义的水平与质量成为国家发展最重要的政治伦理主题。"十四五"规划建议再次强调，经济社会发展必须坚持人民主体地位、坚持共同富裕方向、促进社会公平。在此发展要求下，严厉打击资本无序扩张、引导资本良性发展成为当前中国经济发展的关键性问题。打击资本无序扩张，就是对资本在追逐利润的过程中有违国家的宏观政策的"操纵""垄断"现象进行打击，避免经济运行出现"反应缺陷"；② 引导资本良性运行，就是引导资本与国家宏观政策相向而行，使资本服务国民经济发展关键而仍不足的领域（如高端发动机、新材料、信息硬件、数控机床、生物医药等），扶助和充补国家产业链的短板。概言之，实现共同富裕，就是从国家层面推进社会正义的落实，就此意义而言，"实现共同富裕不仅是经济问题，而且是关系党的执政基础的重大政治问题"③。

二 美好生活的普遍促进：共同富裕推进社会正义在社会层面落实

从社会层面而言，共同富裕的社会发展价值在于促进和实现美好生活。

实现美好生活，首先在于有一个"美好社会"的实践场域。共同富裕是对科学社会主义"正义理想"的实践深化，升华了人民群众对科学社会主义的价值共识。"何为美好社会？""如何实现美好社会？"是科学社会主义两个基本理论问题，切关"正义理想"是否可能与如何可能。

---

① 《习近平关于"不忘初心、牢记使命"论述摘编》，中央文献出版社、党建读物出版社2019年版，第237页。

② "反应缺陷"（response failure）（例如，由于贸易者操纵了市场，为了取得巨额利润进行垄断经营，从而使市场需求不能得到有效的满足）。[印度] 阿玛蒂亚·森：《伦理学与经济学》，王宇、王文玉译，商务印书馆2018年版，第31页。

③ 《习近平在省部级主要领导干部学习贯彻党的十九届五中全会精神专题研讨班开班式上发表重要讲话》，2021年1月11日，新华网（http://www.xinhuanet.com/politics/2021-01/11/c_1126970918.htm）。

第五章　共同富裕：社会正义的中国实践及其发展启示

其一，社会发展的理想状态就是彻底消除阶级、城乡、脑体力劳动之间的对立和差别，实行各尽所能、按需分配，真正实现社会共享、实现每个人自由而全面地发展，即"代替那存在着阶级和阶级对立的资产阶级旧社会的，将是这样一个联合体，在那里，每个人的自由发展是一切人的自由发展的条件"[①]。其二，实现美好社会需要以生产力发展、创造优越的物质生活条件为基础。科学社会主义认为，未来理想社会中生产力高速发展，"共同的社会生产能力成为他们的社会财富"，而且"每个人的全面而自由的发展"成为社会的基本原则。中国特色社会主义强调大力发展生产力、保障和改善民生、在共建共享基础上实现共同富裕，从理论和实践上彰显了科学社会主义的本质特征，不断将正义理想变为现实。

"美好社会"为实现美好生活提供切实保障。从社会生活实践看，人是社会性存在，美好生活需要从社会关系和社会交往实践中去界定，美好生活即是满足"互予性需要"、社会交往和谐、社会共同体富有凝聚力的善好状态。美好生活的社会伦理维度说明，要保障社会交往关系正常进行和社会共同体的和谐发展，需要社会正义的维系。一方面是实现社会对个人的保障和呵护。后现代主义伦理学者鲍曼在检视现代性社会发展时认为，现代性社会中种种共同体的致思都是失败的，因为共同体生活与个人自由是一个悖论的存在：进入共同体就失去自由，要自由就无共同体的存在。[②] 社会共同体如何能够尊重和维护个人自由？其保障能力来源于物质力量，而共同富裕为提升社会保障能力提供强劲的动力。一个贫乏的社会，无力提供基础设施的保障，更不能提供文化精神保障，即便有制度设计也会形同虚设。显然，如果一个社会共同体缺失正义保障，也就丧失了美好生活的基础。另一方面是实现个人之间的协调。物质贫乏的社会生活中，个体自身缺乏尊严，也就不会尊重他人，更不会激发悲悯、体恤和关爱的美好情感。共同富裕，为个人追求道德高尚、展示道德情操提供优良的环境，使得捐赠、互助、慈善等行为成为社会

[①] 《马克思恩格斯文集》第2卷，人民出版社2009年版，第53页。
[②] ［英］齐格蒙特·鲍曼：《共同体》，欧阳景根译，江苏人民出版社2003年版，第4—5页。

风尚。正是从创造公平正义的社会环境的重要性角度,习近平总书记强调"如果不能创造更加公平的社会环境,甚至导致更多不公平,改革就失去意义,也不可能持续"[1]。

概而言之,共同富裕在中国的实践,就是要秉持"以人为本"的价值理念,致力于将发展目标转换到"美好生活的普遍促进"上来,不断推进社会主义的社会正义。

三 福利、尊严、自由与德行:共同富裕推进社会正义在主体层面落实

从社会主体而言,共同富裕以实现社会民众的福利、尊严、自由与德行作为价值目标,促进"人的自由全面发展"。

从福利增进的角度而言,共同富裕固然首先是物质生活的全面富裕,然而,仅有物质生活的富裕而缺乏精神生活的富裕,却是与现代文明的要求相背离的。福利增进是一个包含着商品增多、物质丰富和政治民主、道德提升的多方面因素的范畴。因此,中国特色社会主义共同富裕的主要内容和目标要求是福利的协调增进、高度的物质文明和高度的精神文明的有机统一。这就要求"我们要在建设高度物质文明的同时,提高全民族的科学文化水平,发展高尚的丰富多彩的文化生活,建设高度的社会主义精神文明"[2]。

基于福利的丰富内涵,在福利的评价中我们还必须对价值评价的重要性与必要性予以直接和充分的认识。对于社会主义发展而言,尊严、自由以及充满德行的社会是共同富裕追求的更高更好的层次或境界。

对尊严的承认就是对人格的承认,而"人如何活得像人样"就是尊严的实质要求。正如黑格尔强调法的命令是"成为一个人,并尊敬他人为人"[3],一个正义的社会就是要保障"使每个人成为人,尊敬他人为人"。其一,人作为一个真正的人的存在,必须有尊严地活着,避免被当作动物或机器那样被剥夺和被损害。其二,人人都享有同等的尊严,尊

---

[1] 习近平:《切实把思想统一到党的十八届三中全会精神上来》,《求是》2014年第1期。
[2] 《邓小平文选》第2卷,人民出版社1994年版,第208页。
[3] [德]黑格尔:《法哲学原理》,范扬、张启泰译,商务印书馆1982年版,第46页。

严是共同体的存在准则。新中国成立，中国人民站了起来，获得了前所未有的人格尊严；社会主义制度的建立、改革开放以来社会主义经济建设，改善了人民的物质生活，中国人民富了起来，人的尊严获得了实质性的保障；中国特色社会主义进入新时代，标志着中国人民开始强起来，人的尊严获得广泛和充分的体现。在尊严得到保障和充实的前提下，共同富裕作为共同的价值追求才能推动人与社会朝着"自由王国"迈进。

自由是社会主义价值的本质规定和理想追求。在马克思主义的价值视域中，社会主义是实现自由的制度保障，"这种制度将给所有的人提供健康而有益的工作，给所有的人提供充裕的物质生活和闲暇时间，给所有的人提供真正的充分的自由"[1]。马克思在对资本主义社会中"轻视人，蔑视人，使人不成其为人"的事实进行批判的同时，积极倡导人的自由全面发展的价值目标，其重要特征即"建立在个人全面发展和他们共同的、社会的生产能力成为从属于他们的社会财富这一基础上的自由个性"，是"个人关系和个人能力的普遍性和全面性"[2]。从利益与自由的辩证关系而言，传统功利主义往往用个人利益作为自由的权衡，显然是曲解或窄化了自由的伦理内涵。阿玛蒂亚·森指出："我们应该用一个人所拥有的自由来代表他的利益，而不应该用（至少不能完全用）一个人从这些自由中所得到的东西（福利的或主观能动的）来代表他的利益。"[3] 他所说的自由，实际上是强调人的权利和能力，强调在发展的过程中消除那些造成经济不自由的因素，如专制、匮乏、可持续生计的丧失等经济机会。他将自由分为两种，即与"福利成就"（well-being achievement）相对应的是"福利自由"（well-being freedom），与"主观能动成就"（agency achievement）相对应的是"主观能动自由"（agency freedom）。如果说"福利自由"反映了共同富裕的获得感和满足感，那么"主观能动自由"则反映了追求共同富裕的主体状态和获取能力，前者是自由的功用，后者则是自由的能力。从权利和能力角度对自由的诠释，

---

[1] 《马克思恩格斯全集》第21卷，人民出版社1965年版，第570页。
[2] 《马克思恩格斯全集》第30卷，人民出版社1995年版，第108—112页。
[3] ［印度］阿玛蒂亚·森：《伦理学与经济学》，王宇、王文玉译，商务印书馆2018年版，第50页。

下篇　共同富裕与人的全面发展的实践研究

契合社会主义共同富裕的价值指向和现实要求。新中国成立以来，中国共产党领导全国人民致力于推进共同富裕，广大民众的各项权利得到切实保障、可持续生计能力和发展能力得到切实提升，这无疑表征着主体自由的逐渐实现和提升。

如果说福利是主体价值的实现基础，尊严是主体性的价值确证，自由是能动性主体价值追求，那么德行作为一种道德动能则促进精神性主体价值生成。以共同富裕为实质内容的利益认同能够优化社会凝聚力的社会道德环境，为进一步提升个体和社会德行提供持续动力。尤其在社会主义社会，个体的人不是为了实现某种外在目的的行为工具，而是拥有自身利益与独特价值的需求主体及自由主体；而在尊重每一位个体自身价值的社会环境中，个体的需求与自由又将极大地促进社会共同体的德行升华。一方面，和谐的利益关系为公民个体德行的产生提供了营养土壤。马克思曾言："人们自觉不自觉地，归根到底总是从他们阶级地位所依据的实际关系中，从他们进行生产和交换中，吸取自己的道德观念。"[①] 共同富裕提升了民众利益分配的满意度和利益交往的信任度，从而建构了和谐利益关系、优化了社会道德生态，为个体德行生长培植了丰沃的营养。质言之，共同富裕"使人们能够发展各自独特的人类能力和德性——能够慎议共同善，能够获得实际的判断，能够共享自治，能够关心作为整体的共同体的命运"。[②] 另一方面，共同富裕包含的经济伦理诉求促进了社会德行的形成。共同富裕的经济伦理诉求一是进一步优化利益格局、缩小利益差距、实现最大限度的公平正义，二是让广大民众共享改革成果、分享更多的改革红利、满足更多的利益需求，这无疑为形成价值共识、提升社会凝聚力和社会整体道德风尚夯实了最坚固的社会心理基础。概而言之，利益认同与核心价值认同构成了社会心理优化的"双螺旋机理"，没有利益认同，核心价值认同是空洞的，没有核心价值认同，利益认同是盲目的，——对共同富裕的追求，不仅促进利益认同，也激发着社会核心价值认同，从而将个体德行与社会德行提升到

---

① 《马克思恩格斯选集》第3卷，人民出版社1995年版，第435页。
② [美]迈克尔·桑德尔：《公正应该如何做是好？》，朱慧玲译，中信出版社2012年版，第221页。

崭新的阶段。当国家、社会能够保障个人能够过上一种德行和幸福的美好生活，个人的德行就能够汇集成社会的德行，实现国家的真正富强文明和谐美丽。

第四节　中国共同富裕实践的发展启示

当前，"全球收入不平等问题突出，一些国家贫富分化，中产阶层塌陷，导致社会撕裂、政治极化、民粹主义泛滥，教训十分深刻"[1]。站在当代世界历史的高度，实现共同富裕已然不是一个国家的问题，而是一个当今世界历史发展共同面临的重大问题。实现共同富裕的发展启示在于它不仅为消解世界贫富分化带来的不公平不正义问题提供借鉴，也担负着辨析当代社会生产关系性质和批判资本主义的价值使命，其展现的人类发展的正义关切还为建构人类命运共同体提供了利益认同和价值认同路向。

一　为消解世界贫富分化带来的不公平不正义问题提供借鉴启示

在西方政治学和经济学理论中，存在着一个所谓的"托克维尔难题"，即经济发展导致社会的不稳定。一般而言，经济贫困是导致社会动荡的根源，但是经济发展并不必然造就社会稳定。发达资本主义国家的经济发展成就有目共睹，但却造成了收入差距拉大和财富分配的严重不均，并成为社会不稳定的重大诱因。以美国为例，20世纪70年代以来美国收入基尼系数持续上升，2013年达到0.46的历史最高水平；财富基尼系数从2009年的0.81上升到2017年的0.85。目前美国居民超过70%的财富掌握在10%的人手中，前1%更是掌握了超过30%的财富。[2] 美国中产阶级正在萎缩，社会财富被少数人掌控，下层民众的愤懑和仇恨以各种各样的方式爆发。需要警惕的是，经济发展未能造就社会稳定的现象并不仅仅存在于某一个国家中，而逐渐成为一种在世界扩展的现象。因

---

[1] 习近平：《扎实推进共同富裕》，《求是》2021年第20期。
[2] 艾坤猛：《美国的贫富差距有多大　美国的贫富差距现状分析》，2019年8月29日，中亿财经网（http://gupiao.zhongyi9999.com/20190829/2123474375008.html）。

此，就发展的普遍诉求而言，共同富裕不仅对一个民族或国家的发展具有长远的价值，还对于世界发展具有重要的意义。

从世界范围的国际交往而言，贫富分化正在加速国际政治经济秩序的不公正现象。20世纪以来资本全球加速流动成为自由主义国际秩序的重要特征。资本的本性是逐利，在资本逻辑的统治下，人们的交往关系被物质利益的需要所钳制，人的社会交往关系如此、国与国的政治交往关系也是如此。在资本的魔杖指挥下，国际政治经济秩序仅仅服务于经济精英集团的利益。资本有一个显著特征就是流动性大，即按照资本拥有者的生产意愿（willingness to produce）"用脚投票"。由于"利字当头"和"流动性意愿"，资本集团或跨国公司推动着国际游资的形成，并影响着贸易自由化、生产全球化和金融活动全球化。资本流动国际化往往以美国经济学家曼瑟·奥尔森（Mancur Olson）所指出的"流寇"（roving bandit）形式发生作用，即流动性大、贪婪地、最大限度地攫取当地资源而缺乏生产性投资意愿。随着全球贸易和全球生产体系的形成以及跨国公司及其资本的不断扩展，发展中国家在经济全球化中面临着巨大冲击，不仅造成了国家之间的市场竞争和民族冲突日益激烈和尖锐；而且由于少数大国操纵世界经济事务，国际政治经济交往的平等互利原则和国际间的合作屡遭破坏；还导致了局部地区的民族摩擦、经济危机以及政治经济的震荡，加剧了国际政治经济的不稳定性和不确定性。

无论从国家范围内的经济发展还是国际政治经济交往看，共同富裕的愿望和实践正成为一种价值共识，中国特色社会主义对"共同富裕"的谋划与行动，正在确立一种可供借鉴的消解贫富分化的示范。

首先，中国特色社会主义的共同富裕是一种符合发展规律的理性设计，这种设计将经济发展与社会稳定有机协调起来。其一，共同富裕是普遍富裕，但这种普遍富裕不是同等富裕，不可能靠现有财富的平均分配来实现。邓小平指出："我们坚持社会主义道路，根本目标是共同富裕，然而平均发展是不可能的。过去搞平均主义，吃'大锅饭'，实际上是共同落后，共同贫穷，我们就是吃了这个亏。"[①] 共同富裕所体现的社会公平，不是全体社会成员在财富占有上的绝对平均，而是在生活普遍

[①] 《邓小平文选》第3卷，人民出版社1993年版，第155页。

富裕基础上的差别富裕。其二，共同富裕是公有基础上的共享。社会主义是公有而不是共有、是共享而不是共产。共享是马克思对未来社会公平的憧憬，他在《资本论》中对资产阶级剥削现象进行批判的价值旨意，就是要建立一个共享的社会。共享不是利益均沾，而是社会成员平等拥有经济、社会、政治、文化权利，平等享有基本社会福利，平等拥有自身发展机会，使每一个人获得归属感、参与感、包容感、认同感，从而造就"每个人的自由发展是一切人的自由发展的条件"的社会状态。其三，共同富裕是符合规律的实现过程。共同富裕不是同时、同步的富裕，而是一个发展的过程，是量变与质变的有机统一，是由少数人到多数人、由局部到全局的实现过程。邓小平对此做出了明确阐释："共同富裕的构想是这样提出的：一部分地区有条件先发展起来，一部分地区发展慢点，先发展起来的地区带动后发展的地区，最终达到共同富裕。如果富的愈来愈富，穷的愈来愈穷，两极分化就会产生，而社会主义制度就应该而且能够避免两极分化。"[1]

其次，中国特色社会主义的共同富裕实践为世界各国实现经济发展与社会稳定提供了范例。其一，中国特色社会主义共同富裕开辟了市场经济与社会主义制度相结合的新道路，为世界经济形态贡献了新形式、拓展了新空间。实践证明，中国在共同富裕的实践探索中不仅改变了一元板结型的"社会经济结构"，而且建立了市场、社会、国家多元互动型的社会经济结构；通过建设和逐渐完善社会主义市场经济体系，让大多数社会成员共享现代化福利；使社会生产力的发展要求与最大多数劳动者的利益相一致。改革开放四十多年，中国共同富裕实践取得了伟大成就，"十三五"时期中国经济实力、科技实力和综合国力跃上新台阶，2020年国内生产总值历史上首次突破100万亿元，经济总量稳居世界第二，人均GDP连续两年超过1万亿美元，稳居中等偏上收入国家行列。[2] 尤其是2021年中国脱贫攻坚任务宣告取得全面胜利，提前十年实现联合国2030年可持续发展议程的减贫目标，对世界减贫贡献率超70%，书写

---

[1] 《邓小平文选》第3卷，人民出版社1993年版，第374页。
[2] 《我国经济总量首次突破100万亿元 发展跃上新台阶》，《人民日报》2021年2月28日。

了人类减贫史上新的辉煌篇章。其二，中国特色社会主义的共同富裕有效避免了"中等收入陷阱"，为发展中国家提供了可以借鉴的范例。中国致力于改变政策措施使增长与环境可持续性更好地匹配，重视绿色增长，发展低碳经济；加强科技创新，提高劳动力素质；改变城乡二元结构，激发劳动力能量；倡导"民富为先、民生为本"，积极改善民生，扩大中等收入群体，共享改革红利。其三，中国特色社会主义的共同富裕破解了"有增长无发展""无未来增长"与"无根发展"等怪圈，正在逐渐实现由"物本发展"向"人本发展"、由"黑色发展"向"可持续发展"、由"经济增长"向"价值自信"的转变。概而言之，共同富裕不仅是中华民族伟大复兴的必然选择，也已成为当今世界发展的重要主题。

最后，中国反垄断、反不正当竞争、防止资本无序扩张、反对国际政治经济秩序不公正现象的努力，对于世界和平与发展具有重大的现实价值。对于国内发展，2020年12月11日召开的中共中央政治局会议提出要"反垄断和防止资本无序扩张"以维护经济体健康。对于国际发展，中国积极与经济霸权主义、强权国家的经济安全泛化等现象做积极斗争，致力于维护国际政治经济秩序稳定良性的运行。在百年未有之大变局下，霸权国家不仅一如既往地奉行国家利己主义追逐政治经济利益的最大化，而且新推出以"维护国家经济安全"为伎俩对其他国家进行经济打压，如推出单边主义经济安全政策、"退群"、单边制裁、加征高额关税、技术封锁、科技脱钩等，致使国际经济贸易原则遭受破坏、国际经济交往信任度急剧下跌、国际经济发展陷入困境。中国作为负责任的大国，一方面全面提高对外开放水平，建设更高水平的开放型经济新体制；另一方面积极参与国际经济对话协商，为建设公平公正的国际政治经济秩序贡献智慧。

二 进一步彰显社会主义的价值使命

共同富裕是辨析当代社会生产关系性质和批判资本主义的有力武器。马克思恩格斯《德意志意识形态》中最早对生产关系进行了剖析，并将"一定历史发展形态的生产方式以及与之相适应的社会生产关系和人们之间的交往关系"作为政治经济学的研究对象，从而将政治经济学建立在唯物主义历史观的基础之上。资本主义生产关系的实质是以生产资料私

第五章 共同富裕：社会正义的中国实践及其发展启示

有制为基础的雇佣劳动制度，这就决定了共处于一个社会制度形态中的资产阶级和无产阶级是对立的两种力量。在这种社会共同体中，每一个成员"不是作为个人而是作为阶级的成员"处于共同利益所制约的共同关系之中，[1] 他们无法控制自己的生存条件和社会全体成员的生存条件，无法控制个人的自由发展和运动的条件。"由于这种共同体是一个阶级反对另一个阶级的联合，因此对于被统治的阶级来说，它不仅是完全虚幻的共同体，而且是新的桎梏。"[2] 工人阶级要获得真正的自由、平等、人权，只有摆脱被剥削被压迫的生产关系的束缚，即推翻资本主义制度。

基于资本主义生产关系的批判性认识，共同富裕作为生产关系的一种崭新价值诉求，自然应该成为社会主义发展的价值使命。生产关系的性质是社会主义与资本主义相区别的标志，并且决定了不同社会制度的进步性。共同富裕在资本主义生产关系中是不可能萌发和实现的，因为在资产阶级的丰裕及其对其他社会成员生存条件的控制下，没有公平正义可言，也就不可能有社会成员的相互联合。只有在消除了剥削与被剥削的社会主义制度下——每个人的生存条件真正掌握在自己手中——才能实现，即"在真正的共同体的条件下，各个人在自己的联合中并通过这种联合获得自己的自由"[3]。马克思恩格斯指出，共产主义是推翻资本主义生产关系和交往关系的崭新的运动，共产主义"实质上具有经济的性质，这就是为这种联合创造各种物质条件，把现存的条件变成联合的条件"[4]。社会主义把创造这种"联合的条件"作为自己的使命，中国特色社会主义将这种使命具体化和形象化为实现"共同富裕"，即"社会主义的目的就是要全国人民共同富裕，不是两极分化。如果我们的政策导致两极分化，我们就失败了；如果产生了什么新的资产阶级，那我们就真是走了邪路了"[5]。中国共产党人深刻认识到，"社会主义的特点不是穷，而是富。但这种富是人民共同富裕"[6]。这正是社会主义的优越性

---

[1] 《马克思恩格斯选集》第1卷，人民出版社1995年版，第121页。
[2] 《马克思恩格斯选集》第1卷，人民出版社1995年版，第119页。
[3] 《马克思恩格斯选集》第1卷，人民出版社1995年版，第119页。
[4] 《马克思恩格斯选集》第1卷，人民出版社1995年版，第122页。
[5] 《邓小平文选》第3卷，人民出版社1993年版，第111页。
[6] 《邓小平文选》第3卷，人民出版社1993年版，第265页。

所在。

贫穷不是社会主义,共同富裕是社会主义的本质特征和本质要求,为我们评价、选择和认同社会主义提供了一种独特的价值基础。实现共同富裕,不仅彰显着社会主义制度优越性,也凸显着与西方国家制度相形的比较优势。

三 进一步展示人类发展的正义关切

习近平在纪念马克思诞辰200周年大会上的讲话中指出:"我们要站在世界历史的高度审视当今世界发展趋势和面临的重大问题……同各国人民一道努力构建人类命运共同体,把世界建设得更加美好。"[①] 共同富裕不仅仅是在世界范围实现物质的丰裕,更重要的是在此基础上实现世界历史的真正转化,向着"自由人联合体"的美好状态迈步。

从人类发展的价值视域看,共同富裕既为建构人类命运共同体的价值认同提供了可行路径,也为实现人类美好发展提供了更高的价值目标。构建人类命运共同体何以可能?一方面,人类命运共同体以"共同利益"为基础,共同富裕从实现"共同利益"的层面为构建人类命运共同体提供支撑。中国向来主张国际社会的合作共赢,即"要倡导人类命运共同体意识,在追求本国利益时兼顾他国合理关切,在谋求本国发展中促进各国共同发展,建立更加平等均衡的新型全球发展伙伴关系,同舟共济,权责共担,增进人类共同利益"[②]。"共赢"即是互利以及互利基础上的利益最大化,是共同富裕的实现。另一方面,人类命运共同体以"共同价值"为动力。共同富裕不仅仅以人类利益的增加为目的,还以共同发展和共同美好为追求,促进人类整体的发展应该成为共同富裕的价值关切。在马克思历史唯物主义和实践唯物主义的视域中,对"类本质"的自觉、"人类社会"的共同体意识、"自由联合体"的构想,呈现出一种深沉的"世界意识"。这种"世界意识",是对人类生存和发展的全球性

[①] 习近平:《在纪念马克思诞辰200周年大会上的讲话》,人民出版社2018年版,第22—23页。

[②] 胡锦涛:《坚定不移沿着中国特色社会主义道路前进 为全面建成小康社会而奋斗——在中国共产党第十八次全国代表大会上的报告》(2012年11月18日),人民出版社2012年版,第47页。

观照，为我们致力于解决全球收入不平等、贫富分化严重等问题提供了理性支持。从此意义而言，实现人类社会的"共同富裕"作为人类命运共同体建构的重要价值使命，正创新性地"书写"着马克思所言的当代"世界历史"。

在实现共同富裕的实践中，中国道路充分展现了人类发展的正义价值关切。在有目共睹的国际政治经济实践中，中国积极参与国际经济金融体系改革，积极推进全球治理机制进一步完善，为世界经济健康稳定增长提供智慧；中国向来坚持通过对话协商与和平谈判妥善解决矛盾分歧，维护相互国际关系发展大局；中国努力创造更多合作机遇，让发展成果更好惠及各国人民，为促进世界经济增长努力贡献力量；中国努力促进开放包容，把世界多样性和各国差异性转化为发展活力和动力。

此外，在实现共同富裕的实践中，探索形成的"共富精神"为促进人类命运共同体建构注入精神动力。所谓的"共富精神"，即以共创、共生、共享、共富、共赢为核心要义的发展精神。在和平与发展仍然是世界共同主题的今天，实现共同富裕已然成为世界经济新发展的新追求和新目标，强调坚持"公平正义"以维护经济安全、坚持"包容创造增长"以促进经济增长、拒绝"丛林法则"以维护经济体健康的"共富"伦理原则，将为实现人类命运共同体提供持续的价值动力。如此，共同富裕将成为通向"各美其美、美人之美、美美与共、天下大同"的实践路径。

共同富裕是社会主义的本质要求，是中国式现代化的重要特征。[1] 从价值视域阐释和理解共同富裕的历史唯物主义真谛，共同富裕的中国目标乃是促进国家富强、促进社会公平正义、促进人的全面发展；与此同时，在当代世界发展中，共同富裕的中国式示范将为整个世界和人类最终挣脱"发展困境"——"物的世界的增值同人的世界的贬值成正比"[2]、物质财富的增长以牺牲大多数人的全面发展为代价——启示前进的方向。

---

[1] 习近平：《扎实推进共同富裕》，《求是》2021年第20期。
[2] 《马克思恩格斯文集》第1卷，人民出版社2009年版，第156页。

第六章

实现共同富裕与促进人的全面发展的战略定位

共同富裕是一项顺应中国新发展阶段的新发展要求和新发展规律的重大发展战略。习近平在《正确认识和把握我国发展重大理论和实践问题》一文中强调指出要"正确认识和把握实现共同富裕的战略目标和实践途径",共同富裕是中国特色社会主义的本质要求,"实现共同富裕的目标,首先要通过全国人民共同奋斗把'蛋糕'做大做好,然后通过合理的制度安排正确处理增长和分配关系,把'蛋糕'切好分好。这是一个长期的历史过程,我们要创造条件、完善制度,朝着这个目标稳步迈进"。[①] 共同富裕路子应当怎么走?这是一个正在进行探索的课题,而关于共同富裕促进人的全面发展的战略选择和实施策略则是切关宏旨的重要问题。

第一节 "可持续发展能力"嵌入式共同富裕:一种实践分析框架

"可持续发展能力"是在"可持续生计"(sustainable livelihoods)与"可行能力"两个切关社会与人的发展概念内涵的基础上,对共同富裕促进人的全面发展的一种状态描述。如果说富裕是可持续生计的一种追求,那么可行能力则是人的发展进步的状态。以"可持续发展能力嵌入式共同富裕"作为实现共同富裕的模式选择,旨在强调"可持续生计促进共

[①] 习近平:《正确认识和把握我国发展重大理论和实践问题》,《求是》2022年第10期。

第六章 实现共同富裕与促进人的全面发展的战略定位

同富裕""可行能力确证人的发展"两个方面的有机融合。

一 何为"可持续发展能力"

"可持续发展能力"作为一种社会发展动力,是"可持续生计"优化与"可行能力"激发的有机统一,"可持续生计"关涉共同富裕的实现,"可行能力"关涉人的发展问题。

(一)可持续生计及其目标

20世纪80年代末,世界环境与发展委员会最早提出"可持续生计"。联合国《21世纪议程》提出"使所有人民都有可持续的生计的长期目标"。"可持续生计"的提出,最初是源于对贫困问题及其防治的需要。如何从发展生计的角度解决贫困问题,不是头痛治头脚痛治脚的解决方式,而是一种寻根问底的治本方式。所谓"可持续生计",主要指谋生能力,或获得收入的活动,或持续性资产和能力,质言之,可持续生计实质上是可持续生计能力的实现。可持续生计的获取是多种因素的共同的促进。1999年,英国学者伊恩·斯库恩斯(Scoones)最早提出生计分析框架,他认为一个完整的生计维持系统包括能力、资产(包括物质资源和社会资源)以及维持生活所必需的活动,并将生计资本分为自然资本、金融资本、人力资本和社会资本。[1] 2000年,英国国际发展机构(DFID)建立了可持续生计框架(SLF)模型,该分析框架认为,资本能够影响可持续生计,并把影响可持续生计的资本划分为五种类型,包括自然资本、人力资本、金融资本、物质资本和社会资本等。[2](见图6-1)

可持续生计分析由原来的重在理论构建,后来逐渐转向了实践,成为操作层面运用的分析工具,其运用范围也在逐渐扩展,而不仅仅只是为了解决贫困问题。2001年,联合国开发计划署UNDP建立了生计安全框架,[3]如何发展以及如何实现更好的发展问题,成为生计安全关注的目标。

可持续生计的目标是逐级、立体式发展的。其一,可持续生计首先

---

[1] Scoones I., Sustainable Rural Livelihoods: A Framework for Analysis, Brighton: Institute of Developing Studies, Working Paper 72, 1998, 1 – 22.

[2] DFID., Sustainable Livelihoods Guidance Sheets, DFID, London, 2001.

[3] Lasse K., *The Sustainable Livelihood Approach to Poverty Reductio*, Stockholm: Swedish International Development Cooperation Agency, 2001, pp. 42 – 98.

下篇 共同富裕与人的全面发展的实践研究

Sustainable livelihoods framework

Key
H=Human Capital S=Social Capital
N=Natural Capital P=Physical Capital
F=Financial Capital

VULNERABILITY CONTEXT
• SHOCKS
• TRENDS
• SEASONALITY

LIVELIHOOD ASSETS

Influence & Access

POLICIES, INSTITUTIONS AND PROCESSES
STRUCTURES
Levels of government
Private sector
Laws
Policies
Culture
Institutions
PROCESSES

LIVELIHOOD STRATEGIES

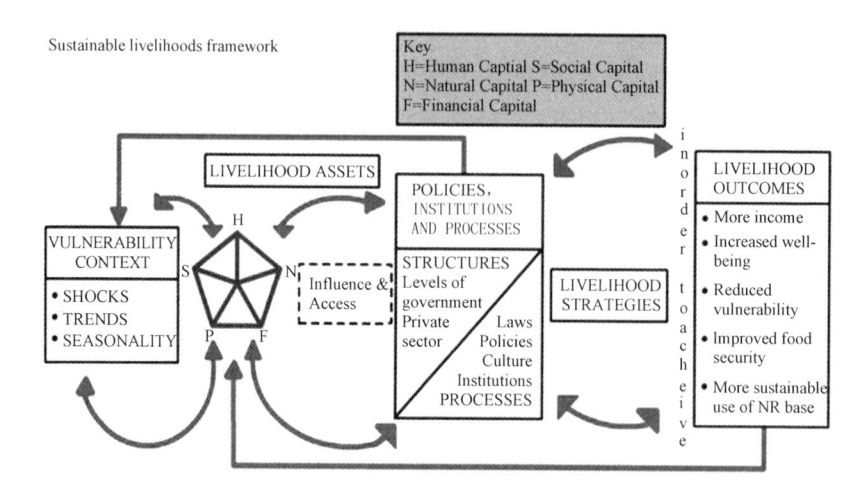

in order to achieve

LIVELIHOOD OUTCOMES
• More income
• Increased well-being
• Reduced vulnerability
• Improved food security
• More sustainable use of NR base

图 6-1 英国国际发展机构（DFID）：可持续生计分析框架

要解决的是生存生计的问题。"生计"一词最初的含义即赖以谋生的产业或职业，或谋取生活和维持生活的办法。化解生存、解决基本生活，是可持续生计的基础性要求。当某些地域（如贫困山区、农村）、某些群体（如农民、弱势群体）面临这样的生存问题——原有生计难以维持生存生活、现有生计遭到自然灾害或人为灾难破坏、替代性生计尚未成熟（如扶贫措施、扶贫政策、扶贫工程的实施尚未见效）、生态资源的"公共地悲剧"严重等，这个时候就需要做出可持续生计的思考和设计，尽快解决生存生活问题。其二，可持续生计要解决发展生计的问题。在解决了基本的生存和生活基础上，生计还必须保持一种长久预期和长期发展的态势，着眼于长期的发展。发展最重要的任务在于创造更好的环境让人们发挥自身能力，可持续生计就是要致力于推动一种整体的发展和长期的发展。其三，可持续生计要解决生计公平的问题。所谓生计公平，就是强调发展要实现全面协调，坚持统筹兼顾，注重公平正义，尤其要查缺补漏、扶弱济贫，加强薄弱区域、薄弱领域、薄弱环节的发展，形成平衡的发展结构，并保持强劲的发展后劲。其四，可持续生计还要实现共同富裕。生计公平强调推动全面协调发展，其目的是实现共同发展、共享发展，让每个人都有出彩的机会，让全体人民实现共同富裕。因此，可持续生计在提高经济结构整体水平和经济发展持续能力，实现高质量发展、高效益发展、融合发展、共享发展的基础上，要着力推动区域协调、城乡协调、物质文明和精神文明协调，实现共同富裕。也就是说，可持续生计的"可持续性"必然要超越生存和生活的基础层面要求，追求更高质量、更高水平、更加富裕的美好生活。

概而言之，就"可持续生计"的内涵而言，它成为"可持续发展能力"的一个重要因素，可持续生计优化成为社会发展的重要动力因素，使得共同富裕有了动力源泉。

（二）"可行能力"及其实现条件

"可行能力"是从主体角度对发展能力的考量，或者说可行能力就是人的促进发展的主体能力。可行能力既决定了发展可持续性，也决定了发展的质量和共同富裕的实现。

其一，可行能力是抗逆力的基础上形成的发展能力。人的可行能力是可持续生计的重要途径。可持续生计尤其是减贫生计，原本是出于探寻消除贫困的一种方案设计或重要途径，即消除脆弱性。英国学者罗伯特·钱伯斯（Robert Chambers）建立了"脆弱性—抗逆力"的可持续生计二维框架。他认为脆弱性有两个因素，从主体内部而言表现为抗击力，从主体外部而言表现为风险因素，[1] 并认为提高主体（个人和家庭）的抗风险能力是减少脆弱性的关键。自从"脆弱性—抗逆力"的可持续生计框架提出之后，如何增强主体的抗逆力成为发展的重要途径，同样地，作为高质量发展的共同富裕的实现，主体的抗逆力也显得尤为重要。

所谓"抗逆"，就是主体能够理性地做出建设性、正向的选择去积极应对逆境。"抗逆力"是个人的一种能力，能够使人身处恶劣环境也能够处理不利的问题并获得积极的结果。抗逆力的获得是一个过程，既可以通过学习而获得也可以通过实践不断增强。抗逆力不仅反映一个人应对困难的心态健康与否，更反映一个人应对逆境的能力大小。一般而言，抗逆力有三个构成要素。一是外部支持因素，就是在生活环境中与他人交往时形成一种交互作用，他人对我的帮助可以增强抗逆力，例如积极的人际关系、和谐的环境支持、良性的规范制度等。二是内在优势因素，主要是个体拥有的素质因素。如个人良好的形象、积极乐观的心态、坚

---

[1] Robert Chambers, Gordon Conwa, *Sustainable Rural Livelihoods: Practical Concepts for the 21st Century*, IDS Discussion Paper 296, Brighton England: Institute of Development Studies, 1991.

持不懈的精神、顽强勇敢的意志等。三是效能因素，主要就是个人所拥有的能力，如人际交往能力、情绪控制和管理能力、分析问题和解决问题能力、目标制定和执行能力等。

其二，可行能力是一种达致自由状态的发展能力。阿玛蒂亚·森认为，反贫困的终极动机绝不是仅仅停留在减少收入贫困上，如何实现人的基本权利和发展人的可行能力才是反贫困的根本之策，因为能力的平等是正义的实质表现。[①] 他指出，"一个人的可行能力指的是此人有可能实现的、各种可能性的功能性活动组合。可行能力因此是一种自由，是实现各种可能功能性活动组合的实质自由"[②]。可行能力的实质就是"免受困苦（诸如饥饿、营养不良、可避免的疾病、早亡之类）的基本可行能力以及能够识字算数、享受政治参与等等的自由"[③]。从此而言，可行能力不仅表征着自由的特性，也标志着自由的实现程度，也就是说，自由做人的发展目标最终聚焦于人的可行能力。

与马克思将人的自由全面发展作为人类发展终极关怀的主张相一致，阿玛蒂亚·森也将人的自由全面发展作为人类发展的最终目标，将可行能力指向人的全面自由发展。发展以实现人的真正自由为目标，如此，如何建立"一个以人为中心的社会发展框架"以系统全面的扩展主体自由，就成为了获致可行能力的重要途径。以自由看待发展，就是将平等、权利、正义等价值嵌入发展中，而这样的发展动力在于促进主体的可行能力的提升。

总而言之，对"可行能力"的探究，实质上就是从主体角度对实现共同富裕的主体力量做出考察。没有可行能力的提升，就没有发展的自由实现，也就没有实现富裕的动力，也就无法保障共同富裕。

二 "可持续发展能力"嵌入式共同富裕

"可持续发展能力"是建立在可持续生计基本完成的基础上，以追求

---

① Amartya Sen, *The Idea of Justice*, The Belknap Press of Harvard University Press Cambridge, Massachusetts, 2009, p. 232.

② ［印度］阿玛蒂亚·森：《以自由看待发展》，任赜、于真译，刘民权、刘柳校，中国人民大学出版社2002年版，第62—63页。

③ ［印度］阿玛蒂亚·森：《以自由看待发展》，任赜、于真译，刘民权、刘柳校，中国人民大学出版社2002年版，第30页。

第六章　实现共同富裕与促进人的全面发展的战略定位

可行能力为目标的发展能力，可持续发展能力是实现共同富裕的物质性动力和精神性动力的有机统一。

从物质性动力来理解，可持续发展能力一方面是物质增长的能力，另一方面则是对资源掌控和利用的能力。可持续发展能力的目标是多元的，就可持续生计而言除了收入增加、脆弱性减少和福利提升之外，更重要的是自然资源的可持续利用，[1] 例如，美国学者 Lienert, J. 等人认为自然资源中的生态资源对于增进幸福感具有积极的作用。[2]

从精神性动力来理解，可持续发展能力是实现积极自由的能力。英国学者以赛亚·伯林（Isaiah Berlin）认为：消极自由即回答"主体（一个人或人的群体）被允许或必须被允许不受别人干涉做他有能力做的事、成为他愿意成为的人的那个领域是什么"[3]。积极自由则回答："什么东西或什么人，有权控制或干涉，从而决定某人应该去做这件事、成为这种人，而不应该去做另一件事、成为另一种人。"[4] 消极自由与积极自由二者是两种完全不同的人的发展状态，消极自由只是"被允许"的状态，而积极自由则是"能自主"的状态。

可持续发展能力如何嵌入实现共同富裕的全过程？共同富裕是一个共建、共用、共生、共赢的过程，可持续发展能力就是与这四个环节的有机契合（见图6-2）。

在共建环节中，集合了目标约束、整体规划、组织协调三个目标任务。可持续发展能力的共建目标是一个多目标构成的体系，包括经济效益目标和社会效益目标。经济效益目标就是在可持续生计实施的过程中投入与支出的比较，获得更多利益成果，如劳动就业效益、分配效益等。

---

[1] John Farrington, Diana Carney, et al., *Sustainable Livelihoods in Practice: Early Applications of Concepts in Rural Areas*, Natural Resource Perspectives, Number 42, June, London: Overseas Development Institute, 1999.

[2] Lienert, J. and P. Burger, "Merging Capabilities and Livelihoods: Analyzing the Use of Biological Resources to Improve Well-being", *Ecology and Society*, Vol. 20, No. 2, 2015, p. 20, 2015年10月20日, http://www.ecologyandsociety.org/vol20/iss2/art20/?qqdrsign=054a6。

[3] ［英］以赛亚·伯林：《两种自由概念》，胡传胜译，节选自《自由论》，译林出版社2003年版，第189页。

[4] ［英］以赛亚·伯林：《两种自由概念》，胡传胜译，节选自《自由论》，译林出版社2003年版，第212页。

```
┌─────┐      ┌────┐  ┌──────────────────────┐  ┌────┐  ┌────┐  ┌────┐
│ 可  │      │共建├─►│目标约束、整体规划、组织协调├─►│合理├─►│    │  │    │
│ 持  │      └────┘  └──────────────────────┘  └────┘  │实  │  │人  │
│ 续  │      ┌────┐  ┌──────────────────────┐  ┌────┐  │现  │  │的  │
│ 发  │─嵌入►│共用├─►│资源开发、投资导向、文化共建├─►│公平├─►│共  │◄►│全  │
│ 展  │      └────┘  └──────────────────────┘  └────┘  │同  │  │面  │
│ 能  │      ┌────┐  ┌──────────────────────┐  ┌────┐  │富  │  │发  │
│ 力  │      │共生├─►│利益分配、财富导向、行为监督├─►│持续├─►│裕  │  │展  │
│     │      └────┘  └──────────────────────┘  └────┘  │    │  │    │
│     │      ┌────┐  ┌──────────────────────┐  ┌────┐  │    │  │    │
│     │      │共赢├─►│矛盾协调、合作交流、信息共享├─►│和谐├─►│    │  │    │
└─────┘      └────┘  └──────────────────────┘  └────┘  └────┘  └────┘
```

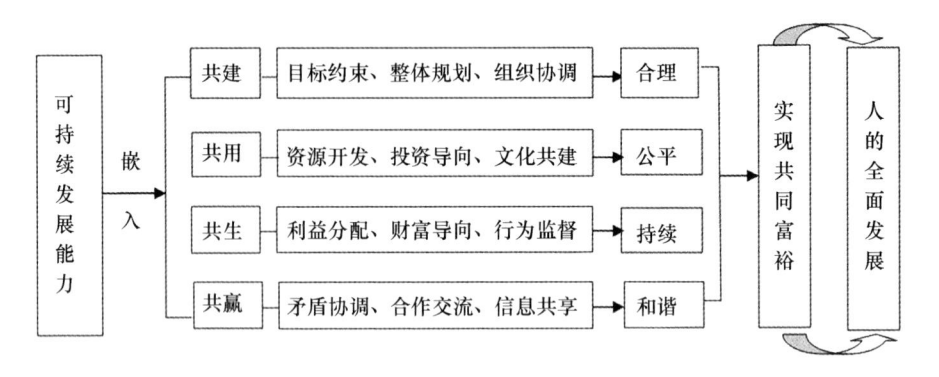

图 6-2 可持续发展能力嵌入共同富裕的基本模式

社会效益目标就是可持续生计活动对社会环境的影响，如生态环境保护与优化、社会环境的良性运行、社会氛围积极向上。整体规划就是对可持续发展能力在经济社会发展中如何实现、如何提升进行规划，实现统筹协调。整体规划一是要对整个国家、区域、地区、城市等发展进行不同层次的全面规划。二是在此基础上进行明确各层次的发展方向、做出功能定位，以实现发展格局优化。三是明确规划重点和具体内容，落实具体实施方案。组织协调就是建立组织协调制度、推进相关规划的协调开展，将各种政策制度、规划理念、指令体系变成具体实施，实现共建过程的合理化。可持续发展能力在共建过程中的展现，为实现共同富裕做好了目标、规划和组织的准备。

在共用环节中，可持续发展能力的生成主要是解决发达与后发两种发展状态的协调，改变传统发展模式、消除旧制度的约束阻力。其中，资源开发、投资导向、文化共建是三个比较重要的手段，其最终目标是要实现发展的公平问题。如何提升可持续发展能力？一是要改变传统发展模式在资源开发方面的不合理性。传统发展模式在资源开发方面的主要特征是"立足资源搞开发""靠山吃山、靠水吃水""短期利益行为"，对实现共同富裕造成极大的阻力。二是要消除旧制度的约束阻力，为可持续发展能力的提升和实现共同富裕创造良好的制度环境。一般而言，制度的约束阻力一是来自制度短缺，也就是经济社会发展缺乏紧跟一致的制度配套保障，从而未能为经济社会发展提供良好的制度环境；二是制度低效，现有制度未能实现资源合理高效配置，未能体现创新要求，因而影响经济社会发展。

改变传统发展模式、消除旧制度的约束阻力,为实现可持续发展能力创造发展空间和环境条件,是加快共同富裕的重要保障。

在共生环节中,可持续发展能力着眼的不仅是当代人的发展与富裕,还要考虑发展的可持续性,也就是说还要为代际发展做出考虑。希伦特兰(Brundtland)认为:"可持续发展是既满足当代人的需要,又不对后代满足其需要的能力构成危害的发展。"[1] 所谓共生,一方面是代内共享,就是当代人的发展共享,即任何人的发展不能损害其他人、其他地区和国家的发展;另一方面是代际共享,就是发展还要与下一代甚至下几代人形成良性的发展伦理关系。从这一个意义而言,可持续发展能力不仅是当代人发展共享的能力,还是一种代际传承的共享能力。如何实现共生以提升可持续发展能力,其主要的任务就是做好利益分配、财富导向、行为监督等,以实现发展长久的持续性。代内与代际共享,在时间维度上就是要关注"共时性"与"历时性"的平等公正。"共时性"共生关注的是利益主体的横向公平,"历时性"共生关注的是利益主体的纵向公平。世界环境与发展委员会的报告指出:"虽然狭义的自然可持续性意味着对各代人之间社会公正的关注,但必须合理地将其延伸到每一代内部的公正的关注。"[2] 显然,作为可持续发展能力的"可持续性"而言,当其他的利益主体(下一代或下几代)"不在场",如何提升可持续发展能力更显必要。

在共赢环节中,可持续发展能力体现出一种社会发展的实践效果,这种实践效果表现为价值共识与实践共赢两个方面。一方面表现为高度的价值共识。价值共识的形成不是一蹴而就的,它包括三个要素:(1)公正平等的经济秩序。在经济社会发展过程中,民众越来越形成一个共识,就是公正平等的经济新秩序是实现共同富裕的重要条件。按照"共同并有区别"的原则,发达省份和地区有责任援助和支持落后的省份和地区,落后的省份和地区有责任以积极的态度和实干的精神解决自身的问题,为实现共同富裕承担相应的责任。(2)多元宽容的和谐精神。本着尊重实际、尊重差

---

[1] 世界环境与发展委员会:《我们共同的未来》,王之佳译,吉林人民出版社1997年版,第52页。

[2] 世界环境与发展委员会:《我们共同的未来》,王之佳译,吉林人民出版社1997年版,第53页。

异、取长补短、求同存异的原则谋求共同发展，应该是先富和后富群体达成基本和谐。(3)共生共存的可持续发展观念。如何寻找发展利益的契合点、消除分歧、减少摩擦，营造不同发展区域共生共存的良好发展环境，成为可持续发展、达致共同富裕的认识支撑。另一方面表现为富有成效的实践共赢，它包括四个方面的要求：(1)矛盾协调。既包括某个区域内发展的矛盾问题协调，也包括不同区域（发达与落后区域）之间的矛盾问题协调，都应该成为共同富裕实践面临的共同任务和共同责任。(2)协商民主。本着共同富裕"全国一盘棋"的认识，不同的民众个体、组织、团体、部门、政府都应该广泛参与、共谋发展、协商共进，以推进共同富裕的全国实践。美国学者乔治·M.瓦拉德兹所指出的："协商过程的政治合法性不仅仅出于多数的意愿，而且还基于集体的理性反思结果，这种反思是通过在政治上平等参与和尊重所有公民道德和实践关怀的政策确定活动而完成的。"[1] 协商民主应该成为实现共同发展的重要政治观念。(3)合作平台建设与利用。全国性的经济合作论坛、博览会、跨领域对话合作等方式的平台建设，对于加强合作、共商发展具有重要的意义。(4)信息交互。信息交互主要就是加强沟通、促进信息资源共享、提供创新机会，为探索共同富裕的地区特色之路提供信息资源支撑。

"可持续发展能力"嵌入式共同富裕，既是一个有待完善的理论范式，也是一个有待在实践中不断改进的实践模式，但是其目的是清晰的：就是通过发展能力的提升，使得共同富裕保持一种强劲的可持续发展态势，为真正实现共同富裕提供一种可行范式。

第二节　实现共同富裕与促进人的全面发展的S、W、O、T因素

SWOT分析方法又称为态势分析法，作为一种战略分析方法，就是对被分析对象的优势、劣势、机会和威胁等进行综合评估与分析。S代表strength（优势），W代表weakness（劣势），O代表opportunity（机会），T代表threat（威胁）。其中，strength（优势）和weakness（劣势）是内

---

[1] [美]乔治·M.瓦拉德兹：《协商民主》，《马克思主义与现实》2004年第3期。

部因素，opportunity（机会）、threat（威胁）是外部因素。运用SWOT分析方法对实现共同富裕的全国和浙江省共同富裕示范区建设的实践状况做出分析，旨在解决如何发挥优势、抓住机会、改变劣势、消除威胁等问题，更好地实现共同富裕，进而促进人的全面发展。

一 全国范围实现共同富裕与促进人的全面发展的S、W、O、T因素

从全国范围看，实现共同富裕与促进人的全面发展的S、W、O、T因素复杂多样，但又相互联系（见表6-1）。

表6-1 全国范围实现共同富裕与促进人的全面发展的S、W、O、T因素

优势（strengths）	劣势（weaknesses）	机会（opportunities）	威胁（threars）
*政治：建党百年的辉煌成就彰显党的集中统一领导 *经济：改革开放40多年的财富积累、世界第二大经济体、社会主义制度与市场经济有机结合 *文化：社会主义核心价值观深入人心、文化自信增强、思想精神凝聚团结、铸牢中华民族共同体意识 *社会：稳定有序、法治文明、公平正义有保障、民生显著改善、脱贫攻坚顺利完成 *生态：美丽中国建设上升为国家发展战略、生态文明建设初见成效、绿水青山也是金山银山形成共识	*城乡、区域经济发展不平衡 *贫富分化、利益矛盾问题突出 *统筹协调能力不足 *人口对资源、环境造成巨大压力 *落后产能影响区域经济协调发展 *人均GDP不高	*政策规划有保障 *党的十八大以来制度保障更完善、物质基础更坚实、精神力量更主动 *党中央高度重视国家治理体系和治理能力现代化 *全面建成小康社会、全面深化改革、全面依法治国、全面从严治党实现从布局—实施—成效转变 *"一带一路"建设注入新活力	*全球社会风险（如新冠肺炎疫情）破坏性影响巨大 *国际环境恶化、百年未有之大变局、西方强国的敌视 *受外部经济、政治、文化、军事介入因素的影响 *利益冲突诱发不稳因素 *社会怨恨一定程度存在

（一）实现共同富裕与促进人的全面发展的优势因素

实现共同富裕与促进人的全面发展表现在政治、经济、文化、社会、

生态五个方面。党的十八大对推进中国特色社会主义事业做出"五位一体"总体布局,并将这五个领域建设目标定位于全面建成小康社会、实现社会主义现代化和中华民族伟大复兴。五个方面的优势将对共同富裕及其实现人的全面发展具有巨大的促进作用。

一是政治建设优势。中国共产党领导是中国特色社会主义最本质的特征,是中国特色社会主义制度的最大优势。建党百年的辉煌成就确证了坚持党的集中统一领导、保持政治稳定、确保国家始终沿着社会主义方向前进的显著优势。政治优势为共同富裕及其实现人的全面发展提供了坚强的政治保障。

二是经济建设优势。改革开放40多年国民财富大量积累;2010年中国国内生产总值达到了40万亿元人民币,成为世界第二大经济体;社会主义制度与市场经济有机结合的优势逐渐显露。1978年与2018年中国经济发展的数据对比,可以感受改革开放给中国社会经济发展带来的巨大变化:从1978年到2018年,GDP从0.3645万亿元增长到90.03万亿元;人均国内生产总值从385元增长到64644元,年均增长约9.5%,已经达到中等偏上收入国家水平;城镇居民人均可支配收入和农村居民人均可支配收入分别从343.4元、133.6元提高到39251元、14617元;农村贫困发生率从1978年的97.5%大幅下降到2018年的1.7%,远低于世界平均水平;居民受教育程度不断提高,九年义务教育全面普及,高等教育毛入学率2018年达到48.1%,高出世界平均水平近10个百分点;城乡居民健康状况显著改善,居民平均预期寿命2018年达到77岁,高于世界平均水平;建成了世界上最大的高速公路网、高铁运营网和移动宽带网,形成世界上人口最多的中等收入群体,织就了世界上最大的社会保障网,占世界经济比重15%左右,对世界经济增长贡献率超过30%,成为世界经济稳定复苏的重要引擎。[①] 经济发展所取得的巨大成就,为实现共同富裕和促进人的全面发展奠定了坚实的物质基础。

三是文化建设优势。主要表现就是培育和践行社会主义核心价值观深入全民人心;坚持马克思主义在意识形态领域的指导地位;加强党对

---

① 数据来源:国家统计局1978年度公报,2018年度统计公报,2019年5月15日,http://www.stats.gov.cn/。

意识形态工作的领导；中华优秀传统文化广泛弘扬，主旋律更加响亮，正能量更加强劲，文化自信得到彰显；全党全社会思想上的团结统一更加巩固。由于思想精神进一步凝聚、铸牢中华民族共同体意识进一步加强，实现共同富裕与实现人的全面发展有了充分的文化力量支撑。

四是社会建设优势。党的十九届四中全会对中国社会发展的优势做出了概括，即"坚持改革创新、与时俱进，善于自我完善、自我发展，使社会充满生机活力的显著优势"[①]。当前，中国社会稳定有序、法治文明进一步加强、公平正义有保障、脱贫攻坚顺利完成、民生显著改善、人民权利得到进一步彰显。社会发展的和谐稳定，为实现共同富裕和人的全面发展创设了良好的社会环境氛围。

五是生态建设优势。党的十八大将生态文明建设纳入"五位一体"国家发展战略；生态文明建设初见成效，各地环境整治成效显著；美丽中国建设积极促进生态资源的保护、开发和利用；"绿水青山也是金山银山"的生态文明观已经成为共识。合理开发利用自然资本成为实现共同富裕的重要任务，生态建设优势为实现共同富裕和实现人的全面发展提供了良好的生态资源环境。

（二）实现共同富裕与促进人的全面发展的劣势因素

实现共同富裕是一个系统复杂工程，促进人的全面发展是一个漫长渐进过程，在实现共同富裕与促进人的全面发展的实践中，尚存在着有待改进的劣势因素。

其一，城乡、区域经济发展不平衡。党的十九大将当前中国社会主要矛盾新变化概括为"人民日益增长的美好生活需要和不平衡不充分的发展之间的矛盾"。党的十九大报告同时指出，中国仍然存在发展不平衡、不充分的突出问题，发展质量和效益还不够高，创新能力还不够强，生态保护任重道远；民生领域还存在许多短板，人民群众在教育、医疗、就业、居住、养老等领域还面临许多难题。发展过程中存在较为突出的不协调、不匹配、不和谐的问题，影响共同富裕和人的全面发展的实现。

其二，贫富分化、利益矛盾问题突出。主要表现在社会各阶层发展

[①] 《中共中央关于坚持和完善中国特色社会主义制度　推进国家治理体系和治理能力现代化若干重大问题的决定》，人民出版社2019年版，第3页。

不平衡，阶层分化与固化同时存在，极少数权贵阶层占据绝大多数财富，造成社会较为严重的贫富不均，这是未来中国发展的最大隐患，也是实现共同富裕和人的全面发展的最大阻力。

其三，统筹协调能力不足。一些地方在发展中的工作谋划、整体部署、衔接沟通、整合协调和创新思维亟待加强。如城乡发展的统筹协调、发达地区与落后地区发展的统筹协调等有待改进。统筹协调能力不足的一个突出后果表现就是发展成果没有实现社会高度共享，社会向心力不足，没有形成全民共享共识，有效的制度安排有待完善。

其四，人口对资源、环境造成巨大压力。2021年第七次全国人口普查结果公布，全国人口共141178万人，与2010年第六次全国人口普查数据的133972万人相比增加了7206万人，增长了5.38%。[①] 显然，庞大的人口数量对资源及环境会造成巨大的压力。随着经济的快速发展，中国的人口、资源与环境等相关问题日益突出，成为制约经济健康发展和实现共同富裕的重要因素。三者的矛盾冲突主要表现在：人口膨胀和劳动力适龄人口数量庞大对经济发展造成巨大压力；资源与经济发展之间不协调，经济增长加大了对资源的消耗与浪费；经济活动对环境污染严重、自然生态持续恶化；恶化的生态环境不仅会反过来造成经济损失，还会对人的健康、生存和生活造成严重威胁。

其五，落后产能影响地方经济协调发展。从生产的技术水平看，落后产能主要指技术水平低于行业平均水平的生产设备、生产工艺等生产能力；从生产能力造成的后果看，主要指生产设备、生产工艺的污染物排放、能耗、水耗等技术指标高于行业平均水平的生产能力。尽管国家对落后产能采取了一系列关、停、整、治的措施，取得了巨大的成果，但是一些地方的水泥、造纸、印染、焦炭、炼铁、铁合金、制革等落后产能企业仍然没有得到有效整治，对地方经济发展造成不利影响。落后产能对于实现共同富裕没有可持续性的发展作用，也不可能对人的发展带来任何积极促进。

其六，人均GDP不高。2021年，中国经济规模突破110万亿元，达到114.4万亿元，人均GDP突破8万元达到80976元，GDP比上年增长

---

① 数据来源：第七次全国人口普查公报（第二号），2021年5月11日，国家统计局网站。

8.1%；人均 GDP 按年平均汇率折算达 12551 美元，超过世界人均 GDP 水平。[①] 尽管中国的人均 GDP 在 2019 年突破 1 万美元，但离发达经济体的标准还有较大的差距。2022 年 4 月，国际货币基金组织（IMF）公布了最新测算的 2021 年世界各国人均 GDP，欧美国家几乎垄断了人均 GDP 的第一梯队，如卢森堡人均 GDP 达到 136701 美元，爱尔兰达 99013 美元，瑞士达 93720 美元，挪威达 89090 美元，新加坡达 72795 美元，美国达 69231 美元，中国在世界排名中位于第 60 位。[②] 可见，达到真正的世界发达国家水平、真正的富裕，我们还有相当的距离。

（三）实现共同富裕与促进人的全面发展的机会因素

其一，政策规划有保障。改革开放之初，邓小平同志的"社会主义本质论"对共同富裕的实质与特征做出阐释，奠定了共同富裕的思想基础；社会主义市场经济建设、构建社会主义和谐社会，为实现共同富裕奠定了坚实的物质基础。党的十八大之后，中国开启了逐步实现全体人民共同富裕的新时代；党的十九大提出要"坚持以人民为中心的发展思想，不断促进人的全面发展、全体人民共同富裕"；党的十九届五中全会对扎实推动共同富裕做出重大战略部署；"十四五"规划和二〇三五年远景目标的建议提出：人的全面发展、全体人民共同富裕取得更为明显的实质性进展；《中华人民共和国国民经济和社会发展第十四个五年规划和 2035 年远景目标纲要》提出"制定促进共同富裕行动纲要"，并做出支持"浙江高质量发展建设共同富裕示范区"的决定。改革开放以来尤其是党的十八大以来一系列的政策和规划，不仅擘画了实现共同富裕的蓝图，也为实现共同富裕做出了积极的实践探索。

其二，党的十八大以来制度保障更完善、物质基础更坚实、精神力量更主动。在经济建设上，实现更高质量、更有效率、更加公平、更可持续、更为安全的发展；在全面深化改革开放上，中国特色社会主义制度更加成熟、更加定型；在政治建设上，社会主义民主政治制度化、规

---

① 数据来源：2021 年国民经济和社会发展统计公报，2021 年 2 月 28 日，国家统计局网站。

② 数据来源：《2021 年世界各国 GDP 排名》，国际货币基金组织（IMF），2022 年 10 月 20 日，http://114.xixik.com/gdp/。

范化、程序化全面推进，政治制度优越性得到更好发挥；在全面依法治国上，法治体系不断健全，法治中国建设迈出坚实步伐；在文化建设上，文化自信明显增强，全社会凝聚力和向心力极大提升，为新时代发展提供了坚强的思想保证和强大精神力量；在社会建设上，社会治理社会化、法治化、智能化、专业化水平大幅度提升。①

其三，党中央高度重视国家治理体系和治理能力现代化。2013年党的十八届三中全会首次提出推进国家治理体系和治理能力现代化；2019年党的十九届四中全会，对如何推进国家治理体系和治理能力现代化进行了具体布置。国家治理体系和治理能力现代化的推进，为实现共同富裕和人的全面发展提供了良政善治的环境秩序。

其四，全面建成小康社会、全面深化改革、全面依法治国、全面从严治党实现从布局—实施—成效转变。改革开放以来，中国共产党经过长期探索，于党的十八大以后明确提出"四个全面"战略布局。"四个全面"进一步明确了沿着中国特色社会主义道路前进的目标、动力、保障和领导方略，为实现共同富裕进行了全方位的部署。

其五，"一带一路"建设注入新活力。2015年3月28日，国家发展改革委、外交部、商务部联合发布了《推动共建丝绸之路经济带和21世纪海上丝绸之路的愿景与行动》，正式提出"一带一路"建设，即丝绸之路经济带和21世纪海上丝绸之路，其目标是要建立一个政治互信、经济融合、文化包容的利益—命运—责任共同体。"一带一路"建设积极倡导共商、共建、共享原则，为21世纪的国际合作带来新的理念，对于促进中国共同富裕实践打开了国际交流的大门。

（四）实现共同富裕与促进人的全面发展面临的威胁因素

我们面临的威胁既有全球性的和国际交往的风险、也有国内存在的各种问题。

一是全球社会风险（如新冠肺炎疫情）破坏性影响巨大。世界进入全球风险社会时代，各种难以预测、不同寻常的"黑天鹅事件"（Black

---

① 《中共中央关于党的百年奋斗重大成就和历史经验的决议》（2021年11月11日中国共产党第十九届中央委员会第六次全体会议通过），《人民日报》2021年11月17日第1版。

swan event)① 层出不穷。当前,中国也面临严重的国际经济、政治、军事等重大风险,"各种风险往往不是孤立出现的,很可能是相互交织并形成一个风险综合体"②。这些风险有可能成为实现共同富裕进程的阻碍甚至是破坏因素。

二是国际环境恶化、百年未有之大变局、西方强国的敌视。从2018年至今以美国为首的西方国家对中国的打压、2020年肆虐全球的新冠肺炎疫情对人类共同体的撕裂,使得世界局势风起云涌、风险挑战前所未有,当今世界正经历百年未有之大变局。国际环境和世界局势的恶化,对中国特色社会主义建设带来极大的困扰,也给共同富裕的战略实施造成极大的影响。

三是受外部经济、政治、文化、军事介入因素的影响。受国家利益、政治意识形态、资本规律所挟持,包括外部经济、政治、文化、军事介入等因素。主要表现在国际金融风险增大、西方国家对华的舆论围剿、美国对华全面打压、疫情的破坏性后果,这些因素将严重影响中国经济社会发展,影响共同富裕进程。

四是利益冲突诱发不稳因素。尽管改革开放40多年中国经济社会发展取得了巨大的成就,但也蕴藏着经济总量和经济结构、经济发展与社会安全、贫富分化之间的利益矛盾冲突。利益冲突容易诱发不稳定因素,对实现共同富裕的社会发展环境造成破坏性影响。

五是社会怨恨一定程度存在。由于发展不平衡、不充分的矛盾依然深度存在,民众对利益分配的满意度有待提升,对利益分化悬殊、利益结构固化现象不满意,利益失衡导致的心理失衡和病态,就会产生如"仇富""仇官""仇腐"等社会怨恨现象。社会怨恨的淤积,就会导致负向情绪的引爆点低,甚至诱发暴力冲突事件和群体性事件。

二 浙江省实现共同富裕与促进人的全面发展的S、W、O、T因素

实现共同富裕与促进人的全面发展S、W、O、T因素复杂多样,但

---

① [美]纳西姆·尼古拉斯·塔勒布:《黑天鹅》,万丹译,中信出版社2008年版,第28页。
② 《习近平谈治国理政》第2卷,外文出版社2017年版,第82页。

又相互联系（见表6-2）。

表6-2 浙江省实现共同富裕与促进人的全面发展的S、W、O、T因素

优势（strengths）	劣势（weaknesses）	机会（opportunities）	威胁（threats）
*政治优势："三地一窗口"优势、共同富裕示范区 *经济优势：区域特色经济和区域特色产业、民营经济先发优势明显、民间资本积累迅速等 *体制机制优势 *区位优势 *城乡协调发展优势 *生态优势 *山海资源优势 *环境优势 *人文优势	*资源束缚："资源小省"，陆地矿产资源总量不大 *自主创新意识和技术创新能力有待增强 *相对较高的商务成本 *欠发达地区自我发展能力不足 *城乡差别依然存在，乡村振兴均衡化发展有待加强	*共同富裕示范区建设上升为国家发展战略 *城乡区域发展均衡、民众普遍较为富裕，具备建设共同富裕示范区的基础和优势 *《共同富裕示范区实施方案》目标任务明确 *GDP和城乡居民收入仍有较大提升空间，城乡居民收入仍有继续进步的空间 *大力发展海洋经济，推动欠发达地区跨越式发展	*全球社会风险（如新冠肺炎疫情）破坏性影响巨大 *高水平推进省域治理现代化不能忽视当前社会矛盾问题 *教育均衡发展问题、优质高等教育的需求与现实矛盾 *高素质人才引进问题

（一）浙江省实现共同富裕与促进人的全面发展的优势

一是政治优势。浙江省相对于全国其他省份而言，具有无可比拟的政治优势，这就是"三地一窗口"优势。浙江是中国革命红船起航地、改革开放先行地、习近平新时代中国特色社会主义思想重要萌发地。同时浙江省又是新时代全面展示中国特色社会主义制度优越性的重要窗口，即始终高举新时代中国特色社会主义思想伟大旗帜，将科学思想转化为制度优势、制度优势转化为治理效能、治理效能转化为实践成果。

二是经济优势。改革开放以来，浙江省经济持续快速增长，成为全国经济增长最快和经济发展最具活力的地区之一，经济总量居全国前列，真正展现了"富强浙江"的风采。主要表现为：（1）区域特色经济和区域特色产业具有比较优势。区域特色经济发达，全省区域性块状经济涉

及制造、加工、建筑、运输、养殖、纺织、工贸、服务等十几个领域、100多个工业行业和30多个农副产品加工业，区域特色经济工业总产值占全省全部工业产值50%左右。全省85个县（市、区）形成块状经济，年产值超亿元的区块519个，块状经济总产值约6000亿元，吸纳就业人员约400万人。当前，区域特色经济成为浙江经济的重要增长点，形成了以中小企业为主体，特色产业为支撑，区域集聚为基础的产业群。同时，形成了从县乡镇级别到地市级别的乡镇特色产业布局，如地级市级别有宁波的服装、注塑机和钕铁硼材料，台州的医药化工，等等；县乡镇级别的有永康的五金、义乌小商品、东阳木雕、安吉白茶、梁弄灯具、汤浦铜管、诸暨珍珠、龙泉宝剑，等等。（2）本土企业家创业动力强劲，民营经济先发优势明显。浙江省有庞大的中小企业群，工业企业66.6万家，近年来，浙江省年主营业务收入在2000万元以上的规模工业企业数量一直稳定在4万家左右，截至2021年5月底，浙江省规模以上工业企业达43111家，比2018年底增加2525家。[1] 民营企业成为创新创造的先锋，为促进共同富裕夯实高质量发展基础；民营企业勇做回报社会的表率，为促进共同富裕承担社会责任；民营企业要乐做遵纪守法的模范，为促进共同富裕锐意改革。（3）民间资本积累迅速。浙江省民间资本在中国乃至全球投资十分活跃，据有关机构预测，浙江民间资本高达10000亿元，是中国民间资本最大的溢出地。如何引导民间资本参与基础设施和公共服务领域投资建设，成为实现共同富裕的一个重要课题。

三是体制机制优势。改革开放以来，浙江省加大体制机制创新，大力推动以公有制为主体的多种所有制经济共同发展，不断完善社会主义市场经济体制，体制机制优势迸发显现。浙江提出按比较优势原则调整农业结构为"特经粮"，推进农业走上商品化路子；[2] 民营经济发展敢为创新，如1980年颁出改革开放后首张个体工商业营业执照；1982年义乌开放小商品市场等；打造宽松环境，推进个体和私营经济发展，真正体现"大市场小政府"；体制机制效能在政府部门、政务服务中得到充分体

---

[1] 数据来源：2022年8月25日，浙江省经济和信息化厅网站（http://jxt.zj.gov.cn/）。
[2] 至20世纪80年代以前，中国农业结构长期是"粮经特"即先保证粮食生产，再考虑经济作物和特产。

现，浙江已实现省市县三级"最多跑一次"事项100%全覆盖，满意率96.5%；此外，体制机制效能在公共服务领域的创新正在如火如荼地发展，如医疗、保险、旅游等服务。

四是区位优势。浙江省是中国经济比较发达的沿海对外开放省份，其区位优势体现在主动接轨上海、积极参与长江三角洲地区交流与合作，不断提高对内对外开放水平。

五是城乡协调发展优势：统筹城乡经济社会发展，加快推进城乡一体化。早在2004年，习近平同志亲自主持制定和实施了《浙江省统筹城乡发展推进城乡一体化纲要》，开创了浙江统筹城乡发展、推进城乡一体化的新局面。今天，浙江省城乡协调发展优势明显：居民收入位居各省份之首，城乡区域发展相对均衡，2020年，浙江省常住人口城镇化率为72.17%，预计2035年将超过80%。2020年浙江省城镇居民人均可支配收入和农村居民人均可支配收入分别为62699元和31930元，分别连续第20年和第36年居全国各省份第一；城乡居民收入比达到1.96，是全国最低的省份之一。城乡统筹发展任务明确：战略重点是发展高效生态农业和培育农村新经济；基础设施建设和改善人居环境的龙头工程是"千村示范万村整治"工程和美丽乡村建设；战略举措是构筑城乡共创共享的创业就业、社会保障和公共服务新体制、扶贫攻坚和促进欠发达地区跨越式发展。

六是生态优势：创建生态省，打造"绿色浙江"。2002年6月，时任中共浙江省委书记的习近平同志在浙江省第十一次党代会上提出建设"绿色浙江"的目标任务；2005年8月提出"绿水青山就是金山银山"的理念，并逐渐形成"绿水青山"和"金山银山"的关系理论。当前，全省森林覆盖率61.17%，完成造林更新面积25.37万亩，新植珍贵树2413万株，完成平原绿化16.05万亩，建设彩色健康森林和木材战略储备林29.8万亩；浙江全省林业行业总产值超过6200亿元。[①] 从"绿色浙江""生态浙江"到"美丽浙江"的理念转变中，全省实施"五水共治"、"蓝天保卫"行动、"千村示范、万村整治"工程等。2018年，联合国的最高环境荣誉——"地球卫士"颁奖典礼上，浙江省"千村示范、

[①] 胡昕然、谢力：《森林覆盖率61.17%！浙江生态效益补偿标准全国省级最高》，浙江在线，2019年2月28日讯。

万村整治"工程被联合国授予"地球卫士奖"中的"激励与行动奖"。

七是山海资源优势：全省拥有陆域面积 10.55 万平方公里，其中山地和丘陵占 74.63%，拥有丰富的低丘缓坡资源、非金属矿资源、动植物资源、干鲜果品资源、山区旅游资源等；海域面积 26 万平方公里，拥有大陆海岸线和海岛岸线 6500 公里，占全国总长的 20.3%，居第一位，其中大陆海岸线居全国第三位，深水岸线 290 多公里，占全国 30% 以上，大于 500 平方米的海岛 3000 余个，占全国岛屿总数的 40%，是名副其实的海洋资源大省。

八是环境优势：积极营造发展环境新优势，在"硬环境"方面，要抓住国家实施积极的财政政策和稳健的货币政策机遇，积极推进基础设施建设，加快以"五大百亿"工程为主要内容的重点建设步伐；在"软环境"方面，重点是加强信用建设、法治建设和机关效能建设。

九是人文优势：打造"人文浙江"，提升发展软实力，积极推进科教兴省、人才强省，加快建设文化大省。在"责任政府""诚信企业""文明公民""人文环境"建设上加大投入，走在全国前列。

（二）浙江省实现共同富裕与促进人的全面发展面临的劣势

尽管浙江省在经济社会发展走在全国前列，但是也存在着一些发展的制约因素，影响甚至阻滞着实现共同富裕与促进人的全面发展。具体而言：

一是资源束缚，即浙江省实际上是一个"资源小省"，"人多资源少"是其基本特征。全省"七山一水二分田""山多地少"，陆地矿产资源总量不大，尤其是煤、铁等自然资源相对贫乏，从一定程度上说影响全省 GDP 的增长。

二是自主创新意识和技术创新能力有待增强。主要表现在：（1）民营企业家投资心态趋于保守稳健，自主创新意识淡薄；（2）产业集群存在同质化、"扎堆"、"跟风"现象，技术模仿、价格竞争策略，容易走压缩成本而不是自主创新获利的路子；（3）中小企业普遍面临优化升级困境；（4）高素质的专业技术人才和经营管理人才太少。

三是相对较高的商务成本。浙江经济增长长期以来基本属于资本驱动型，资本投入对经济增长的贡献率在 60% 左右。资本驱动受到商务成本的影响大，由于商务硬性成本升幅较大，部分资本逐步向商务成本较低、交通较为便利地区迁移。

四是欠发达地区自我发展能力不足。浙南山地（包括温州、台州、丽水等），其中丽水 2020 年 GDP 为浙江倒数第二，仅突破 1500 亿元。这些欠发达地区存在的共同问题就是自我发展能力不足，缺乏创新意识与创新行动。

五是城乡差别依然存在，乡村振兴均衡化发展有待加强。共同富裕最重要的是缩小城乡差别，浙江省一些落后乡村有待在农民增收、乡村产业发展上投入更大力量。

（三）浙江省实现共同富裕与促进人的全面发展面临的机会

其一，《中共中央 国务院关于支持浙江高质量发展建设共同富裕示范区的意见》对浙江提出了建设"城乡区域协调发展引领区"的战略定位，并把"缩小城乡区域发展差距，实现公共服务优质共享"作为六大任务之一。

其二，城乡区域发展均衡、民众普遍较为富裕，具备建设共同富裕示范区的基础和优势。城乡协调发展优势主要表现就是乡村振兴走在全国前列。2018 年 8 月，农业农村部和浙江省共同签署了部省共建乡村振兴示范省合作协议，浙江省成为全国唯一部省共建乡村振兴示范省。从发展均衡性看，2020 年浙江城乡居民收入倍差为 1.96，在全国排在第三位，远低于全国 2.56 的水平，且最高最低地市居民收入倍差为 1.67，是全国唯一一个所有设区市人均收入都超过全国平均水平的省份。

其三，根据《浙江高质量发展建设共同富裕示范区实施方案（2021—2025 年）》，到 2025 年，城乡居民收入倍差要缩小到 1.9 以内，设区市人均可支配收入最高最低倍差缩小到 1.55 以内。

其四，GDP 和城乡居民收入比连续 8 年呈缩小态势，但仍有继续进步的空间。2020 年浙江生产总值为 6.46 万亿元，在全国排在广东、江苏、山东等地之后，人均生产总值超过 10 万元，排名第六。浙江并不是全国经济最发达的省份。

其五，大力发展海洋经济，推动欠发达地区跨越式发展。努力使海洋经济和欠发达地区的发展成为浙江省经济新的增长点。

（四）浙江省实现共同富裕与促进人的全面发展面临的威胁因素

影响浙江省实现共同富裕与促进人的全面发展面临的威胁因素既有外部社会风险，又有自身发展存在的问题——突出表现在社会矛盾问题和教育均衡发展问题。

一是全球社会风险破坏性影响，当前主要是新冠肺炎疫情对全省经济发展、社会治理、民众生活的负面影响，还会在相当长一段时间内存在，影响正在实施的共同富裕示范区建设工程。

二是高水平推进省域治理现代化不能忽视当前社会矛盾问题带来的威胁。（1）经济领域的社会矛盾问题。一是经济违法犯罪问题。二是劳资矛盾引发的社会矛盾问题。（2）政治领域的社会矛盾问题。一是领导干部贪腐问题，对当地政治生态和道德生态造成破坏性影响，严重恶化干群关系。二是基层民主问题，民主选举、协商、决策、管理、监督等相关法规制度有待优化、有效沟通和协商平台建设有待加强等。（3）社会治安、社会保障等领域的社会矛盾问题。一是涉黑涉恶等问题不容轻视。二是社会治安问题。三是违法建筑与住房保障等社会矛盾问题。（4）生活领域、家庭纠纷引发的社会矛盾问题。有些社会矛盾问题破坏性大、影响恶劣，如果不加防范，必然影响浙江省域治理现代化的大局。

三是教育均衡发展问题、优质高等教育的需求与现实矛盾。浙江省教育（尤其是高等教育）发展水平与浙江在全国的经济文化地位、与人才强省和创新强省首位战略要求、与浙江人民对优质高等教育的需求还不匹配，仍然存在着教育发展城乡差异、教育资源区域差异、教育治理校级差异等问题。如何实现区域均衡，特别是人力资源、财力资源、物力资源的合理化平衡有待加强；如何实现结构均衡，使各类教育领域之间、教育系统各要素和组成单元之间实现均衡发展有待改进。

四是高素质人才引进问题，影响全省高质量建设共同富裕示范区。浙江省统计局发布的统计公报显示，2020年省外流入人口1618.6万人，但是，在流入人口中受教育程度为初中及以下的低学历人口比重合计为77.5%，占绝对多数，在一定程度上制约着高质量发展建设共同富裕示范区的全面推进。浙江的共同富裕示范区建设需要大量高素质人口资源支撑。为什么大量低学历务工人员涌入？主要是为了适应大量民营企业的需要。相比较而言，与浙江省毗邻的江苏省对外来务工人员的要求更高，外资企业、大型企业、高科技研发领域对引进高素质人才的需求更迫切。大力引进高质量人才的同时，不断提升低学历流入人口特别是中青壮年的素养，在推进高质量发展建设共同富裕示范区中实现人的全面发展，全面激发浙江民众的创造活力成为亟待解决的问题。

第三节 实现共同富裕与促进人的全面发展的 SWOT 组合分析

将优势（S）、劣势（W）、机会（O）和威胁（T）四个因素进行组合，可以形成优势—机会（SO）组合、劣势—机会（WO）组合、优势—威胁（ST）组合、劣势—威胁（WT）组合四种类型（见表6-3）。这四种不同的组合，作为发展模式的一种假设，为发展战略选择提供了

表6-3 实现共同富裕与促进人的全面发展的 SWOT 组合分析

内部能力 外部因素	优势 （Strength）	劣势 （Weakness）
机会 （opportunities）	SO 组合 ①价值共识：共同富裕与人的全面发展有机统一；切实推动人的全面发展、全民共同富裕取得明显的实质性进展 ②政治建设：彰显党的领导和社会主义制度优势 ③经济发展：解放和发展生产力，把"蛋糕"做大；高质量发展，把"蛋糕"做好 ④社会治理：破解利益矛盾冲突、推进法治文明、保障公平正义、以制度公平正确处理增长与分配关系 ⑤文化繁荣：践行社会主义核心价值观、培育文化自信、优化文化环境、发展文化产业 ⑥生态优化：协调经济发展与生态环境矛盾；破解人口、环境和资源矛盾问题；创设生活宜居环境	WO 组合 ①立足国家发展战略：将共同富裕和人的全面发展融入"四个全面"战略和"一带一路"建设 ②优化政策规划：从国家发展战略全局优化政策、完善规划，解决城乡、区域经济发展不平衡，切实保障全民共同富裕和人的全面发展取得实质性进展 ③强化制度保障：以更完善的制度消解贫富分化和利益矛盾问题 ④提升治理能力：解放生产力、增强统筹协调能力、提升生产效率，实现快速和高质量发展 ⑤推进经济转型：创新驱动型经济的增长方式、全面可持续发展的增长方式；从资源消耗型发展模式转变为清洁绿色发展模式，破解人口、资源和环境矛盾

续表

内部能力＼外部因素	优势 (Strength)	劣势 (Weakness)
	ST 组合	WT 组合
威胁 (Threats)	①发挥政治优势，坚持党的领导：应对世界百年未有之大变局、国际风云变幻、西方国家的敌视 ②以制度应对风险：彰显中国特色社会主义制度优势，应对全球社会风险 ③社会主义制度与市场经济相互促进：一心一意发展经济，经济就是实力 ④培育和践行社会主义和谐价值观，增强文化自信，维护意识形态安全 ⑤社会和谐稳定：消除利益诱发的不稳定因素和社会怨恨，促进公平正义，营造良好社会氛围	①全球风险输入，转化成国内风险，对政治、经济、社会、文化发展带来破坏性影响 ②国际环境恶化，危险增加，丧失发展的宽松环境 ③国内经济增长放缓、民众利益满足受损、利益冲突加剧 ④社会问题凸显、不稳定因素增加：发展不平衡不可持续问题、民生问题、社会矛盾、城乡差距、体制机制障碍等凸显 ⑤发展不平衡、不充分、不协调状况加速恶化

不同的可能性。从全国范围和浙江省的状况看，优势、劣势、机会和威胁四个因素具有普遍性和特殊性，分别对这两个层次的组合进行分析，可以为实现共同富裕与促进人的全面发展的战略选择提供依据。

一 全国范围实现共同富裕与促进人的全面发展的 SWOT 组合分析

从全国普遍情况看，做出实现共同富裕与促进人的全面发展的战略选择，必须对优势（S）、劣势（W）、机会（O）和威胁（T）四个因素进行组合分析。

（一）优势—机会（SO）组合

优势—机会（SO）组合即内部优势与外部机会的有机组合，这种组合决定了实现共同富裕与促进人的全面发展的战略目标方向。如何把握机遇、发挥优势，是实现共同富裕与促进人的全面发展的优先战略考虑。

习近平总书记指出："实现共同富裕的目标，首先要通过全国人民共同奋斗把'蛋糕'做大做好，然后通过合理的制度安排正确处理增长和分配关系,把'蛋糕'切好分好。这是一个长期的历史过程,我们要创造条件、完善制度,稳步朝着这个目标迈进。"① 为此,优势—机会(SO)组合应该着重从如下方面入手:(1)凝聚价值共识和形成伦理共契,不仅要充分认识共同富裕与人的全面发展有机统一性,还要充分认识切实推动人的全面发展、全民共同富裕取得明显的实质性进展的必要性和紧迫性。(2)以政治建设引领实现共同富裕与人的全面发展的系统工程。一方面要彰显中国共产党的全面领导,发挥党员领导干部在推进共同富裕和人的全面发展中的核心力量作用;另一方面要充分发挥社会主义制度优势,充分体现社会主义本质特征。(3)重点是加强经济发展。一方面,充分解放和发展生产力,把"蛋糕"做大,为实现共同富裕与人的全面发展奠定坚实的物质财富基础;另一方面,关键要推进高质量发展,实现效率与效果的有机统一,把"蛋糕"做好。(4)加强社会治理,为实现共同富裕与人的全面发展创设良好的社会环境。重点是破解发展过程中的利益矛盾冲突,推进法治文明建设,保障公平正义,以制度公平正确处理增长与分配关系。(5)文化繁荣,为实现共同富裕与人的全面发展注入持久和深厚的精神动力。主要是在全社会培育和践行社会主义核心价值观,培育广大民众的文化自信,进一步优化文化环境,同时还要大力发展文化产业。(6)优化生态,实现美丽发展,为实现共同富裕与人的全面发展提供"绿色幸福"的引导。主要解决的问题是协调经济发展与生态环境矛盾,破解人口、环境和资源矛盾问题,创设生活宜居环境。

(二)劣势—机会(WO)组合

劣势—机会(WO)组合所要解决的问题就是如何利用外部机会来弥补劣势。由于发展劣势的存在,就会对如何利用机会造成一定程度的影响或妨碍,发展的规模和速度就会受到相应的影响。在实现共同富裕过程中,如何利用各种机会、改变劣势,使之向优势转变,就成为实现共同富裕与促进人的全面发展必须解决的重要问题。

劣势意味着对发展的影响和制约,消除劣势的抑制性影响,抓住和利用发展的机会,而不因为"劣势"的存在无法获取"机会",或丧失"机会"对"劣势"改造,才能最终使发展凸显出"优势"。主要就是:

---

① 习近平:《正确认识和把握我国发展重大理论和实践问题》,《求是》2022年第10期。

第六章　实现共同富裕与促进人的全面发展的战略定位

（1）要立足于国家发展战略，将共同富裕和人的全面发展融入全面建成小康社会、全面深化改革、全面依法治国、全面从严治党的"四个全面"战略，融入"一带一路"发展建设，在国家战略的指导下实现和促进发展，在发展中更好地服务于国家发展战略。（2）优化相关的政策和规划。既然实现共同富裕已经成为新时代中国特色社会主义发展的重大发展战略，那么，如何从国家发展战略全局优化政策、完善规划，解决城乡、区域经济发展不平衡，切实关系到全民共同富裕和人的全面发展实质性进展的取得，成为实现共同富裕与促进人的全面发展的重大问题。（3）强化制度保障。制度的作用一方面能够给予发展以保障，没有制度就不能很好地维护公平正义，就不能为社会发展创设应有的秩序；另一方面能够消除发展当中贫富分化和利益矛盾问题。（4）提升治理能力，治理能力不仅关系着管理能力，也关系着统筹协调能力，因而对解放和发展生产力、提升生产效率，实现经济快速和高质量发展起着巨大作用。（5）推进经济转型，实现创新驱动型经济的增长方式，也就是说实现高效节能环保高附加值的增长，其特征就是实现智慧经济为主导、高附加值为核心、质量主导数量、GDP无水分、增强经济总量有效性、推动产业不断升级。同时，从资源消耗型发展模式转变为清洁绿色发展模式，破解人口、资源和环境矛盾。

（三）优势—威胁（ST）组合

"优势"即自身优势，"威胁"是外部威胁，优势—威胁（ST）组合就是为了说明如何发挥和利用"优势"，减轻或消除外部"威胁"带来的的影响。尽管当前中国在共同富裕实践中具有相当的优势条件，但是威胁因素也是不能忽视的。消除威胁因素，发挥优势，成为实现共同富裕与促进人的全面发展不可回避的问题。

受全球社会风险的影响和来自外部的政治经济文化军事等外部因素的影响，消除威胁因素，发挥自身优势，才能更好地为实现共同富裕与促进人的全面发展创造良好的环境条件。（1）发挥政治优势，应对世界百年未有之大变局、国际风云变幻、西方国家的敌视。中国的巨大政治优势体现在坚持党集中统一领导，确保改革、发展与稳定；坚持以中国特色社会主义理论作指导，为国家发展指明方向；中国共产党同人民群众始终保持密切联系，能够充分调动广大群众的积极性等，这些政治优势为在世界百年未有之大变局中，有效应对国际风云变幻和西方国家的敌视提供了有力的武器。(2) 以制度应对风险。发展环境越是严峻复杂，越要健全各方面制度，完善治理体系，促进制度建设和治理效能更好转化融合，善于运用制度优势应对风险挑战冲击。充分彰显中国特色社会主义制度优势，是应对全球社会风险的法宝。我们的制度优势在于：中国政治体制具有很强的组织和动员能力，能够集中力量办大事；中国特色社会主义民主制度，确保公民有序参与政治活动和社会治理；确保实现人民当家作主与依法治国相统一等。(3) 社会主义制度与市场经济相互促进。建设和完善中国特色社会主义市场经济体制，一方面要一心一意发展经济，经济就是实力，另一方面要实现更高目标、更高追求的高质量发展。(4) 培育和践行社会主义核心价值观，在思想意识和文化观念上实现积极发展，维护意识形态安全，从而铸牢中华民族共同体意识，增强文化自信。(5) 维护和促进社会和谐稳定，主要是消除利益诱发的不稳定因素和社会怨恨，促进公平正义，营造良好社会氛围，真正实现民众的幸福美好生活追求。

(四) 劣势—威胁（WT）组合

劣势如果叠加了威胁因素，就会使发展受到严峻挑战，处理得当，可以化"危"为"机"，处理不当，就有可能使得局势恶化。因此如何减少劣势、回避威胁，必须采取有效的防御性措施。

劣势和威胁叠加又可能产生"化学反应"而使情况加剧或恶化。(1) 全球风险无处不在，如果不加防范，就有可能向中国输入和蔓延，转化成国内风险，对政治、经济、社会、文化发展带来全面的破坏性影响。(2) 国际环境恶化，危险增加，丧失发展的宽松环境。实际上，21世纪初，随着美国开始"重返亚洲"和"亚太再平衡战略"，加紧亚太战略部署，影响中国稳定的不安全因素明显增加。如南海问题、钓鱼岛问题、新疆问题、香港问题、台海问题等，不仅对中国国家安全造成极大威胁，也对经济社会发展造成极大的负面影响。(3) 受国际环境的影响，尤其是以美国为首的西方国家对中国经济等领域的打压，使得国内经济增长放缓、民众利益满足受损、利益冲突加剧。同时，从国内看，中国经济增长受"中等收入陷阱"的魔咒效应影响，经济增长回落和放缓。(4) 社会问题凸显、不稳定因素增加。例如，民生问题、社会矛盾、城乡差距、体制机制障碍等凸显。(5) 受思想观念影响、发展条件制约，或受发展能力限制，或受自然灾害影响，造成发展不平衡、不充分、不协调状况没有得到很好的改进，某些地方或某些领域还会出现加速恶化的情况。基于此，我们要辩证地认识发展过程中的"危"和"机"，重点抓住"机"，化危为机，促进中国经济社会发展取得全面进步，实现共同富裕与促进人的全面发展才能成为现实。

二 浙江省实现共同富裕与促进人的全面发展的SWOT组合分析

浙江省实现共同富裕与促进人的全面发展有其独特的优势、劣势、机会和威胁因素，对其进行组合分析，为高质量发展建设共同富裕示范区提供依据（见表6-4）。

表6-4 浙江省实现共同富裕与促进人的全面发展的SWOT组合分析

外部因素 \ 内部能力	优势（Strength）	劣势（Weakness）
	SO 组合	WO 组合
机会（opportunities）	①发挥政治优势，加快作为国家发展战略的共同富裕示范区建设 ②发挥经济优势，加快区域特色经济和特色产业建设、彰显区域发展均衡优势，夯实共同富裕示范区建设基础和优势 ③发挥区位优势，发展海洋经济，推动跨越式发展 ④扩大生态优势：贯彻"两山"理论，引领长三角地区绿色发展 ⑤发挥人文优势：红色文化资源开发、彰显红船精神、建设文化浙江 ⑥发挥山海资源优势：大力发展海洋经济，推动欠发达地区跨越式发展，努力使海洋经济和欠发达地区的发展成为浙江省经济新的增长点	①立足建设共同富裕示范区国家战略和《浙江省共同富裕示范区实施方案》，整体布局、重点突出、循序渐进 ②因地制宜，推进产业转型、创新发展，大力发展海洋经济、绿色产业经济，挣脱资源束缚 ③提升区域自我发展、自我创新能力，增强自主创新意识和技术创新能力，推动欠发达地区实现跨越式发展 ④实施制造业产业基础再造和产业链提升工程，加强重点技术创新项目和重点高新技术产品开发项目，实现快速和高质量发展 ⑤大力实施民生工程、富民工程，增加城乡居民收入 ⑥推进乡村振兴战略取得实效，缩小城乡差别，实现均衡发展

续表

外部因素＼内部能力	优势 (Strength)	劣势 (Weakness)
威胁 (Threats)	ST 组合 ①发挥政治优势，应对国内外风险挑战 ②发挥经济优势，化解当前社会矛盾问题 ③发挥体制机制优势，高水平推进省域治理现代化，激发社会创新活力 ④发挥区位优势，引领长三角地区经济社会发展 ⑤发挥城乡协调发展优势，推进乡村富裕，实现全面富民 ⑥发挥生态优势和环境优势，实现绿色发展和产业升级 ⑦发挥人文优势，推进教育均衡发展和高素质人才引进	WT 组合 ①全球风险输入，对浙江省全面发展带来负面性影响 ②经济发展受资源影响、商务成本影响不容忽视 ③社会矛盾问题（主要表现为利益问题）潜藏着不稳定因素 ④教育发展（尤其是高等教育发展）与民众需求存在一定差距 ⑤高素质人才引进与自主创新、技术创新能力提升的关系未能很好协调 ⑥某些市区高水平发展如何带动欠发达地区自我发展能力尽快提升困难较大

（一）优势—机会（SO）组合

发挥自身优势，抓住发展机会，这是浙江省建设共同富裕示范区的发展因素的最优组合。

具体而言：（1）发挥政治优势，加快作为国家发展战略的共同富裕示范区建设。不仅要发挥浙江省作为中国革命红船起航地、改革开放先行地、习近平新时代中国特色社会主义思想重要萌发地、新时代全面展示中国特色社会主义制度优越性的重要窗口等政治优势；还要发挥作为全国首个共同富裕示范区建设的独特政治优势。（2）发挥经济优势。浙江省经济发展迅速、基础厚实、发展前景广阔，为此要进一步加快区域特色经济和特色产业建设、彰显区域发展均衡优势，夯实共同富裕示范区建设基础和优势。（3）发挥区位优势，发展海洋经济，推动跨越式发展。2020年1月8日《浙江省推进长江三角洲区域一体化发展行动方案》颁布实施，相继在环杭州湾、甬台温临港产业带和义甬舟开放大通道的

"一环一带一通道"的空间架构内,整合开发平台,设立杭州钱塘、宁波前湾、绍兴滨海、湖州南太湖、金华金义以及台州湾新区等一批高能级标志性创新平台。(4)扩大生态优势。"绿色发展是构建高质量现代经济体系的必然要求,是解决污染问题的根本之策。"[1] 浙江省正贯彻"两山"理论,引领长三角地区绿色发展。2021年12月23日中共浙江省委、省政府印发《关于完整准确全面贯彻新发展理念 做好碳达峰碳中和工作的实施意见》,浙江省正以碳中和为目标,通过绿色新区建设,建立资源高效利用、环境有效保护的机制,引领区域高质量一体化发展。(5)发挥人文优势。2017年浙江省委、省政府发布了《关于推进文化浙江建设的意见》,浙江将通过实施马克思主义理论研究和建设、社会主义核心价值观引领和公民文明素质提升、优秀传统文化传承发展、媒体融合发展、文艺繁荣发展和高峰攀登、万亿级文化产业推进、网络内容建设、基本公共文化服务提升、文化走出去、文化人才和文化名家培育"十大工程",从加强组织领导、完善政策保障、强化管理考核方面为建设文化浙江提供有力支撑,把浙江建设成为公民素质优良、社会文明进步的示范区,文化事业繁荣、文化产业发达、文化名家荟萃、文化氛围浓郁、文化印记鲜明的文化发展先行区,成为在全国具有重要影响的文化高地、文明高地。[2] 同时加强红色文化资源开发、彰显红船精神、建设文化浙江。(6)发挥山海资源优势。2002年4月,浙江省发布《关于实施山海协作工程帮助省内欠发达地区加快发展的意见》,2003年8月,浙江省发布《关于全面实施"山海协作工程"的若干意见》(浙政办〔2003〕54号),确立了"政府推动,部门协调,企业为主,市场运作,突出重点,梯次推进,形式多样,注重实效"的原则,大力促进欠发达地区与发达地区的协调发展、共同繁荣。浙江省正大力发展海洋经济,推动欠发达地区跨越式发展,努力使海洋经济和欠发达地区的发展成为浙江省经济新的增长点。

---

[1] 习近平:《在全国生态环境保护大会上强调坚持打好污染防止攻坚战,推动生态文明建设迈上新台阶》,《人民日报》2018年5月20日。
[2] 《中共浙江省委 浙江省人民政府关于推进文化浙江建设的意见(2017年11月29日)》(浙委发〔2017〕48号),2017年11月29日,https://www.zj.gov.cn/。

（二）劣势—机会（WO）组合

如何消除既有劣势，抓住可能机会，进而改变劣势，是发展的重要任务。尤其在建设共同富裕示范区过程中，改变劣势，抓住一切机会，争取赢得竞争优势，是一个实现更好更快发展亟待解决的问题。

具体而言，主要注意如下几个方面问题：（1）抓住国家实施浙江省高质量建设共同富裕示范区战略的大好机会，依托《浙江省共同富裕示范区实施方案》的具体布置，对全省实现共同富裕进行整体布局、重点突出、目标落实、任务分配，循序渐进地实现各市区的更好更快发展。（2）近些年，浙江省逐渐挣脱资源束缚，实现了全省经济发展的转型。在建设共同富裕示范区实践中，还要进一步因地制宜，推进产业转型，大力发展海洋经济、绿色产业经济，实现全省各行业的创新发展。（3）提升区域自我发展、自我创新能力，就是要改变创新人才不足、科技物质基础条件薄弱、高新技术产业发展滞后的状况，推动欠发达地区实现跨越式发展。2008年7月21日，浙江省人民政府就出台了《自主创新能力提升行动计划》，提出实施"创业富民、创新强省"战略，强调要聚焦创新资源，激活创新要素，转化创新成果，健全以企业为主体、市场为导向、产学研结合的自主创新体系，走浙江特色的自主创新道路。如何一以贯之，开拓创新，是推进共同富裕和实现人的全面发展亟待解决的重要问题。（4）实现快速和高质量发展，一方面要实施制造业产业基础再造和产业链提升工程，另一方面要加强重点技术创新项目和重点高新技术产品开发项目，大力培育具有国际竞争力的高新技术产业，大力开发重大高新技术产品。（5）大力实施民生工程、富民工程，增加城乡居民收入一直是浙江省委省政府的工作的主题任务。2018年，浙江省人民政府就提出"全面实施富民强省十大行动计划"，即实施深化"最多跑一次"推动重点领域改革计划；实施加快培育发展新动能行动计划；实施传统产业改造提升行动计划；实施大湾区大花园大通道大都市区建设行动计划；实施乡村振兴战略行动计划；实施生态文明示范创建行动计划；实施打造"一带一路"建设枢纽行动计划；实施富民惠民安民行动计划；实施传承发展浙江优秀传统文化行动计划；实施政府"两强三提高"建设行动计划。① （6）推进乡村振兴战略取得实效，缩小城乡差别，实现均衡发展。2018年8月，农业农村部和浙江省共同签署了部省共建乡村振兴示范省合作协议，浙江省成为全国唯一部省共建乡村振兴示范省；2021年10月29日，部省共建乡村振兴示范省推进会在德清县举行，会上发布了"浙江乡村振兴十大模式"；2021年中央一号文件——《中共中央　国务院关于全面推进乡村振兴　加快农业农村现代化的意见（2021年1月4日）》提出要"学习浙江先进经验，全面推进实施乡村振兴"。这些情况表明，浙江省在推进乡村振兴战略实践中抓住机会，并取得了突出的成绩。

（三）优势—威胁（ST）组合

利用自身优势，减弱威胁因素造成的影响，是浙江省高质量建设共同富裕示范区不可回避的问题。

具体而言，主要关注如下几个方面问题：（1）发挥浙江省现有政治优势，不仅要应对来自国外的风险挑战，还要积极应对国内的风险挑战，为共同富裕和人的全面发展提供稳定安全的秩序保障。（2）发展（尤其是经济发展）是化解社会各种矛盾的重要基础和主要手段。党的十九大报告中明确指出，发展是解决中国一切问题的基础和关键。实现科学发展，必须坚定不移贯彻创新、协调、绿色、开放、共享的发展理念，发挥经济优势，才能全面有效地化解当前社会矛盾问题。（3）浙江体制机制具有先发优势，这也是浙江经济活力的重要源泉，因此，着重围绕全面落实科学发展观、加快构建和谐社会、着力建设公共服务型政府三大方面深化改革，发挥体制机制优势，高水平推进省域治理现代化，激发社会创新活力，也成为共同富裕示范区建设的重要任务。只有破除体制障碍，用创新的举措破解发展难题，才能促进经济社会又好又快发展。（4）发挥区位优势，引领长三角地区经济社会发展。2020年1月8日，浙江省发布《浙江省推进长江三角洲区域一体化发展行动方案》，提出"高水平、高品质、高标准、高能级建设大湾区、大花园、大通道、大都市区、高层次扩大对外开放、高起点发展数字经济、高质量发展民营经

---

① 《浙江：全面实施富民强省十大行动计划》，《浙江日报》，2018年1月31日，http://www.gov.cn/xinwen/2018-01/31/content_5262431.htm。

济、高普惠共享公共服务，建立长三角统一的开放大市场"①。（5）发挥城乡协调发展优势，推进乡村富裕，实现全面富民。近些年，浙江省推进乡村一体化建设，乡镇化水平进一步提高，城乡协调发展优势进一步凸显。（6）发挥生态优势和环境优势，实现绿色发展和产业升级。全省上下践行"绿水青山就是金山银山"的发展理念，推进浙江生态文明建设迈上新台阶，让绿色成为浙江发展最动人的色彩。（7）发挥人文优势，推进教育均衡发展和高素质人才引进。近些年，浙江省加大教育投入，实施人才引进战略，加大文化事业建设力度，"人文浙江"的风采得到进一步展现。

（四）劣势—威胁（WT）组合

"劣势＋威胁"说明了存在的问题和面临的挑战。必须采取相应的行动，才能避开劣势，消除威胁，实现更好的发展。

具体而言，要注意如下几个方面：（1）全球风险输入，如新冠肺炎疫情带来的国际经济交往问题，以美国为首的西方国家对中国经济打压带来的国际商品贸易问题（作为世界最大的国际小商品交易的义乌经济、世界有名的五金名城永康贸易额下降），对浙江省全面发展带来负面性影响。（2）资源是经济发展的重要资本和基础，浙江省作为矿产资源小省，经济发展受资源影响较大。同时，商务成本较高的影响不容忽视。（3）社会矛盾问题（主要表现为利益问题），如利益纠纷问题、一定程度上存在的贪腐问题、电信诈骗问题等，潜藏着不稳定因素，需要加以警惕和防范。（4）教育发展，尤其是高等教育发展，与民众需求存在一定差距。教育质量高的省份，经济发展一般而言充满活力，社会发展水平也较高。加大教育投入，提高人才产出质量，才能为经济社会发展提供雄厚的智力支持。（5）高素质人才引进与自主创新、技术创新能力提升的关系未能很好协调。人力资源是推动经济社会发展的第一资源，对推动经济发展、技术创新、促进就业创业具有重要作用。（6）某些市区高水平发展地区带动欠发达地区自我发展能力尽快提升困难较大，发展的差异性依然较大程度存在着，对于如何实现共同富裕形成一定程度的

---

① 浙江省发展改革委：《浙江发布长三角一体化规划纲要实施方案》，2020年2月28日，https：//www.ndrc.gov.cn/fggz/dqjj/zdzl/202002/t20200228_1221901.html？code=&state=123。

第六章 实现共同富裕与促进人的全面发展的战略定位

制约。

以上对优势、机会、劣势和威胁四个因素组合的四种模式，为浙江省实现共同富裕和人的全面发展提供了四种可能方案，从中做出比较，才能做出最优选择。

第四节 实现共同富裕与促进人的全面发展的战略选择

基于SWOT分析法，分析实现共同富裕与促进人的全面发展的优势、机会、劣势和威胁等因素及其四种组合模式，分别对应着不同的战略选择模式（见图6-3）。

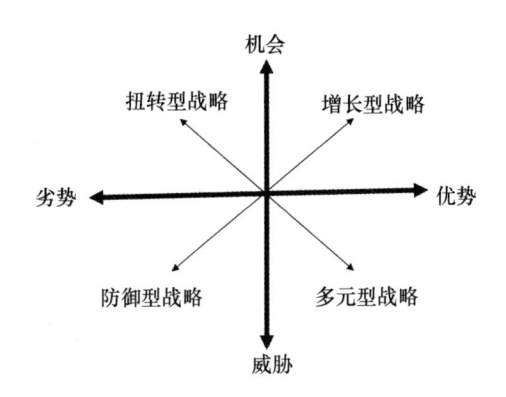

图6-3 实现共同富裕与实现人的全面发展的战略选择

其一，"优势—机会（SO）组合"对应的是增长型战略定位。增长型战略（Growth Strategies）又称发展型战略（Growth Strategies）。在动态的环境竞争中，增长不仅仅是一种求生的手段，更是一种发展壮大的策略。从全国范围看，中国经过改革开放40多年的发展积累，在政治、经济、文化、社会和文化发展等方面取得了伟大的成绩，中国特色社会主义的比较优势凸显出来；同时，党的十八大以来经济社会发展取得系列成绩，经济基础更厚实、制度更完善、国家治理能力更强大、社会发展充满生机与活力、人民实现普遍的安居乐业等，为全国范围追求共同富裕和美好生活提供了各种崭新的发展机会。从浙江省范围看，全省的政治、经济、体制机制优势、区位、城乡协调发展、生态、山海资源、环境、人文等方面具有无可比拟的优势，同时，抓住共同富裕示范区建设上升为国家发展战略的机会，推动城乡区域发展均衡、增加城乡居民收入、提升自我发展创新能力，必定使浙江加速实现共同富裕和人的全面发展的步伐。总之，立足现有发展优势，抓住发展机会，实现更快更好的发展，选择的应该是增长型发展战略。良好的经济社会发展是增长型战略成功的条件之一，只要不断变革，不断创造更高的生产效率和社会效益，实现共同富裕和人的全面发展就有了发展的保障。显然，共同富裕促进人的全面发展，选择的应该是"增长型战略定位"。

其二，"劣势—机会（WO）组合"对应的是扭转型战略。所谓扭转型战略就是利用外部环境的机会，调整和扭转自己的弱势，从而取得更好的成绩。一般而言，提升发展优势（如项目优势方面）所带来的实际效益没有改进弱势带来的实际效益大的时候，发展往往采取扭转型战略。从全国范围看，政策规划保障、经济社会全面进步、国家治理能力提升、"四个全面"战略布局成效显著等，为实现共同富裕与人的全面发展提供了各种机会。但是，城乡和区域经济发展不平衡、贫富分化和利益矛盾问题突出、统筹协调能力不足、人口对资源和环境造成巨大压力、落后产能影响区域经济协调发展、人均 GDP 不高等劣势因素不容忽视。从浙江省看，共同富裕示范区建设上升为国家发展战略、城乡区域发展均衡、民众普遍较为富裕、具备建设共同富裕示范区的基础和优势等，这些条件为浙江省建设共同富裕示范区与实现人的全面发展提供了各种机会。总的来看，减少和消除劣势，是一项重要的任务，但是对于浙江省发展而言，显然，创新发展是重点，消除劣势是辅助。

其三，"优势—威胁（ST）组合"对应的是多元型战略定位。多元型战略是一种开拓发展型战略，又称为"多角化战略"。这种战略对于分散风险、提高安全性、增强适应外部环境的应变能力具有积极作用。从全国范围看，中国特色社会主义政治、经济、文化、社会、生态等建设的优势得到彰显，能够对来自全球社会风险、国际环境恶化、西方强国打压、外部经济政治文化军事压力、国内社会利益矛盾等问题进行有效应对。从浙江省来看，作为省域发展的先进地区，政治、经济、文化、社会、生态等优势具有独特性和优越性，但面临的外部风险影响、自身社会矛盾问题、教育发展问题和人才引进等问题需要采取积极措施加以应对。多元型战略有利有弊，从分散风险、提升发展的安全性角度而言固然有其好处，但是对于明确主题、落实重点、抓住主要矛盾、加强创新来说，则需要认真把握，以做到目标明确、集中发力，抓住发展的"牛鼻子"，以实现更高更好更快地发展。

其四，"劣势—威胁（WT）组合"对应的是防御型战略定位。作为竞争战略之一的防御型战略，也称作"防守型战略"。一般而言，当宏观经济严重不景气、通胀严重、消费者购买力很弱；经济发展进入衰退期，市场需求大幅度下降，没有做好新产品的投入准备；政府部门或企业高层领导者缺乏对市场需求变化的敏感性，面对危机束手无策，就会采取防守型战略。从全国范围看，全球风险和国外压力巨大，国内发展不平衡、社会利益矛盾问题凸显、创新能力和统筹协调能力不强等，都会影响共同富裕战略的实施。从浙江省范围看，国内外风险影响、自身发展不均衡、资源条件限制、创新技术和创新能力有待提升等因素，对实现共同富裕与促进人的全面发展的战略造成的消极影响也不容忽视。发展是解决问题的法宝，不能因为有问题，就认为放慢发展节奏就能解决这些问题，相反，往往是经济的快速发展，才能创造更多的资源、条件和基础，增强发展信心，提高发展能力，能够更好地解决相关问题。因此，防御型战略并不是实现共同富裕与促进人的全面发展的战略选择。

概而言之，通过对全国和浙江省实现共同富裕与促进人的全面发展的 S、W、O、T 因素分析，以及对其的 SWOT 组合分析，从而明晰了实现共同富裕与促进人的全面发展的可供选择的四种战略——增长型战略、扭转型战略、多元型战略、防御型战略，但是显然，增长型战略才是实现共同富裕与促进人的全面发展的最佳战略选择。

第七章

实现共同富裕与促进人的全面发展的实施策略

所谓实施策略就是根据形势发展而制定的原则和方法，实现共同富裕与促进人的全面发展的实施策略是一项系统性的行动方案和方法，也就是对其实现的机制探究。实现共同富裕与促进人的全面发展的实施策略是包括各种机制的多维、动态的系统，包括价值引导、利益激励、制度促进、综合治理、协同促进等方面。

第一节 价值引导：超越"资本逻辑"困境

没有正确的社会价值导向，共同富裕就只会停留于"富裕"的物质追求，既不会实现"共同"，也不会实现"发展"，更不会实现"美好"。

一 实现富裕必须超越"资本逻辑"

马克思在分析和批判资本主义社会的时候，既看到了资本主义在人类社会发展中的历史地位，也洞察了资本主义在人类社会发展中的暂时性。一方面，马克思对资本主义带来的巨大生产力及其对社会发展的巨大作用做出了积极的肯定。"资产阶级在它的不到一百年的阶级统治中所创造的生产力，比过去一切世代创造的全部生产力还要多，还要大。"[①]因此，资本主义创造了巨大的生产力和物质财富，推进了人类社会消除

[①] 《马克思恩格斯文集》第2卷，人民出版社2009年版，第36页。

匮乏、饥饿、贫穷、落后的进程。另一方面,资本主义生产关系却在事实上造就了新的贫穷、落后和不平等,造成了社会生活和人的生存发展的种种异化现象。实际上,马克思认为,现代性的种种问题根源在于资本主义,造成资本主义社会发展的两面性的根本原因就在于"资本逻辑"。马克思主义指出,资本逻辑就是"尽可能多生产剩余价值",① 资本逻辑体现的正是资本逐利的本性。

正如马克思对资本逻辑的分析和批判是客观辩证的,我们在分析资本逻辑下生产力的发展及其带来的负面影响也必须做一分为二的辩证分析,只有这样我们才能正确对待生产力增长、物质财富增加与实现人的全面发展目标相统一。

其一,"发展生产力是硬道理"只有在社会主义制度下才具有合法性。有一种观点认为,只要符合生产方式的发展就是符合发展规律的,就是正义的。马克思指出:"生产当事人之间进行的交易的正义性在于:这种交易是从生产关系中作为自然结果产生出来的。……只要与生产方式相适应,相一致,就是正义的;只要与生产方式相矛盾,就是非正义的。在资本主义生产方式的基础上,奴隶制是非正义的;在商品质量上弄虚作假也是非正义的。"② 就此段话的文字表面而言,似乎马克思承认了正义或道德与否取决于是否与一定历史条件下生产方式的具体要求相符合,——也就是说,符合资本主义生产方式也就是符合社会发展的基本矛盾运动规律,是正义的。但是,我们不能忽视的是,资本主义生产方式是以资本对劳动的统治和剥夺为前提和基础的,马克思正是基于这个前提和基础,深刻分析了资本主义固有的社会根本矛盾,批判了资本主义生产方式的剥削实质。此外,我们还需注意的是,马克思将这样的"正义性"限定在"生产当事人之间的交易"(劳动力在流通领域或商品交换领域的买和卖),而在生产领域和分配领域,资本主义"非正义性"暴露无遗,工人阶级被剥削、被压迫、被奴役只会随着生产的扩大和物质财富的累积而变得更深重。

只有在社会主义制度之下,生产力的发展和市场经济建设才会同社

---

① 《马克思恩格斯文集》第 8 卷,人民出版社 2009 年版,第 534 页。
② 《马克思恩格斯文集》第 7 卷,人民出版社 2009 年版,第 379 页。

会主义基本制度结合——即与社会主义基本经济制度和社会主义基本分配制度结合。社会主义基本经济制度的基本特征是公有制为主体、多种所有制共同发展，社会主义基本分配制度的基本特征是按劳分配为主、多种分配方式并存，二者的有机结合，使得物质财富的创造有了价值正当性。同时，社会主义经济制度还强调，初次分配和再次分配都要处理好效率与公平的关系，尤其是再分配更要充分体现注重公平。概言之，"发展生产力是硬道理"只有在社会主义制度之下才能获得充分的正当性保障，这个时候，不仅发展"为了什么"得到了充分明晰，而且人的全面发展而不是异化发展才能获得基本保障和充分实现。

其二，发展生产力、追求物质财富如果不以"共同"为前提、以"人的发展"为目的，就会偏离社会主义共同富裕的本质。马克思对资本主义进行批判不仅揭示了物与物之间的关系，更重要的是揭示被物与物关系所掩盖的人与人之间的异化关系。在生产条件下，商品、价值、货币等商品经济要素，原本呈现的是物的自然属性，但在资本主义生产关系中，这些自然属性却具有一种超自然的神秘性，使得商品生产者受制于商品、价值、货币运动的摆布从而丧失了主动性，成为商品经济支配下的傀儡。

在社会主义制度之下，发展生产力、追求物质财富有两个基本目的：一是实现"共同"，或者说共建共享，共同地富裕。二是实现"人的全面发展"。与资本主义社会不同，资本主义社会中资本逻辑在促使物质财富增长的时候，却造成了两个异化事实：（1）物质财富的增长以牺牲大多数人的全面发展为代价。（2）人的社会交往关系受物质利益所支配。在社会主义制度下，物质财富的增长坚持"以人为本"原则，以实现全体民众的全面发展为目的，同时，人的社会交往关系不是受制于物质利益支配，而是在物质利益基础上促进实现公平正义与社会和谐，实现社会主义"共同体"的发展进步。

二　实现共同富裕必须有价值引导

实现共同富裕必须有价值引导，因为价值引导不仅确立目标，还保证方向。人的追求目的及其人的价值自觉性决定了社会生活实践的意义之所在，在共同富裕实践中也是如此。正如恩格斯指出的："在社会历史

第七章 实现共同富裕与促进人的全面发展的实施策略

领域内进行活动的,是具有意识的、经过思虑或凭激情行动的、追求某种目的的人;任何事情的发生都不是没有自觉的意图,没有预期的目的的。"① 古莱在《发展伦理学》中提出:"有三种价值观是所有个人和社会都在追求的目标:最大限度的生存、尊重和自由。这些目标是普遍性的,虽然其特定方式因时因地而异。它们涉及所有文化实体和所有时代都有表述的基本人类需要。"② 显然,财富作为物质基础,为人的生存优化、实现尊重、扩展自由提供实现条件。

生存优化——实现共同富裕与人的全面发展的基础性目标。什么是人最佳的生存状态?这是人向自身首先提出的问题,也是社会发展过程中从未停歇追问的问题。每个人都有生存和更好生存的权利,显然更富裕的物质生活条件是生存优化的前提和基础。一是更富裕的物质生活条件使人的纯粹自然性得以逐渐摆脱。人类社会早期,面对神秘而强大的自然力量,如何维护种群的生存就成为人类最基本和最高的目标。但是,原始人的物质生产渗透着大量的自发性因素,人只不过是"本能的人,即野蛮人,没有把自己同自然界区分开来"③。由于自我主体性意识没有真正长成,人对生存的追求目光短浅。显然,人的纯粹自然性的摆脱,是以物质生活条件的逐渐改善为主要内容和依托。二是更富裕的物质生活条件使人的社会性得以逐渐成长。随着人类社会的不断发展,人的生存状况不断得以改变,人的自然性也逐渐向社会性转变。也就是说,人作为社会存在物,只有在社会中才能存在。更富裕的物质生活条件使得人的生存状况得以不断优化,也为协调人的各种社会关系提供物质基础,因为,一个利益得到不断满足的社会中,才有可能实现利益认同,从而促进人与人之间的公正、平和、友善地相待,使和谐、温馨的社会共同体建造成为可能。

实现尊重——实现共同富裕与人的全面发展的道德价值目标。尊重关涉人格,实现尊重则是人的发展的道德价值追求。"道德价值是人格主

---

① 《马克思恩格斯选集》第4卷,人民出版社1995年版,第247页。
② [美]德尼·古莱:《发展伦理学》,高铦等译,社会科学文献出版社2003年版,第49页。
③ 《列宁全集》第55卷,人民出版社1990年版,第78页。

体的价值，或者说是这种人格主体的权利得到尊重，是主体与主体间通过相互承认、相互尊重体现出来的价值。"① 毋庸讳言，人只能以共同体的群体生活方式存在下去，因此，寻求合乎人格尊严的环境下生存，才是正当、合理的生存状态。从实现共同富裕到人的全面发展追求，必然以道德价值的实现作为重要的价值衡量标准，实际上反映了人对自为性生存的一种自觉。如何实现人的尊重？其核心就是对人的主体性尊重。黑格尔曾言："人就是意识到这种主体性的主体。"② 尊重人的主体性，是人的全面发展的题中之义，应该成为实现共同富裕的重要价值追求。尊重包括两个方面含义，一是尊重自我，只有尊重自我才能彰显自我存在的价值，二是尊重他人，将他人视作和自我一样，才能自觉地认识他人存在的重要性。尊重自我与尊重他人的有机统一，就能够建构如海德格尔所言的此在（Dasein）在世的交互主体性——世界是我和他人"共同分有的世界"，同时，能够充分体现马克思对人的本质界定的"社会关系"之旨趣。用马克思的话说，就是"只有在社会中，自然界才表现为他自己的属人的存在的基础。只有在社会中，人的自然的存在才成为人的属人的存在，而自然界对人说来才成为人"③。基于此，实现共同富裕与人的全面发展就有了道德价值的保障。

扩展自由——实现共同富裕与人的全面发展的整体关怀目标。自由，是人类社会的美好向往，也是马克思主义追求的社会价值目标。其一，自由首先指人的意志自由，它表征着每一个人能够拥有自己充分的选择权和发展权，是一种自主性和自决性的表现。自由的获得不是依靠外在的约束，在本质上应该以个人的理性和自律为基础。当个人拥有自主性和自决性，就拥有了自我决定权，就成为一个真正独立、自主、自由的人。因此，自由是个人的权利，没有自由的权利，人就无法承担责任和义务。其二，自由还指存在和发展的自由，因而是人类生存的重要的价值追求。一方面，人类不断改善生存的自然环境、不断发展生产力、不

---

① 王玉樑：《当代中国价值哲学》，人民出版社2004年版，第131页。
② [德] 黑格尔：《法哲学原理》，商务印书馆1982年版，第46页。
③ [德] 马克思：《1844年经济学哲学手稿》，刘丕坤译，人民出版社1979年版，第75页。

断变革社会制度、不断发展科学技术、不断创造和积累物质财富,目的就是实现存在和发展的更大自由。另一方面,对自由的渴望和追求的愿望越强、目标更高,对社会发展条件和自我发展条件的要求就越高,从而就能积聚更磅礴的创造力,推动人类社会不断发展进步。当"每个人的自由发展是一切人的自由发展的条件"① 得以实现,这样的联合体就是人类最高的价值目标。

概而言之,社会富裕为了实现人的生存优化、实现尊重、扩展自由,作为价值实现目标——生存优化、实现尊重、扩展自由成为共同富裕的价值指导,为共同富裕的实践确定目标方向。

第二节 利益激励:优化人的全面发展条件

财富增加固然是共同富裕的题中之义,但是如果社会财富增加不以民众的利益获得或满足为目的,共同富裕就没有意义,如果不以人的全面发展为目的,共同富裕就没有目标导向。显而易见,利益实现能力是人的全面发展的条件,利益激励就成为实现人的全面发展的动力机制。

一 利益实现与人的全面发展

利益实现是社会利益与个人利益的有机统一,没有利益实现就不可能实现人的全面发展。

在资本主义社会条件下,社会利益成为个人(社会大多数人,即工人)利益的对立面,人的全面发展不可能实现。一方面,资本主义社会财富的增加却造成了工人的贫困。在《1844年经济学哲学手稿》中,马克思批判了资本主义社会中社会利益与工人利益相对立的状况。马克思指出,分工对于创造社会财富来说是一个方便的、有用的手段,是人力的巧妙运用,"分工提高劳动的生产力,增加社会的财富,促使社会精美完善,同时却使工人陷于贫困直到变为机器"②。也就是说,分工导致个人的片面发展,使得每一单个人的能力退化。马克思认为,在资本主义

---

① 《马克思恩格斯文集》第2卷,人民出版社2009年版,第53页。
② 《马克思恩格斯文集》第1卷,人民出版社2009年版,第123页。

条件下，"劳动本身，不仅在目前的条件下，而且就其一般目的仅仅在于增加财富而言，在我看来是有害的、遭致灾难的"①。"在社会的增长状态中，工人的毁灭和贫困化是他的劳动的产物和他生产的财富的产物。就是说，贫困从现代劳动本身的本质中产生出来。"② 在资本主义的生产关系下，社会最富裕状态"对工人来说却是持续不变的贫困"③。另一方面，资本主义条件下，人的劳动能力未能得到全面发展。人的劳动能力的全面发展是人的全面发展根本要义，即人的智力和体力得到充分和统一的发展。马克思认为，所谓全面发展的人，就是把各种社会职能（主要是劳动职能）当作相互交替的活动方式的人。当人能把各种社会职能当作相互交替的活动方式，也就是说人能胜任各种社会职能，这就实现了全面发展。在马克思看来，提升劳动能力以实现人的全面发展，一要打破造成人的片面发展的旧式社会分工，提升人的劳动能力以适应各种社会职能的相互交替需要；二要不断消除劳动的外化——"劳动对工人来说是外在的东西，也就是说，不属于他的本质；因此，他在自己的劳动中不是肯定自己，而是否定自己，不是感到幸福，而是感到不幸，不是自由地发挥自己的体力和智力，而是使自己的肉体受折磨、精神遭摧残"④。

如何实现社会利益与个人利益的有机统一呢？机器大工业生产提供人的全面发展的基础和可能，社会主义制度则是实现人的全面发展的社会条件，也就是说，只有在社会主义制度下，社会利益与个人利益才能实现有机统一，人的全面发展才能成为现实。

其一，利益表现为个人利益。个人利益是个人物质生活和精神生活需要的满足。由于每一个人都是个体性的人，其利益需求总是个人性和个体化的，从这个意义上讲，利益具有个体性的。美国社会学法学的代表人物庞德认为："个人利益就是那些直接涉及个人生活和从个人生活的立场看待的请求、需求和欲望。"⑤ 在中国传统文化中，利益常常被理解

---

① 《马克思恩格斯文集》第1卷，人民出版社2009年版，第123页。
② 《马克思恩格斯文集》第1卷，人民出版社2009年版，第124页。
③ 《马克思恩格斯文集》第1卷，人民出版社2009年版，第124页。
④ 《马克思恩格斯文集》第1卷，人民出版社2009年版，第159页。
⑤ [美] 罗斯科·庞德：《普通法的精神》，唐前宏、高雪原、廖湘文译，法律出版社2010年版，第18页。

第七章 实现共同富裕与促进人的全面发展的实施策略

为"百姓日用"。如清初戴震以百姓日用诠释何为"仁",认为"仁者,生生之德也。'民之质矣,日用饮食',无非人道之所以生生者。一人遂其生,推之而以天下共遂其生,仁也"(《孟子字义疏证·仁义礼智》)。也就是说,维护百姓日用的满足,维护天下苍生,这就是"仁"德的表现。在历史唯物主义看来,利益是指吃、穿、住、行等人们赖以生存和发展的物质生活条件。正因为如此,马克思指出:"利益不是仅仅作为一种'普遍的东西'存在于观念之中,而首先是作为彼此有了分工的个人之间的相互依存关系存在于现实之中。"① 在现实生活中,一般而言,个人利益包括三个方面:(1)生存需要的满足。也就是说,利益首先表现为维持个人和家庭成员生存和生活的需要。(2)发展需要的满足。人的思想、智力和体力等方面的发展完善,这是个人利益满足的重要内容。(3)享受需要的满足。主要指人提高生活质量、追求好生活的需要。

其二,利益还以社会利益的形式广泛地存在着。社会利益就是社会中大部分或全体成员的需求实现和满足。社会利益分为"绝对意义的社会利益"和"相对意义的社会利益"。前者指每一个体需求能够得到满足的利益,而且每一个体需求的满足不影响其他个体需求的满足,这样的社会利益表现为非排他性和非竞争性的物品或社会方式,如对国防提供的安全和法律提供的秩序的需要。后者是指由于某些相似性或因为某一原因而结合在一起的社会共同体的利益,是大多数人的相通的社会利益。无论是"绝对意义的社会利益"还是"相对意义的社会利益",在一定程度上说,与个人利益相比,都具有一定的优先性,因为个人利益的实现在很多情况下是借助于社会的力量或通过社会的形式而实现的。

其三,利益的实现是个人利益和社会利益的有机结合。功利主义者边沁认为:"社会利益是组成社会的每个成员的利益之总和。"② 也就是说,个人利益是基本的利益,社会利益只不过是个体利益的总和。因此,边沁的功利主义原则就强调两个基本原则:一是个人的快乐或幸福,二是最大多数人的最大快乐或幸福——这里的"快乐或幸福"毋宁更准确地说就是"利益"。边沁将社会利益等同于个人利益的"相加",将最大

---

① 《马克思恩格斯文集》第 1 卷,人民出版社 2009 年版,第 536 页。
② 周辅成:《西方伦理学名著选辑》下卷,商务印书馆 1964 年版,第 212 页。

多数人的最大利益等同于社会利益,没有辩证地处理好个人利益和社会利益的对立统一关系,恩格斯对此评价道:"边沁个人宣称,个人利益和社会利益是同一的,他用最大多数人的最大幸福的概念代替了公共福利这一概念。他在克服个人利益和社会利益二者的对立时是不够认真的,没能解决好二者的对立,把一切都弄颠倒了。"① 密尔对边沁的功利主义进行了修正,他强调"最大多数人的最大幸福"的功利主义原则时,更强调"个人幸福是普遍幸福的基础",从而诠释了个人利益和社会利益的统一性。同时,密尔还建设性地提出"自我牺牲"的原则以解决个人利益与社会利益相冲突的问题。

与功利主义哲学家不同,马克思认为,在生产资料归个人占有的阶级社会里,不存在"真正的社会利益或者集体利益",所谓的社会利益实际上是某些集团或某个阶级的"特殊利益",而且"国家是属于统治阶级的各个个人借以实现其共同利益的形式"。② 只有在社会生产力高度发达,并且消灭了私有制、生产资料由私有转化为"联合起来的平等个人之间的共有制",从而建立起所有自由人联合体的社会中,个人利益和社会利益才能实现真正的高度统一。今天,在建设中国特色社会主义实践中,我们一方面追求实现高度社会生产力、提高物质财富水平,另一方面我们更追求每个人自由个性的获得与"自由地发展",正不断促进着个人利益和社会利益有机结合。

二 利益激励:实现人的全面发展的动力机制

利益激励就是最大限度地、更高质量地满足人的需要,尤其是满足人的发展的需要。质言之,利益激励,是实现人的全面发展的动力。党的十八大以来,在以习近平同志为核心的党中央领导下,全国人民不断实现利益的需要,"我们党领导人民全面建设小康社会、进行改革开放和社会主义现代化建设的根本目的,就是要通过发展社会生产力,不断提

---

① 《马克思恩格斯全集》第1卷,人民出版社1960年版,第675页。
② 《马克思恩格斯全集》第3卷,人民出版社1960年版,第70页。

高人民物质文化生活水平,促进人的全面发展"①。

利益激励机制实现人的全面发展的动力机制,可以分为制度性的利益激励机制、政策性的利益激励机制、体制性的利益激励机制三种类型。

其一,制度性的利益激励机制是通过社会制度对利益实现的促进,如所有制关系和分配关系等制度性因素,会对民众利益产生重要的影响。马克思历史唯物主义认为,决定各种社会形态性质及其发展变化的因素当中,社会的所有制性质及其由所有制性质决定的分配制度起着关键性的作用。在资本主义社会中,私有财产制度是资本主义利益机制的决定性因素,私有财产制度在资本主义经济发展中具体表现为劳动、资本和土地三部分,它决定了资本主义的分配制度。与资本主义最大的不同是,作为社会主义经济关系的总和的社会主义经济制度,是以公有制为基础的。《中华人民共和国宪法》第6条规定:中华人民共和国的社会主义经济制度的基础是生产资料的社会主义公有制,即全民所有制和劳动群众集体所有制。在公有制前提下,制度性的利益激励机制呈现出与资本主义截然不同的特征:在分配上,社会主义公有制坚持以按劳分配为主体,多种分配制度并存的原则;在劳动者角色地位上,在社会主义社会中,劳动者成为生产要素的主人而不是奴隶;在经济发展目的上,追求的是消灭剥削、消除两极分化,最终实现共同富裕。同时,在社会主义初级阶段,社会主义的经济制度还有一种发展的"包容"和"谦逊"——坚持公有制的主体地位,同时鼓励、支持和引导非公有制经济发展,从而保障利益的全方位和多元化实现。

需要指出的是,经过社会主义建设初期的探索发展,我们清醒地认识到:制度性利益机制具有相对的稳定性,对于保障社会经济稳定发展具有积极作用,但常常因其存在的"惰性",会出现不适应生产力水平的状况,从而成为生产力发展的桎梏,阻碍利益的实现,如过去"一大二公三纯"的要求,将社会主义利益机制单一化和僵固化,实际上影响了广大民众对利益的需要满足。在中国特色社会主义现代化建设的今天,统筹兼顾国家、集体、个人三者利益,正确处理生产、交换、分配、消

---

① 中共中央文献研究室:《习近平关于社会主义经济建设论述摘编》,中央文献出版社2017年版,第19页。

费等环节,协调各种物质利益关系,成为促进社会主义经济发展和实现人民群众对美好生活的向往的重要任务,——质言之,只有更好地优化制度性的利益激励机制,才能更大范围、更高层次地实现广大人民群众对利益的渴求。

其二,政策性的利益激励机制是指依靠国家政府的相关政策促进利益实现,如经济发展政策、民生改善政策、人口政策、教育政策等,都能够促进利益实现。"政策性利益机制的特点是工具的灵活性和快捷性"①,政策的制定不像制度的形成,具有不仅灵活而且见效快的特点。政策的施行,可以立竿见影地影响社会经济的发展,从而成为利益调节的"指挥棒"。

重视政策在经济社会发展的重要作用,是我们党的一条基本经验。毛泽东同志指出:"政策和策略是党的生命"②,并认为只有党的政策和策略全部走上正轨,中国革命才有胜利的可能。改革开放之后,邓小平同志尤其重视政策在经济发展中的重要作用。邓小平根据中国发展的现状指出:"中国发展的条件,关键是政局稳定。第二条,就是现行政策不变。"③也就是说,要实现中国的发展,就必须坚持两个稳定,"一个政局稳定,一个政策稳定,两个稳定"④。所谓"现行政策不变"或"政策稳定",一是主要指大政方针和基本政策不变,政策具有稳定性;二是指政策具有连续性,就是具有动态的稳定性。"政策是否有连续性,主要看两条。首先是看政策本身对不对,这是最重要的。……其次要看执行政策的人。"⑤但是,"不变"中总是蕴含着"变"的因素,而"确定现行政策会不会发生变化的主要根据是,现行政策对不对,对国家来说对不对,对人民来说对不对"⑥。改革开放以来,中国的经济政策在稳定中发展,在稳定中创新,极大促进了广大民众利益的实现。从20世纪70年代末到

---

① 谭培文:《利益认同机制研究——基于社会主义核心价值体系认同视角》,中国社会科学出版社2014年版,第13页。
② 《毛泽东选集》第4卷,人民出版社1991年版,第1298页。
③ 《邓小平文选》第3卷,人民出版社1993年版,第216页。
④ 《邓小平文选》第3卷,人民出版社1993年版,第217页。
⑤ 《邓小平文选》第3卷,人民出版社1993年版,第150页。
⑥ 《邓小平文选》第3卷,人民出版社1993年版,第173页。

80年代，中国的经济政策以及相应的社会政策处于应对经济供应短缺、推进国有企业改革的阶段，相应的利益、福利问题有待进一步解决。1992年党的十四大正式提出中国经济体制改革的目标是"建立社会主义市场经济体制"，1993年党的十四届三中全会做出的《关于建立社会主义市场经济体制若干问题的决定》确定了社会主义市场经济体制的基本框架和改革的各项任务。政策体系目标转向促进市场经济体制、促进经济发展、维护社会稳定。90年代的政策变迁在促进社会经济发展的同时，对民众利益的一些疏忽不容忽视——政府和企业没有能够完全承担民众福利责任，市场机制在医疗、住房、教育等领域的引入造成了"看病难、买房贵、上学难"等普遍性社会问题。进入21世纪，一系列经济政策和社会政策的出台——党的十六届四中全会提出了构建社会主义和谐社会的战略任务，党的十六届六中全会做出了《中共中央关于构建社会主义和谐社会若干重大问题的决定》，党的十七大明确提出"加快推进以改善民生为重点"的社会建设，在化解相应利益问题的同时，广大民众的利益实现得到了极大的推进。党的十八大以来，在开创新时代中国特色社会主义建设中，一系列改善民生、关乎民众利益的政策不断出台和发挥作用。在党中央的坚强领导下，相关政策坚持以人民为中心，把实现好、维护好、发展好最广大人民根本利益作为出发点和落脚点，改革发展成果更多更公平惠及广大人民。

其三，体制性的利益激励机制是依靠组织制度对利益实现的促进。体制不同于制度，是制度形之于外的具体表现和实施形式，是管理政治、经济、文化等社会生活各个方面事务的规范体系，也就是说，体制是一定政治、经济制度的结构形式、组织形式或组织结构。体制也不同于政策，作为一种结构形式或组织结构，体制不像政策具有可以随意改变的特征，一般而言，体制具有相应的稳定性。正如体制不同于制度和政策，体制性的利益激励机制也不同于制度性的利益激励机制、政策性的利益激励机制。体制性的利益激励机制是通过生产资料要素、通过市场经济活动的相互协作、资源分配要素的结构组合等途径，实现对利益的调节和促进。体制性的利益激励机制是可以撇开社会制度和社会形态的区分而发挥作用的，它能够保障人们获得稳定、持久的利益实现。例如，经济体制作为某一社会生产关系的具体形式，是一定的所有制和产权结构与一定的资源配置方式的统一。经济体制作为一种资源配置的具体方式或制度模式，是经济人的利益直接实现方式，是资本主义、社会主义都重视的利益实现方式。

当然，不同的社会生产关系条件下，由于生产资料所有制不同，由此决定的人们在生产中的地位及其产品的分配也是不同的。虽然社会主义市场经济体制和资本主义市场经济体制都必须遵循等价交换的价值规律，但是二者还是有着本质区别的。改革开放之前，认为市场经济姓"资"，计划经济姓"社"似乎成了天经地义的信条和不可冒犯的戒律。改革开放以来，在邓小平同志的带领下，我们重新回到解放思想、实事求是的思想路线，回到实践是检验真理的唯一标准，全国人民从社会主义初级阶段的实际出发，认真总结国内外改革和发展的经验教训，大胆突破传统理论观点的束缚，逐步提出和丰富了社会主义市场经济理论。1979年，邓小平同志提出"社会主义也可以搞市场经济"的论断，以此为起点，中国开始了对社会主义市场经济的探索。1981年党的十一届六中全会通过的《关于建国以来党的若干历史问题的决议》中提出"以计划经济为主，市场调节为辅"；1982年，党的十二大正式提出"计划经济为主、市场经济为辅"；1984年，党的十二届三中全会正式提出"社会主义经济是公有制基础上的有计划的商品经济"；1987年，党的十三大正式提出"社会主义有计划商品经济的体制，应该是计划与市场内在统一的体制"[①]。1992年，邓小平在南方谈话时提出："计划多一点还是市场多一点，不是社会主义与资本主义的本质区别。计划经济不等于社会主义，资本主义也有计划；市场经济不等于资本主义，社会主义也有市场。计划和市场都是经济手段。"[②] 这一重要论断，从根本上破除了市场经济姓"资"、计划经济姓"社"的旧观念。1992年，党的十四大正式确立"我国经济体制改革的目标是建立社会主义市场经济体制"。由此，中国逐渐建立了崭新的市场经济体制——社会主义市场经济体制。社会主义市场经济体制为实现中国经济持续快速发展、实现经济总量跃居世界第二的历史性飞跃、实现人民生活从温饱到小康的历史性跨越提供了基本制度

---

① 《十三大以来重要文献选编》上，人民出版社1991年版，第26页。
② 《邓小平文选》第3卷，人民出版社1993年版，第373页。

保障。

综上而言，利益激励机制促进了经济社会更高质量、更有效率、更加公平、更可持续、更为安全的发展，也从根本上促进了人的全面发展。当前，在实现共同富裕实践中，我们必须"完整、准确、全面贯彻新发展理念，坚持以人民为中心的发展思想，坚持发展为了人民、发展依靠人民、发展成果由人民共享，着力解决人民最关心最直接最现实的利益问题，着力解决发展不平衡不充分问题，努力在发展中使广大人民的获得感、幸福感、安全感更加充实、更有保障、更可持续"[1]，从而为促进人的全面发展创造更加充分的条件。

第三节 制度促进："诱致性"制度创新保障

把握新发展阶段，贯彻新发展理念，构建新发展格局，优化社会保障制度，是实现共同富裕与促进人的全面发展的重要举措。

一 发挥中国特色社会主义制度优势，为实现共同富裕与促进人的全面发展提供坚实保障

中国特色社会主义制度，是由根本政治制度、基本政治制度、基本经济制度以及各方面体制机制等具体制度有机结合起来的制度体系。发挥社会主义制度优势，就是充分利用这些制度体系，推进共同富裕。

人民代表大会制度是我国的根本政治制度，是坚持党的领导、人民当家作主、依法治国有机统一的根本制度安排。1954年第一届全国人民代表大会第一次会议召开，标志着人民代表大会制度作为中国的根本政治制度在全国范围内正式确立。从此之后，人民代表大会成为人民群众参与管理国家和社会事务的根本制度保障，也成为人民群众表达利益诉求、实现民主权利最有效的途径。人民代表大会制度使得广大民众积极表达和实现民生改善的愿望有了制度保障，有力纠正了政府过于强调经济发展而忽略生态、民生发展等，推进了国家治理体系和治理能力现代化。习近平总书记

---

[1] 习近平：《坚定不移走中国人权发展道路　更好推动我国人权事业发展》，《求是》2022年第12期。

指出:"人民代表大会制度是符合中国国情和实际、体现社会主义国家性质、保证人民当家作主、保障实现中华民族伟大复兴的好制度。"①

中国共产党领导的多党合作和政治协商制度、民族区域自治制度以及基层群众自治制度构成了基本政治制度。"多党合作和政治协商制度"是具有中国特色的政党制度。《中华人民共和国宪法》明确规定"中国共产党领导的多党合作和政治协商制度将长期存在和发展"。中国共产党是执政党,代表了工人阶级和广大人民掌握人民民主专政的国家政权,从而保障最广大人民的根本利益;各民主党派是参政党,参与国家管理和国家事务。中国共产党与各民主党派遵循"长期共存,互相监督,肝胆相照,荣辱与共"的方针,使得全国人民能够实现利益目标和利益和谐。"民族区域自治制度"是在国家统一领导下,各少数民族聚居的地方实行区域自治、设立自治机关、行使自治权的制度,这是中国共产党领导中国人民进行制度创新的伟大成果。民族区域自治制度有利于处理民族关系、解决民族问题,维护和促进各民族平等、团结、互助、和谐的关系。中国是一个少数民族众多的国家,"铸牢中华民族共同体意识",保障和实现各少数民族合法的权利和利益,是推进共同富裕的应有之义。"基层群众自治制度"即依照宪法和法律,由居民(村民)选举的成员组成居民(村民)委员会,实行自我管理、自我教育、自我服务、自我监督的制度。基层群众自治与人民群众的切身利益密切相关,直接反映人民的利益诉求,因此基层群众自治制度是实现共同富裕最直接的制度动力。

公有制为主体、多种所有制经济共同发展是中国的基本经济制度。经济制度是生产关系的总和,生产资料归谁所有、人们在生产中的地位和相互关系、产品如何分配构成了生产关系的三个要素。社会主义的生产资料公有制,决定了社会物质产品归全民所有、人们在生产中地位是平等互助的关系、产品分配以按劳分配的方式进行。经过改革开放和新时代中国特色社会主义建设的探索,中国逐渐探索出一套"所有制结构、分配方式、经济运行机制"三者结合的经济制度。党的十八大对此做出概括,即"要加快完善社会主义市场经济体制,完善公有制为主体、多

---

① 习近平:《在庆祝全国人民代表大会成立 60 周年大会上的讲话》,人民出版社 2014 年版,第 5 页。

种所有制经济共同发展的基本经济制度,完善按劳分配为主体、多种分配方式并存的分配制度"①。党的十九大进一步强调指出"必须坚持和完善我国社会主义基本经济制度和分配制度","使市场在资源配置中起决定性作用,更好发挥政府作用"②。长期的社会实践证明,以公有制为主体、多种所有制经济共同发展的经济制度,促进了中国经济建设和社会进步。社会主义基本经济制度,为实现共同富裕和人的全面发展起着决定性的动力作用。

二 加强制度创新,为实现共同富裕与促进人的全面发展提供制度引导

制度创新就是指通过制度的变动和革新,使资源得到更合理的配置。制度创新的目的是促进发展、增加收益。制度创新包括如下两种类型。

一是正式制度创新,即法律法规、政策等正式的制度变革和替换。正式制度是对社会行为确定的规范,具有一定的强制性和制度刚性,对经济活动产生深刻的影响。正式制度具有强制性、针对性等特征。在经济发展的过程中,正式制度对于国家经济发展无疑起着规范和导向作用,不仅使得经济发展符合经济规律,也使经济发展符合国家需要。美国著名学者迈克尔·波特(Michael E. Porter)在《国家竞争优势》一书中提出了国家经济发展四阶段理论,即生产要素导向阶段、投资导向阶段、创新导向阶段和富裕导向阶段。③ 在不同阶段,正式制度发挥着不同的作用和优势,促进经济按照不同的目标要求发展。在生产要素导向阶段,经济发展依赖天然资源、自然环境和廉价劳动力等生产要素,产品供应匮乏,企业创新能力不足,经济制度的作用就是根据政府事先制订的计划,制定合理的政策和措施,引导和调节经济运行方向。在投资导向阶段,国家竞争优势体现在以国家和企业的投资意愿和投资能力为基础,

---

① 胡锦涛:《坚定不移沿着中国特色社会主义道路前进 为全面建成小康社会而奋斗——在中国共产党第十八次全国代表大会上的报告》,人民出版社2012年版,第18页。

② 习近平:《决胜全面建成小康社会 夺取新时代中国特色社会主义伟大胜利——在中国共产党第十九次全国代表大会上的报告》,人民出版社2017年版,第21页。

③ [美]迈克尔·波特:《国家竞争优势》下,华夏出版社2002年版。参阅:第三篇"国家篇",第十章"经济发展的四个阶段"。

企业对先进技术运用的能力增强；经济制度的作用就是保障投资安全、技术引进和运用、提升国家企业的竞争力。在创新导向阶段，技术创新成为国家竞争力的重要体现、企业技术开发能力和竞争力不断增强，经济制度的作用就是执行创新，提升创新范围和创新强度。在财富导向阶段，国家竞争的优势体现在财富积累、金融投资超过实业投资，经济制度的优势就是如何发挥财富优势，增强社会发展稳定性，提升人民生活质量。当前，我国经济社会发展正处于创新导向阶段，并向富裕导向阶段迈步的过程中，如何加强制度创新以实现经济社会发展创新依然是重要的任务，同时，如何引导财富高质量积累和财富社会效益的发挥，成为现阶段中国特色社会主义建设的重要主题任务。

二是大量非正式制度创新，如道德价值规范、道德信念、风俗文化习惯、意识形态、认知水平等规范的更新。非正式制度，也称非正式约束，是人们在生活交往中自发形成并被人们无意识接受的行为规范。相对于正式制度而言，非正式制度具有四个特点：（1）自发性。非正式制度安排并非理性设计，人们遵循某种非正式制度常常是出于习惯而非理性计算。（2）非强制性。非正式制度不像正式制度依靠强制性机制使人遵守，而是靠主体自觉性或良心发挥作用。（3）广泛性。非正式制度渗透到社会生活的各个领域，其调节的范围和发生的作用的空间远远超过正式制度。（4）持续性。非正式制度一旦形成，就会长期存在并发挥作用，具有延续性和"遗传性"。在推进共同富裕实践中，关于富裕的价值追求、人的全面发展信念目标、"共同"富裕的关怀伦理、慈善的伦理精神等非正式制度因素，将会发生巨大的积极作用并推动整个社会全面进步。

三　重视"诱致性制度变迁"，为实现共同富裕与促进人的全面发展提供制度动力

"诱致性制度变迁指的是现行制度安排的变迁或替代，或者是新制度安排的创造，它由个人或一群人，在响应获利机会时自发倡导、组织和实行。与此相反，强制性制度变迁由政府命令、法律引入和实行。"[①] 由

---

① 林毅夫：《关于制度变迁的经济学理论：诱致性变迁与强制性变迁》，《卡托杂志》1989年第1期。

于强制性制度变迁的作用方式及其动力作用的广度和深度有一定的有限性，地方经济社会发展往往会出现一些制度变迁惰性情况。比如一些地方经济发展遵循"路径依赖"，墨守成规，不敢也不想创新求变，这无疑影响经济社会发展的效率和质量。因此，消除制度变迁惰性，必须加强"诱致性制度变迁"，运用利益调节机制诱导，促使和实现自觉、主动的制度创新。

党的十八大以来，浙江省以"八八战略"为总纲，不断推进"诱致性制度变迁"，努力打好转型升级组合拳，不仅使传统动能加速改造提升，而且逐渐提高新动能增长权重，不断生成新的制度红利惠及全省民众，全省的增长格局和增长机制正在焕然一新。2022年6月20日，浙江省第十五次党代会上，浙江省委书记袁家军提出了浙江省的奋斗目标，即"在高质量发展中实现中国特色社会主义共同富裕先行和省域现代化先行"，并提出要"高水平"打造8个"高地"——高水平推进以自我革命引领社会革命的省域实践，打造新时代党建高地和清廉建设高地；高水平建设现代化经济体系，打造高质量发展高地；高水平推进数字化改革，打造数字变革高地；高水平推进平安浙江法治浙江建设，打造全过程人民民主实践高地；高水平推进文化强省建设，打造新时代文化高地；高水平推进社会建设，打造社会全面进步高地；高水平推进人与自然和谐共生的现代化，打造生态文明高地；高水平推进人的现代化，打造促进全体人民全面发展高地。[①] 在强调要突出把握五大工作导向中，尤其强调要"创新制胜"，统筹推进理论创新、实践创新、制度创新、文化创新，大力培育新科技、新产业、新增长极，形成制胜未来的新优势。

第四节　综合治理：调适多重发展关系

社会发展是多重关系的发展改善，共同富裕与人的全面发展也是在多重发展关系的协调和改进中得以实现的。具体而言，共同富裕与人的全面发展是三个层面发展关系的综合治理与协调。

[①] 袁家军：《忠实践行"八八战略"　坚决做到"两个维护"　在高质量发展中奋力推进中国特色社会主义共同富裕先行和省域现代化先行》，《浙江日报》2022年6月27日。

其一，从社会关系的本质构成看，共同富裕与人的全面发展涉及生产力与生产关系、经济基础与上层建筑的矛盾运动关系，是在这两对社会基本矛盾的协调中获得根本动力。

马克思主义唯物史观认为：生产关系必须适合生产力发展状况的规律是人类社会发展最基本、最普遍的规律。一是生产力决定生产关系的产生、性质和发展变化；二是生产关系反作用于生产力；三是生产力和生产关系之间的矛盾运动体现为生产关系与生产力之间由基本适合到基本不适合再到新的基本适合的过程。这一规律是我们党制定正确的路线、方针、政策的理论依据，中国社会主义初级阶段实行公有制为主体、多种所有制经济共同发展的基本经济制度，就是以这一规律为理论依据的。这一规律要求我们必须根据现有生产力发展水平，来调整和改革所有制结构。坚持社会主义公有制的主体地位，是保证国民经济的发展沿着社会主义方向前进、防止两极分化、最终实现共同富裕的保证。

对于地方经济社会发展而言，坚持社会主义公有制、多种经济成分并存的基本原则，大力发展生产力，缩小差距，实现共同富裕，是发展的坚定不移的主题任务。从全国范围看，统计至2010年，中国经济增速三十年年均10%以上，此后，虽然有所放缓，2016年为6.7%，2016—2020年年均经济增速为6.5%，但中国经济发展依然取得巨大进步。2021年1月18日，国家统计局发布数据，2020年中国国内生产总值（GDP）首次突破100万亿元大关。[①] 从浙江省域范围看，近五年来，浙江省经济社会发展取得巨大成绩，生产力和生产关系之间的矛盾进一步调适，城乡居民收入倍差缩小到1.94、地区居民收入最高最低倍差缩小到1.61、家庭年可支配收入20万—60万元的群体比例提高到30.6%，基本公共服务均等化实现度超过98%。[②] 只有协调生产力与生产关系的矛盾，不断全面深化改革，使生产关系适应生产力发展新变革，共同富裕与人的全面发展才能具备坚实的物质基础。

---

① 数据来源：2021年1月18日国家统计局网站（http：//www.stats.gov.cn/）。
② 数据来源：袁家军：《忠实践行"八八战略" 坚决做到"两个维护" 在高质量发展中奋力推进中国特色社会主义共同富裕先行和省域现代化先行》，《浙江日报》2022年6月27日。

第七章 实现共同富裕与促进人的全面发展的实施策略

经济基础与上层建筑的矛盾运动规律是社会发展的另一个根本动力。马克思指出:"人们在自己生活的社会生产中发生一定的、必然的、不以他们的意志为转移的关系,即同他们的物质生产力的一定发展阶段相适合的生产关系。这些生产关系的总和构成社会的经济结构,即有法律的和政治的上层建筑竖立其上并有一定的社会意识形式与之相适应的现实基础。"[1] 经济基础是指与社会一定发展阶段的生产力相适应的生存关系的总和,上层建筑是与经济基础相对应的社会的政治、法律、文艺、道德、宗教、哲学等意识形态以及与这些意识形态相适应的政治法律制度和设施的总和。上层建筑对经济基础起着能动的反作用。加强政治体制改革、加强政治文明建设、加强文化建设、培育和践行社会主义核心价值观等,对于经济基础的优化与发展起着巨大的促进作用。党的十九大指出,中国特色社会主义新时代的主要矛盾发生了新变化,这意味着中国从站起来、富起来向强起来的转换中,中国人民的需求也在发生深刻变化,由主要满足物质需求,转化为主要满足精神需求。当前,我们正在开展文化建设,就是为了满足人的精神需求,为人民过上美好生活提供丰富的精神食粮。党的十八大以来,浙江省努力发挥人文优势、激发精神力量,文化建设取得重大成果。浙江省从"文化大省""文化强省"到"文化浙江"的转变,促使文化"软实力"日益彰显,"浙江精神"不断创新,真正实现了"富口袋,还要富脑袋"的高要求、高质量发展。

其二,从社会关系的具体构成看,共同富裕与人的全面发展涉及人与人、人与社会、人与自然、人与自身的关系,如何实现四个方面的协调是科学发展观的具体内容。

科学发展观坚持以人为本,以实现人的全面发展、协调发展和可持续发展为目标。在推进共同富裕中实现科学发展,就是要实现人与人、人与社会、人与自然、人与自身的和谐发展。在资本主义生产条件下,社会关系由于异化劳动的支配而发生异化。异化劳动造成了人同自己的劳动产品、自己的生命活动、自己的类本质相异化,并导致了人同人向异化的直接结果。"异化劳动使人自己的身体同人相异化,同样也使在人

---

[1] 《马克思恩格斯文集》第2卷,人民出版社2009年版,第591页。

之外的自然界同人相异化，使他的精神本质、他的人的本质同人相异化。"① 在社会主义条件下，劳动产品归属于劳动人民，劳动产品不是作为一种异己的力量而存在，劳动作为一种"生命活动"，不仅仅是维持肉体生存的一种手段，还是自身主体力量的确证和对同类存在的一种促进，劳动彰显的是人的类本质。因此，在社会主义条件下，劳动及其劳动产品不再是人同自身相对立，也就不会造成同他人相对立，也就避免了人与社会、人与自然相对立的异化状况。在推进共同富裕实践中，坚持以人为本、科学发展，归根结底就是坚持以民生改善为主题、以实现人的全面发展为目标。

其三，从社会生活的具体内容看，共同富裕与人的全面发展涉及物质生活、政治生活、社会生活与精神生活的范围，是"物质—生活""政治—生活""社会—生活""精神—生活"四个方面的复杂而具体的协调。

实践活动开辟了人类生活的基本领域，这就是物质生活、政治生活、社会生活与精神生活。在唯物史观视域中，物质生活是最基本的人类生活，物质生活的生产方式决定社会生活、政治生活和精神生活的一般过程。古语云："仓廪实则知礼节，衣食足则知荣辱。"（《管子·牧民》）物质生活条件的改善是政治生活、社会生活与精神生活得以进行的基础。孟子与齐宣王有一段朴实而富有历史唯物主义智慧的对话，孟子曰："无恒产而有恒心者，惟士为能。若民，则无恒产，因无恒心。苟无恒心，放辟邪侈，无不为已。及陷于罪，然后从而刑之，是罔民也。焉有仁人在位，罔民而可为也？是故明君制民之产，必使仰足以事父母，俯足以畜妻子；乐岁终身饱，凶年免于死亡。然后驱而之善，故民之从之也轻。"（《孟子·梁惠王章句上》）意思是说，对于老百姓而言没有固定的产业收入，也就没有固定的道德观念，就会胡作非为。贤明的国君制定产业政策，一定要让他们上足以赡养父母，下足以抚养妻子儿女，好年成丰衣足食，坏年成也不致饿死。孟子借此规劝齐宣王施行仁政就要从根本做起，这就是"五亩之宅，树之以桑，五十者可以衣帛矣。鸡豚狗彘之畜，无失其时，七十者可以食肉矣。百亩之田，勿夺其时，八口之

---

① 《马克思恩格斯文集》第1卷，人民出版社2009年版，第163页。

家可以无饥矣。谨庠序之教,申之以孝悌之义,颁白者不负戴于道路矣。老者衣锦食肉,黎民不饥不寒,然而不王者,未之有也"(《孟子·梁惠王章句上》)。中国共产党建立百年以来,改善民生、实现民众更美好的生活,成为始终如一的不懈追求。

政治生活在人民生活中不可或缺,因为政治生活的内容更多地涉及社会公共管理和公共利益的问题。政治生活与经济生活、文化生活相辅相成、相互促进。在我们国家,全部政治生活是人民依法行使政治权利、履行政治性义务、参与民主监督为基础和准则的。进入新时代,政治生活的基本要求是坚持党的领导、人民当家作主、依法治国有机统一,坚持中国特色社会主义政治发展道路,坚持和完善人民代表大会制度、中国共产党领导的多党合作和政治协商制度、民族区域自治制度、基层群众自治制度,巩固和发展最广泛的爱国统一战线,发展社会主义协商民主,健全民主制度,丰富民主形式,拓宽民主渠道,保证人民当家作主落实到国家政治生活和社会生活之中。①

社会生活一般而言指的是社会的物质生产活动和社会组织的公共活动领域以外的社会日常生活。社会生活以一定的社会关系为纽带,主要包括家庭生活、职业生活和公共生活三大领域。马克思认为,生活即是生产生命的活动,是人的生命活动的展开,"有意识的生命活动把人同动物的生命活动直接区别开来。正是由于这一点,人才是类存在物"②。马克思还强调:"全部社会生活在本质上是实践的。"③ 社会生活过程具有总体性特征,一方面社会生活具有连续性和上升性,任何一个阶段的社会生活都是对前代生活的继承和发展;另一方面,社会生活是个体生活、群体生活、公共生活的统一。对于人的发展而言,个体生活具有重要的意义,同时人作为社会存在物,人的生活不能脱离与他人、群体,也就是说,人只有在社会中,才能确证自己的本质力量。"意识到必须和周围的个人来往,也就是开始意识到人总是生活在社会中。"④ 每个人作为

---

① 习近平:《决胜全面建成小康社会 夺取新时代中国特色社会主义伟大胜利——在中国共产党第十九次全国代表大会上的报告》,人民出版社2017年版,第22页。
② [德]马克思:《1844年经济学哲学手稿》,人民出版社2000年版,第57页。
③ 《马克思恩格斯选集》第1卷,人民出版社1995年版,第56页。
④ 《马克思恩格斯选集》第1卷,人民出版社1995年版,第82页。

"关系中的我"(self-in-relaiton),只有处理好社会生活,才能在实现自由和全面发展的进程中迈出坚实的步伐。

精神生活是更高层次的生活。按照马斯洛需求层次,精神需求包括安全需求、社交需求、荣誉需求、认同需求等。随着人在"物"的层面生活的需要逐渐得到满足,人总是有更丰富的精神文化生活期待,努力追求生活的文化内涵和精神境界。党的十九大报告强调指出:"满足人民过上美好生活的新期待,必须提供丰富的精神食粮。"[①] 精神生活需要的满足,以尊严、权利、当家作主的地位的实现为要求,以获得感、幸福感、安全感等更具主观色彩的"软需求"为特征,并在此基础上升华为对民主、法治、公平、正义、安全等方面的更高精神期待。总的来看,中国人民日益增长的精神生活需求呈现出"个性化""多样化""品质化""开放性"的新特点。因此,在推进共同富裕实践中,如何更好地满足人民群众精神生活需要,成为重要的追求。

综上而言,协调共同富裕与人的全面发展中的多重发展关系,成为实现共同富裕与实现人的全面发展的重要任务,只有在多重发展关系的协调中,才能实现更高层次、更高质量、更高水平的发展。

第五节 协同促进:破解"公共地悲剧"与"反公共地悲剧"

共同富裕需要"共同的行动","共同的行动"却涉及多个利益主体,如何在共同的努力和共同的行动中实现"共同的富裕",需要破解发展中的"公共地悲剧"与"反公共地悲剧"。

一 "公共地悲剧"对实现共同富裕的阻滞及其破解

美国学者加勒特·哈丁(Garrett Hardin)最早提出"公共地悲剧"理论(Tragedy of commons)。[②] "公共地悲剧"理论旨在说明:在没有制

---

① 习近平:《决胜全面建成小康社会 夺取新时代中国特色社会主义伟大胜利——在中国共产党第十九次全国代表大会上的报告》,人民出版社2017年版,第43页。

② Garrett Hardin, "The Tragedy of the Commons", *Science*, Vol. 162, 1968, p. 1243.

度约束下,有限的公共资源与无限的个人欲望之间必然会导致资源的滥用、破坏甚至枯竭。对待公共事物或公共资源的自由,有可能给人们带来毁灭。哈丁举例说明:在公共草地牧场上,每个牧羊者都希望自己的收益最大化,就会不顾草地的承受能力而增加羊群数量,最终导致牧场因过度使用而退化或废弃,这就发生了"公共地悲剧"。"公共地悲剧"的发生特征,一是相关行为者秉承"利益归己,损失归公"的理念,二是追逐自身利益最大化而造成公共资源过度使用和破坏,三是造成整体利益的下降和损失。

"公共地悲剧"理论的启示在于:在推进共同富裕的实践中,如何避免生态资源的掠夺式和排挤式开发、如何避免无节制浪费,应该为我们所深刻认识、警觉和制止。

其一,确立对资源使用的责任承担。"公共地悲剧"实质上是对公有资源的一种责任漠视。因此,要避免对资源无序的争夺和不受约束的浪费,首先各个行为主体必须确立责任理念、承担相应责任。共同富裕是每一个人的共同的事业,对资源使用的共同的责任是实现共同富裕的重要基础。在推进共同富裕的实践中,当务之急是建立规范有序的自然资源和规划管理体系,落实共同责任机制,构建"党委领导、政府负责、部门协同、公众参与、上下联动"的自然资源管理模式,真正做到"大家管,大家用"。

其二,明晰产权,激发主体动力。诺贝尔经济学奖获得者科斯认为,"公共地悲剧"产生的根本原因是产权缺失或不明晰,若要避免"公共地悲剧",就应该把共有资源划分到个人,这样能够促使资源得到有效使用而不至于过度使用或浪费。主张明晰产权、资源私有化的"科斯定理"从理论上而言似乎是解决公共地悲剧的有效途径,但事实是:资源的有限性与私有化的矛盾是难以化解的,而且私有化的加深会进一步加剧利益冲突。毋庸置疑,科斯强调"明晰产权"却是有积极意义的,尤其它作为现代企业发展的重要经济规律,是可以为我们发展所运用的。市场经济的实践表明,当稀缺资源的财产所有权被清晰地加以界定的时候,市场就是有效率的。所谓产权清晰,就是指要以法律形式明确企业在产权关系方面的资产所有权及相关权利的归属明确、清晰,其具体要求是有明确的产权主体,能够对相关资产行使占有、使用、处置和收益等权利；有清晰的产权边界；厘清产权关系；权责相等。清晰的产权体现了权利与义务的对等、风险与收益的平衡，符合市场经济运行的基本规律和要求，对于企业发展具有重要的积极意义，对于整个社会而言能够促进资源合理有效使用、避免资源浪费和无序争夺。

其三，加强制度约束。无论是对资源使用的责任承担、还是明晰产权以激发主体动力，都需要制度加以规范和约束。奥尔森在《集体行动的逻辑》中认为，理性的个人在追逐个人利益的时候不会自觉地追求和实现共同的利益，因而常常会造成"集体行动困境"，只有一种作为制度安排的"选择性的激励"才会驱使潜在集团中的理性个体采取有利于集团的行动。① 埃莉诺·奥斯特罗姆也认为，只有制度规范才能有效保障"公共池塘资源"使用的可持续性，因为"相对于外部强加规则，公共池塘资源的使用者自己组织起来构建并执行一些基本规则会使本地资源的使用更有可持续性。因此，要让大部分受资源体系影响的个体都参与到规则的制定和修改中来"。② 制度在集体行动中的作用表现为三个功能，即规范性功能、策略性功能和政治性功能。③ 制度的规范性功能不仅表现在对集体行动目标和方向做出规定，还表现在对行动"该做什么""不该做什么"规定。策略性功能即运用策略性结构设置对利益分配做出安排，为避免两败俱伤则应该开展合作共赢。政治性功能表现在制度建构的过程中促进多元主体参与、推动协商民主，从而优化政治体制。显然，共同富裕实践不仅需要发挥制度的规范性功能，对目标方向做出规定，对"该做"和"不该做"做出设置；也需要策略性地引导利益分配，形成合理的利益格局；还需要形成利益相关者的多元参与、协商共赢。

二 "反公共地悲剧"对实现共同富裕的阻滞及其破解

与"公共地悲剧"理论不同，美国学者米歇尔·赫勒（Michael·

---

① [美]曼瑟尔·奥尔森：《集体行动的逻辑》，陈郁译，上海人民出版社2011年版，第42页。
② [美]埃莉诺·奥斯特罗姆：《集体行动与社会规范的演进》，王宇锋译，《经济社会体制比较》2012年第5期。
③ 金太军、鹿斌：《制度建构：走出集体行动困境的反思》，《南京师大学报》（社会科学版）2016年第2期。

A. Heller）在 1998 年提出了"反公共地悲剧"理论（Tragedy of Anti-Commons）。人们常常关注过度利用（overuse）公共资源所造成的"公共地悲剧"恶果，但却常常忽视了资源未被充分利用（underuse）的可能性。在公共地内存在着很多权利所有者，为了达到某种目的，每个当事人都有权阻止其他人使用该资源或相互设置使用障碍，造成没有人拥有有效的使用权，导致资源的闲置和使用不足，造成浪费或福利减少，这就是"反公共地悲剧"。"反公共地悲剧"产生的原因是，当每一个人都似乎拥有资源的使用权，而每一个人都有阻止别人使用资源的权力，最后造成了所用权的似是而非和支离破碎。

共同富裕强调多元参与，强调资源拥有、使用、管理等权利主体之间共建、共生、共享、共赢，形成价值共契和实践合作，从而提高发展效率。在资源开发、生态治理等领域中，常常出现一种情况——由于管辖权限不明或相互冲突，某些资源的开发和使用受多个部门管辖或需多个部门审批，于是就造成了两种现象：一是资源的各个权利拥有者或管理者都存在"搭便车"或利益抽成的心理，从而使协调和沟通难度增大，管理成本增加；二是谁都有部分管辖权，谁都想阻止他人使用和利用资源，最后造成职责推诿和"多龙不治水"的现象，严重影响地方经济社会发展。由于利益主体的"离心离德"，实现共同富裕的目的就难以实现。为此，必须加强机制建设，避免共同富裕实践中的"反公共地悲剧"。

一是建立组织协调机制。推进共同富裕是一个利益相关者的权利与义务、责任与利益相统一的实践过程。各级政府部门首先必须树立协作管理理念，确立统一的发展目标，统领地方经济社会发展；其次，利益相关者主体相互间应该建立合作信任机制，奉献各自的力量；最后，利益相关者应建立协商机制，共同参与共同富裕建设，分担责任、分享成果。近些年，浙江省经济社会发展之所以取得辉煌的成绩，其中很重要的一条经验就是加强组织协调促进共建共享。为此，浙江省第十五次党代会提出了一条重要的工作导向，就是"以探索共同富裕有效路径激发全社会新活力，重塑政府、社会、企业、个人关系，推动党员干部、企业家、广大劳动者能力整体提升，鼓励勤劳创新致富、先富带后富，形成共同奋斗、共创美好生活的新理念新机制新气象"①。

二是建立信息交互机制。信息交互机制就是指不同部门信息和信息产品的交流与共用，以便更加合理地实现资源配置，提高资源利用率，避免由于信息不对称而导致地方利益矛盾冲突加剧，从而提高资源利用的社会效益和经济效益。信息交互机制的建立不仅仅是资源信息交流，还包括对其信息利用、开发、与服务推送等，以提高经济社会发展效率。近些年，浙江省致力于高水平推进数字化改革，打造数字变革高地。数字政府、数字社会、数字文化、数字法治和基层智治系统建设成效更加彰显，一体化智能化公共数据平台先进完备、支撑有力，"掌上办事之省""掌上办公之省""掌上治理之省"基本建成，数字化改革促进了信息交互平台建设，为高水平建设共同富裕示范区提供了有力支撑。

三是建立利益矛盾协调机制。利益矛盾协调机制是避免"反公共地悲剧"、实现共同富裕的有效杠杆。"反公共地悲剧"究其实质是利益相关者的矛盾和冲突造成的。共同富裕实践中的利益相关者包括地方政府、相关组织机构、社区、居民、企业等，他们各自都有自己的利益期望，在利益分享或抽成过程中极易造成矛盾和冲突，如权力寻租、商业贿赂、矛盾扯皮、消极服务、开发效率低下等。建立利益矛盾协调机构、申诉机构或仲裁机构，可以有效地处理利益矛盾纠纷。近些年，浙江省采取有力措施，协调各种利益矛盾，积极推进收入分配制度改革，"中等收入群体比重稳步提高，低收入群体增收能力、生活品质和社会福利水平明显提升，城乡居民收入倍差缩小到 1.9 以内，城镇化率达到 76%，地区居民收入最高最低倍差缩小到 1.55 以内，26 县居民收入与全省平均之比达到 0.75。高水平实现基本公共服务均等化，'15 分钟公共服务圈'基本建成，人口结构更加优化，高等教育毛入学率达到 72%，共建共享型社会加快形成"②。

总而言之，实现共同富裕与促进人的全面发展是一项复杂的系统性

---

① 袁家军:《忠实践行"八八战略" 坚决做到"两个维护" 在高质量发展中奋力推进中国特色社会主义共同富裕先行和省域现代化先行》，《浙江日报》2022 年 6 月 27 日。
② 袁家军:《忠实践行"八八战略" 坚决做到"两个维护" 在高质量发展中奋力推进中国特色社会主义共同富裕先行和省域现代化先行》，《浙江日报》2022 年 6 月 27 日。

工程，加强价值引导以超越"资本逻辑"困境，增强利益激励以优化人的全面发展条件，加强制度促进以实现"诱致性"制度创新保障，加强综合治理以调适多重发展关系，加强协同促进以破解"公共地悲剧"与"反公共地悲剧"，是有效的实施策略，将为实现共同富裕与促进人的全面发展提供工作实践方向。

第 八 章

促进共同富裕与促进人的全面发展的创新路径

2021年5月20日，中共中央、国务院印发《关于支持浙江高质量发展建设共同富裕示范区的意见》，明确了阶段性目标任务："到2025年，浙江省推动高质量发展建设共同富裕示范区取得明显实质性进展。经济发展质量效益明显提高，人均地区生产总值达到中等发达经济体水平，基本公共服务实现均等化；城乡区域发展差距、城乡居民收入和生活水平差距持续缩小，低收入群体增收能力和社会福利水平明显提升，以中等收入群体为主体的橄榄型社会结构基本形成，全省居民生活品质迈上新台阶；国民素质和社会文明程度达到新高度，美丽浙江建设取得新成效，治理能力明显提升，人民生活更加美好；推动共同富裕的体制机制和政策框架基本建立，形成一批可复制可推广的成功经验。到2035年，浙江省高质量发展取得更大成就，基本实现共同富裕。人均地区生产总值和城乡居民收入争取达到发达经济体水平，城乡区域协调发展程度更高，收入和财富分配格局更加优化，法治浙江、平安浙江建设达到更高水平，治理体系和治理能力现代化水平明显提高，物质文明、政治文明、精神文明、社会文明、生态文明全面提升，共同富裕的制度体系更加完善。"[①]浙江省承担了建设共同富裕示范区的重要政治任务，为全中国的共同富裕事业探索开路。如何在共同富裕中实现"人的全面发展"？促进共同富裕与促进人的全面发展的创新关键在于：坚持"公平正义"与

[①]《中共中央 国务院关于支持浙江高质量发展建设共同富裕示范区的意见》，《人民日报》2021年6月1日。

"以人为本"的价值原则、以提高人民群众的获得感幸福感安全感为宗旨、发挥浙江省"三地"的政治优势和使命担当，制定"高质量发展建设共同富裕示范区促进人的全面发展"行动方案。创新路径应该紧密结合浙江实际，以实现高标准严要求建设共同富裕示范区，探寻"创新型""有特色"的人的全面发展新模式。

第一节 推进教育均衡：为实现人的全面发展提供智力支持与公平机会

教育是有目的地培养人的活动，以实现人的全面发展为旨归，为共同富裕提供智力支持与公平机会，为实现人的全面发展夯实基础。

一 人的全面发展：教育均衡与共同富裕的契合

共同富裕强调"共同"，"共同"的主体是人，是人通过"共建"而实现"共有"和"共享"。共建是基础，共有是条件，共享是目的，共建、共有和共享都指向人的发展问题。（1）"共建"的主体是人，共建就是全体人民共同建设，即通过全体人民的共同奋斗，把共同富裕这块"蛋糕"做大做好；"共建"的客体也即共同富裕的客体不仅仅局限于物质领域更加丰富，还包括精神生活更加富足，而精神生活的富足指向的就是人的全面发展的最高层次。（2）"共有"就是共同所有，体现的是主体公共的或联合的所有权、占有权。"共有"的特征由社会主义经济制度所决定。社会主义经济制度坚持公有制为主体，多种所有制经济共同发展，这是区别于其他社会形态的最主要标志之一。社会主义公有制强调全社会劳动人民或部分劳动群众共同占有生产资料和劳动成果的所有制形式，它包括全民所有制和集体所有制。社会主义公有制消除了生产的社会性和生产资料私人占有之间的矛盾，它决定社会主义社会中劳动者在生产中的互助合作关系和按劳分配关系。"共有"也就是决定了共同富裕"为了谁"的问题，即为了全体人民，为全体人民的发展提供了条件。（3）"共享"就是共同享有。全体人民共同享有经济发展、社会进步、共同富裕的胜利果实，使获得感、幸福感和安全感得到全面提升。可见，共同富裕强调"共建""共有""共享"，最终的目的是实现人的更好的生活和更好的发展，指向人的全面发展的美好目标。

教育是有目的地培养人的活动，教育的目的指向是人的发展。毋庸置疑，教育就是要培养社会发展所需要的人，也就是说培养能够适应社会发展、有知识技能、懂文化传承、推进国家发展、优化制度运行的人，这样的人就是要求全面发展的人。正如毛泽东同志指出："我们的教育方针，应该使受教育者在德育、智育、体育几方面都得到发展，成为有社会主义觉悟的有文化的劳动者。"① 2018年9月10日习近平同志在全国教育大会上强调："培养什么人，是教育的首要问题。我国是中国共产党领导的社会主义国家，这就决定了我们的教育必须把培养社会主义建设者和接班人作为根本任务，培养一代又一代拥护中国共产党领导和我国社会主义制度、立志为中国特色社会主义奋斗的有用人才。"②

实现教育均衡发展，就是为了创造更好的条件实现人的全面发展。它包括三个方面的"均衡"：一是实现区域均衡，使不同地区之间的教育或者不同学校之间的教育力图趋向一种平衡的状态；二是实现结构均衡，使教育领域内部各级各类教育之间、教育系统各要素之间、教育各要素内部下的各组成单元之间以及教育各阶段之间实现均衡发展；三是实现人的发展均衡，人是教育的出发点，教育的最终目标也必将归宿到人本身。

可见，共同富裕指向人的更好的生存和发展，教育均衡也指向人的更好的发展，二者在实现人的全面发展目的上是不谋而合的。在人的全面发展目标指引下，教育均衡如何促进共同富裕并进而促进人的发展，成为当前教育的重要实践目标。

二　教育均衡发展为人的全面发展提供智力支持与公平机会

从理论逻辑、价值逻辑和实践逻辑看，教育均衡发展对于人的全面发展的作用主要是提供智力支持和公平机会。

首先，教育均衡发展的理论逻辑在于推进马克思关于人的全面发展理论的时代创新。马克思关于人的全面发展理论强调人的发展的"全面"

---

① 《毛泽东文集》第7卷，人民出版社1999年版，第226页。
② 《深入学习习近平关于教育的重要论述》，人民出版社2019年版，第73页。

和"自由",要实现这个目标,教育及其均衡发展为其创造了条件——教育为人的需要的全面发展、人的劳动的全面发展、人的能力的全面发展提供强劲的动力。一是教育实现人的多层次、多方面的需要。教育包括智育、德育和美育,追求智力、道德和情感等方面的全面和谐发展。从此意义而言,教育及其均衡发展为人的需要的全面发展提供可能。二是教育实现人的劳动的全面发展。劳动是人改造客观物质世界的活动,在对对象世界进行改造的同时,人自身也实现了改造。从实践角度而言,人的发展过程在很大程度上可以看成是一个在劳动的推动下获得自由全面发展的过程。教育则为提升主体的实践能力、深化对实践客体的认知、拓展对实践领域的创新提供了主体素质和能力保障。三是教育实现人的能力的全面发展。人的能力不仅表现在进行物质生产活动的基本能力,也表现在从事精神生产的能力,还表现在道德修养以及审美等方面的能力。这些能力不是先天就有的,而是在实践中尤其在教育实践中培养、训练和养成的。人的能力能够在最大限度内对象化为社会财富,毋庸置疑,教育则为人的能力最大限度地获得起到积极促进的作用。

其次,教育均衡发展的价值逻辑在于不仅为实现共同富裕提供内生动力,也为人的全面发展提供智力支持。一是教育均衡发展有助于提高共同富裕的质量和效率,为人的全面发展创造更好条件。共同富裕的实践以高度发展的生产力为实质内容,为教育均衡发展创造厚实优越的条件;反过来,教育作为劳动力再生产的必要手段和为社会提供多样的人才支撑的重要手段,为提升生产力提供动力,使共同富裕成为现实。在二者的良性互动中,人的全面发展获得了物质条件和能力发展空间的支持。二是教育均衡发展有助于实现共同富裕的平衡和公平,推进人的公平的发展。要实现共同富裕就必须解决"缩小差距""促进公平"这两个关键性的问题,教育均衡发展则从根本上推动"缩小差距"和"促进公平"。教育均衡发展可以培养全面发展的城乡高素质人才,从而有效阻断贫困的代际传递,打破阶层固化,实现人的公平发展。三是教育均衡发展有助于推动共同富裕的持续发展,为人的全面发展提供可持续性空间。一个人、一个国家、一个民族只有在道德和素质层面得到提高,才能在社会和谐可持续发展的道路上越走越远,才能在共同富裕的道路上越走越宽,人的全面发展由此才能获得可持续发展空间。

最后，教育均衡发展的现实逻辑在于如何有效应对共同富裕过程中的教育发展困境，有效促进人的全面发展的机会公平。当前，中国教育发展中不均衡发展问题依然比较突出，主要表现在：（1）城乡差异。教育起点上农村的入学率偏低但辍学率偏高，在教育过程中由于阶层差别导致教育机会差别，在教育结果上，由于教育层次不同导致就业的不公平。（2）教育资源呈现区域差异。教育资源表现为财力资源、人力资源和物力资源，教育资源在地区的差异化表现依然较为突出。（3）教育治理呈现差异。由于地域差异，发达地区和落后地区的学校、城市和农村的学校，在教育管理理念、教育管理方式、教育管理效果上的差异明显。究其实，教育均衡发展既是人的全面发展的机会公平条件，也是人的全面发展的事实性内容。

浙江省作为教育大省和教育强省，教育发展水平领先于全国很多省份。但是与浙江省第十五次党代会提出的"在高质量发展中奋力推进中国特色社会主义共同富裕先行和省域现代化先行"的要求相对照，依然存在一些有待改进的问题。据本课题组对"影响浙江省建设共同富裕示范区的教育因素"调查，认为"高等教育发展与本省经济文化实力、人民的教育需求不对称"占54.3%、"城乡教育水平差距过大"占55%、"教育资源区域差异过大"占52.1%、"教育治理校间差距过大"占44.2%，总的来看，浙江省的教育问题尤其是教育差距问题是大家所关心的问题。

当前浙江省教育（尤其是高等教育）发展水平与浙江在全国的经济文化地位，与人才强省、创新强省首位战略要求，与浙江人民对优质高等教育的需求还不匹配，仍然存在着教育发展城乡差异、教育资源区域差异、教育治理校级差异等问题。推进浙江省教育均衡发展，一是要实现区域均衡，使各市区县之间、不同学校之间的教育发展趋向一种人力资源、财力资源、物力资源的合理化平衡；二是实现结构均衡，使各类教育领域之间、教育系统各要素和组成单元之间实现均衡发展。

三 浙江省推进教育均衡助推共同富裕的工作重点及措施

据本课题组对"浙江省提升教育水平的措施"调查，选择"多维度着力打造高等教育强省，努力办好浙江人民满意的高等教育"占55.7%、

"对欠发达地区加大教育资源的投入,努力实现教育公平"占61.9%、"建立完善数字化教育资源共享平台,实现教育共享"占65.8%、"教育治理校间差距过大"占48.6%、"在省内全面推行精英教育,培养大量高级人才"占24.6%,可见浙江省提升教育水平的关键措施在于平衡各地各区域的教育资源,达到缩短教育差距的目的。

浙江省第十五次党代会提出要"更大力度建设教育强省,率先实现基础教育均衡优质、高等教育高水平普及和普惠性人力资本提升,加快推进职业教育现代化,支持高校'双一流'建设,以新机制新建成一批高水平大学"[1]。推进教育均衡助推共同富裕的工作重点:

一是进一步推进教育公平,加大教育资源投入和教育补偿,平衡教育差异,为实现全省人民教育权利与教育机会平等创造更优越的条件。重点是对农村地区、办学条件有待改善的学校加大投入,对社会处境较差的群体、家庭和个人加大补偿。

二是建立和完善数字化的教育资源共享平台,扩充教育资源共享库,打造共享教育模式、深化共享教育的公共服务、优化共享教育的智慧管理,筑牢共同富裕的教育之基。

三是建立省域内教育"先行示范"和"辐射带动"机制,以"优质带均衡""优质促发展"。2020年,浙江省出台《浙江关于深化教育教学改革 全面提高义务教育质量的实施意见》,强调要推进城镇学校与农村学校组建城乡教育共同体,覆盖所有乡村小学和初中,促进城乡教育资源优化整合和优质资源共建共享,共同发展。具体而言,一是先行试点的学校和地区在发挥教育优势的同时更应该不断创新和探索新的教育发展模式和方法,进行体制机制改革,建立教育的现代化体系。二是开展教育"先行"学校和教育"后发"学校的结对帮扶活动,建立学校之间的帮扶机制,将教育发展较好学校的经验和资源进行分享交流,帮扶学校根据自身学校和学生发展的需要进行有选择的学习和转化。无论是高等教育、还是中等教育或初级教育,都可以统筹"试点"和"推广"相结合,实现全省教育的共同进步。

---

[1] 袁家军:《忠实践行"八八战略" 坚决做到"两个维护" 在高质量发展中奋力推进中国特色社会主义共同富裕先行和省域现代化先行》,《浙江日报》2022年6月27日。

下篇　共同富裕与人的全面发展的实践研究

第二节　加速乡村振兴：在缩小城乡差别中推进全域范围人的全面发展

2022年6月20日，浙江省委书记袁家军在浙江省第十五次党代会报告上强调指出："要全面推进高质量发展建设共同富裕示范区和社会主义现代化先行省建设，努力成为新时代全面展示中国特色社会主义制度优越性的重要窗口！"① 要顺利实现"共同富裕先行"与"省域现代化先行"，缩小城乡差别、加速乡村振兴是一个重大战略。

一　加速乡村振兴：浙江勇担"共同富裕先行"的历史使命

浙江省农业文明的历史悠久，早在7000年前，创造出河姆渡文化、马家浜文化的浙江先民就在从采食经济向产食经济转型的生存竞争中脱颖而出，创造了以稻作农耕为特色的古代农业文明，开启之江大地对富裕生活的追求。② 在南宋、明清、民国时期，浙江农业文明在全国处于领先地位，"国计民生""工商皆本"的价值追求推进了浙江成为"鱼米之乡"和"文物之邦"。改革开放之后，尤其站在新的历史方位，浙江率先实现由温饱向小康的历史性跨越。2003年，习近平同志在浙江工作期间就启动了"千村示范、万村整治"工程，着力解决农村落后、农业弱质、农民弱势的问题。此后，习近平同志相继做出大力发展高效生态农业，发展"三位一体"农村新型合作经济改革，加快推进城乡一体化、"山海协作"、"欠发达乡镇奔小康"、"百亿帮扶致富"等战略抉择，形成系统性推进浙江乡村共同富裕的大格局。③

乡村振兴是一项系统工程。其一，浙江乡村振兴着力点在改革创新，即深入推进生产、销售、信用"三位一体"的农村新型合作经济改革，构建与市场经济相适应的强农惠农新体系、大幅度提高农民收入；其二，

---

① 袁家军：《忠实践行"八八战略"　坚决做到"两个维护"　在高质量发展中奋力推进中国特色社会主义共同富裕先行和省域现代化先行》，《浙江日报》2022年6月27日。
② 林华东：《浙江通史》（史前史），浙江人民出版社2005年版，第10页。
③ 习近平：《干在实处　走在前列——推进浙江新发展的思考与实践》，中共中央党校出版社2006年版，第157页。

以乡村产业发展推进共同富裕,即促进民营企业向"共富企业"转型升级,让产业振兴成为推进乡村共同富裕的主引擎,打造"山海协作"产业园、生态旅游文化产业园等,加快农民工技能化、市民化进程;其三,巩固美丽乡村建设成果,深化"千村示范、万村整治"工程,推动美丽乡村向"共富乡村"迭代升级,使"共富乡村"成为共创共建共享共富的社会基本单元;其四,拓展农民增收途径,尤其是通过增加农业收入、非农业收入、财政性收入、保障转移性收入,促进山区26县的农民增收。

乡村振兴关键是见行动,在行动中要效益。2021年,浙江省发布《农业农村领域高质量发展推进共同富裕行动计划(2021—2025年)》,提出了十项重点行动,奋力打造农业农村领域高质量发展推进共同富裕标志性成果,即实施"农民收入倍增共富行动""未来乡村引领共富行动""增产保供强基共富行动""农业科技创新共富行动""数字乡村助推共富行动""产业融合提质共富行动""基本单元建设共富行动""农村改革攻坚共富行动""乡村风貌塑造共富行动""生活品质优享共富行动"。在新时代赶考路上,浙江省在建设"共同富裕先行"的实践中,应该大力推进乡村振兴,奋力为共同富裕示范区建设增添"三农"风景,努力成为农村共同富裕建设道路上农村改革的先行者、城乡融合的带头人、乡村振兴的排头兵。

二 在缩小城乡差别中推进全域范围人的全面发展

农业强不强、农村美不美、农民富不富,关系着共同富裕的实现程度和人的全面发展的最终实现。据本课题组对"现今在浙江省共同富裕示范区乡村振兴事业还存在哪些不足"的调查中,被调查者认为仍存在一些问题:如选择"乡村产业有待进一步振兴"占50.8%、"乡村振兴专业人才队伍急缺"占58.5%、"乡村文化建设需要加大投入"占53.4%、"乡村生态环境有待改善"占57.6%、"乡村基层治理能力有待进一步提高"占50.9%,可见产业建设、人才培养、文化振兴、生态环境建设、基层治理提升都是浙江省的乡村振兴问题的重点难点。

立足乡村振兴的坚实基础,在农村强、农村美、农村富上下功夫。浙江省是全国最早完成脱贫的省份,1997年在全国率先消除贫困县;

2002年率先消除贫困乡镇；2015年全面消除家庭人均年收入4600元以下绝对贫困现象。2018年8月，农业农村部和浙江省共同签署了部省共建乡村振兴示范省合作协议，浙江省成为全国唯一部省共建乡村振兴示范省。2020年浙江省城镇居民人均可支配收入和农村居民人均可支配收入分别为62699元和31930元，分别连续第20年和第36年居全国各省份第一；城乡居民收入比达到1.96，是全国最低的省份之一。浙江省乡村振兴具有其他省份难以比拟的优势条件，如何立足现有基础，加快乡村振兴，成为我们共同关注关心的问题。据本课题组对"浙江省现今促进乡村振兴的主要路径"的调查中，被调查者给出了一些积极的建议：如选择"重点打造乡村特色产业"占48.5%、"大力培养乡村振兴专业化人才"占56.5%、"保护村落原生态文化，加速推进文化惠民工程建设"占52.5%、"改善乡村生产生活环境"占58%、"加强乡村基层组织建设"占49.7%。可见浙江省推进乡村振兴的关键路径在于培育乡村特色产业、培养专业人才、加强文化建设、改善乡村生活生产环境、加强基层组织建设。

"产业兴旺、生态宜居、乡风文明、治理有效、生活富裕"是实施乡村振兴战略的总体要求和根本任务。具体而言，要重点实施如下六大方面的振兴工程。

其一，乡村产业振兴。乡村产业发展是农村富的根本。2020年8月14日，为贯彻落实《国务院关于促进乡村产业振兴的指导意见》（国发〔2019〕12号）精神，为进一步做好"六稳"工作，落实"六保"任务，扩大农业农村有效投资，促进乡村经济发展和农民增收做出了乡村产业规划，浙江省人民政府出台了《浙江省人民政府关于推进乡村产业高质量发展的若干意见》[①]。其中，强调要培育高质量乡村产业体系，包括做实现代种植业、做强现代养殖业、拓展农产品加工业、振兴乡土特色产业、优化乡村商贸流通业、做精乡村休闲旅游业、加快发展乡村信息产业、加快发展综合服务业、壮大农资农机产业、提升乡村资源环保产业十个方面的内容。当前，继续大力发展家庭农场、特色小镇、休闲农业、

---

① 《浙江省人民政府关于推进乡村产业高质量发展的若干意见》，浙江省政府办公厅，2020年8月28日，https：//www.zj.gov.cn/art/2020/8/28/art_1229017138_1271743.html。

乡村旅游等，打造农产品的区域公用品牌，推动乡村经济快速发展和农民持续增收，是乡村产业振兴的重要路径。

其二，乡村人才振兴。一是大力培育新型职业农民。新型职业农民是农业农村人才队伍建设的关键，是实施乡村振兴战略、实现共同富裕的主体支撑。《2020年全国高素质农民发展报告》数据显示，新型职业农民劳动能力、经营能力、示范带动性强，大力培育新型职业农民，是发挥农村人力资本作用的关键。二是不拘一格选用人才。推动乡村振兴战略需要科技人才、管理人才、能工巧匠、乡土艺术家、有号召力的带头人、善经营的"农创客"、懂技术的"田秀才"。三是积极推动农村人才评价机制变革。2020年浙江省农业厅发布的农业正高级职称评审结果中有4人为职业农民，这是走在全国前列的创新之举，需要加大力度、扩展影响。

其三，乡村文化振兴。为进一步落实乡村振兴战略，充分发挥文化建设在乡村振兴中的引领和带动作用，2020年9月17日，浙江省成立了省乡村文化振兴促进会，其宗旨是集聚各方力量，优化资源配置，挖掘、弘扬乡村优秀传统文化，共同促进乡村文化发展，为实施乡村振兴战略贡献文化力量。[①] 当前，乡村文化振兴的主要任务：一是保护利用历史文化村落，彰显"活态文化"价值；二是集合政府、村集体、居民、社会资本的力量，挖掘、传承、创新乡土文化；三是加强乡村文化治理，以村规民约引导乡村治理向法治、德治、自治方向发展，以网格化治理推进乡村治理精细化；四是建设乡风文明，展现精神风貌、良好家风、淳朴民风。

其四，乡村生态振兴。"绿水青山就是金山银山"，良好生态环境是乡村的宝贵财富和推动乡村自然资本加快增值的基础。早在2003年6月，习近平同志在金华市磐安县调研时就肯定了"磐安生态富县的路子是对的"，并明确提出"生态是可以富县的，生态好不仅可以富县，而且可以让老百姓很富，是很高境界的富"。[②] "生态富县"在磐安县的提出和实

[①] 严慧荣、程李萍、陆遥：《浙江省乡村文化振兴促进会成立》，2020年9月20日，浙江新闻客户端（https://zj.zjol.com.cn/news.html?id=1527760）。

[②] 《习近平同志在磐安调研时的讲话》，《浙江日报》2003年6月12日。

践，为金华市乃至浙江省的生态建设提供了可资借鉴的样板，也为全国生态富民建设提供了宝贵的参考。2005年8月，习近平同志在浙江安吉余村考察时创造性地提出"绿水青山就是金山银山"的科学论断。"绿水青山就是金山银山"的理念，成为乡村生态振兴的重要指导思想。当前，浙江省乡村生态振兴的重点任务主要包括：一是改善乡村人居环境，重点是污水排放、生活垃圾分类、厕所革命等，实现乡村生态宜居；二是全域规划、全域提升的美丽乡村建设；三是加强乡村生态治理与修复，推广创新"五水共治""蓝天保卫行动"等经验；四是加快生态产品的价值转化和价值实现。

其五，乡村组织振兴。组织振兴是乡村振兴的根本保证。乡村组织振兴的重点是要加强农村基层党组织、村民自治组织和村级集体经济组织建设。实现乡村组织振兴的关键，是加强党组织对农村各领域社会基层组织的政治领导，从而把握乡村振兴的政治方向。当前，浙江省乡村组织振兴的主要任务：一是健全以党组织为领导的村级组织体系，把农村基层党组织有效嵌入农村各类社会基层组织，充分发挥农村基层党组织在农村工作的领导力和战斗力。近些年，浙江省深入实施组织力提升工程，持续深化整乡推进、整县提升，高标准落实农村基层党建"浙江二十条"，推进农村基层党组织能力提升，启动开展村级组织活动场所（党群服务中心）建设提升行动，每年建设提升1000个村。二是完善农村基层党组织领导下的村民自治组织和集体经济组织运行机制。浙江省依据《浙江省加强和改进乡村治理工作方案（2020—2022年）》，实施万村善治示范工程，真正做到"自治化解矛盾""法治定分止争""德治春风化雨"的乡村善治，创建全国乡村治理体系建设试点单位10余个，创建全国乡村治理示范乡镇6个、示范村61个，建设省级善治示范村2005个。嘉兴桐乡自治法治德治融合、宁波宁海小微权力清单36条、宁波象山村民说事入选首批全国乡村治理典型案例。同时，深入实施民主法治村建设三年行动计划，累计创建县级民主法治村（社区）2.9万个、省级以上民主法治村（社区）2147个。[①]

[①] 《浙江乡村振兴报告（2019）》，2020年10月29日，http://m.576tv.com/ULTZ/a/area/0/id/94834/flash。

第八章　促进共同富裕与促进人的全面发展的创新路径

其六，乡村数字振兴。2003年，时任浙江省委书记的习近平提出了建设"数字浙江"决策部署。在乡村振兴战略中，数字赋能乡村振兴成为重要内容和前沿阵地。（1）乡村数字振兴的目标是加快物联网、地理信息、智能设备等现代信息技术与乡村治理、生产、生活的全面深度融合，强健乡村"最强大脑"。（2）乡村数字振兴的重点是建设乡村数字化治理平台和电子商务服务平台。浙江省提出，到2025年将实现乡村网络体系全覆盖，将建成数字"三农"协同应用平台，推广生产、流通、监管等核心业务数字化应用，让乡村数字经济发展壮大，城乡"数字鸿沟"逐步消除。（3）浙江省乡村数字振兴的目标是，努力把浙江打造成国家数字农业展示窗口、乡村数字生活的品质标杆、乡村治理现代样板。

中国特色社会主义正努力朝着"建立在个人全面发展和他们共同的社会能力成为他们的社会财富这一基础上的自由个性"[1]阶段迈进。浙江省举全域之力高质量发展建设共同富裕示范区，必须实现向人的全面发展价值转向的战略升级，才能更好地打造全国范例，真正走在时代前列。

第三节　加强社会治理：为实现人的全面发展创设优良的社会空间

党的十九大报告提出"打造共建共治共享的社会治理格局"，并强调"加强社会治理制度建设""加强预防和化解社会矛盾机制建设""加快社会治安防控体系建设""加强社会心理服务体系建设""加强社区治理体系建设"。[2] 加强社会治理，主要目的就是为实现人的全面发展创设优良的社会空间环境。习近平总书记强调，要坚持总体国家安全观；坚持底线思维，着力防范化解重大风险；推动社会治理重心向基层下移；完善共建共治共享的社会治理制度；建设人人有责、人人尽责、人人享有的社会治理共同体；建设更高水平的平安中国。党中央明确要求浙江，要从现代化总布局中谋划推进平安浙江建设；治理体系和治理能力要补

---

[1] 《马克思恩格斯全集》第46卷上，人民出版社1979年版，第104页。
[2] 习近平：《决胜全面建成小康社会　夺取新时代中国特色社会主义伟大胜利——在中国共产党第十九次全国代表大会上的报告》，人民出版社2017年版，第49页。

齐短板；坚持和发展新时代"枫桥经验"。加强社会治理的关键是要化解社会矛盾问题，为人的全面发展创设优良的社会空间。

一 浙江省域存在的主要社会矛盾问题及其特征

党的十九届四中全会提出"坚持和完善共建共治共享的社会治理制度，保持社会稳定、维护国家安全"的社会治理目标，并将"完善正确处理新形势下人民内部矛盾有效机制"作为社会治理的首要任务和重要策略。尽管浙江省社会治理工作走在全国前列，并取得了突出成绩和重要经验，但是新时期为完善社会治理体系、提升治理效能，将浙江省打造成中国特色社会主义省域治理"范例"，依然必须正视当前存在的社会矛盾问题，积极探寻矛盾纾解机制、更大程度地实现社会公平正义。

（一）当前浙江省域存在的主要社会矛盾问题

高水平推进省域治理现代化不能忽视当前社会矛盾问题。为完善社会治理体系、提升治理效能，将浙江省打造成中国特色社会主义省域治理"范例"，必须正视当前存在的社会矛盾问题，积极探寻矛盾纾解机制、提升社会公平正义水平。据本课题组对"在浙江省建设共同富裕示范区的社会治理实践中，您认为阻碍人的全面发展的社会矛盾有哪些"的问题调查，选择经济领域的矛盾问题占68.2%、政治领域的矛盾问题占56.7%、社会领域的矛盾问题占57%、私人道德领域的矛盾问题占44.4%，可见浙江省的社会矛盾问题主要在于经济领域，但是其他领域的矛盾问题也不容忽视。

其一，经济领域的矛盾问题。主要表现为多元利益主体（国家、集体、个人、富裕群体与低收入群体等）之间的矛盾。一是经济违法犯罪问题。如2020年查处的"温州特大走私柴油案"；先后作案26起、贩卖古砖违法所得近百万元、涉案犯罪嫌疑人21名的"浙江绍兴古墓文物盗窃案"等。二是劳资矛盾引发的社会矛盾问题。拖欠农民工工资引发的矛盾冲突和伤害事件时有发生，如2020年7月金华市发生了一起装修工因为工资被拖欠持刀杀害老板儿子的案件。经济领域的社会矛盾问题不仅伤害公民基本权益，也破坏了社会公平正义。

其二，政治领域的矛盾问题。一是贪腐问题严重。如2015年"一个'专家型'干部的陨落——浙江省金华市原副市长朱福林案"；2016

年，因涉嫌受贿、贪污罪，浙江义乌多名官员被检察院立案侦查或采取强制措施；2019 年东阳市多名领导干部被查；2020 年金华市原副市长陈晓被双开；2020 年杭州临安区审计局行政事业审计原科长贪腐超千万元，这起"小官巨贪"案是该区迄今为止查处的涉案金额最大的典型职务犯罪案件；杭州原市委书记周江勇涉嫌严重违纪违法案件，这是改革开放以来浙江杭州首个落马的市委书记，同时也是首位被查的省会城市在任市委书记……诸如此类党员领导干部贪腐案件，对当地政治生态和道德生态造成了破坏性影响，严重恶化了干群关系。二是基层民主问题亟待解决。尤其在农村基层民主实践中，存在农村经济发展相对滞后、高水平政治参与在农村难以实现；村民民主认同有待提升、参与积极性不高；村干部文化素质偏低，民主意识和服务意识不足；民主选举、协商、决策、管理、监督等相关法规制度在具体执行中的实践困境；村民之间、村民和政府之间的利益矛盾化解机制不健全，缺乏有效沟通、协商平台等问题。

其三，社会治安、社会保障等领域的矛盾问题。一是涉黑涉恶等问题不容轻视。如 2019 年浙江省查办了六起典型的涉黑涉恶要案：杭州市萧山区以华某福为首、瑞安市以陈某绸为首、余姚市以陈某铁和戚某滨为首、永康市以陈某超为首、衢州市柯城区以蒋某为首、玉环市以张某夫为首的黑社会性质组织案。这些案件性质恶劣、严重破坏当地经济社会生活秩序，并给人民生命财产安全带来巨大威胁。二是社会治安问题。如 2018 年浙大女生谭余敏在西湖风景名胜区被犯罪嫌疑人熊志城杀害案。三是违法建筑与住房保障等社会矛盾问题。如 2020 年临海市彪马集团有限公司未经许可、违法违规、虚假广告的"河马集市"项目落地招商案件；2019 年杭州长租公寓乱象频发，多家长租公寓以月付方式向房东高价收房，再以年付的方式低价出租，进行非法集资后跑路，涉案金额达上亿元，涉及的房东总量可能超万人。

其四，生活领域、家庭纠纷引发的矛盾问题。家庭是社会的细胞，家庭纠纷引发的社会矛盾问题常常"一鸣惊人"。如 2017 年造成了一位母亲和三个孩子遇难的"杭州保姆纵火案"、2020 年因家庭矛盾酿成悲剧的"杭州杀妻碎尸案"等，恶化了人际关系、引发了社会恐惧。

以上是对社会矛盾问题的大致归类划分，但实际上社会矛盾问题多种多样、原因复杂，有些社会矛盾问题破坏性大、影响恶劣，如果不加防范，必然影响浙江省域治理现代化的大局。

（二）当前浙江省域社会矛盾问题的特点

当前存在的省域社会矛盾是"人民日益增长的美好生活需要和发展不平衡不充分之间"的主要社会矛盾的具体化，呈现出如下特点。

其一，从矛盾性质看，属于非对抗性矛盾，具有可调控性。在实现中华民族伟大复兴、中国特色社会主义进入新时代的背景下，大量的社会矛盾是在根本利益一致前提下的矛盾，其性质是人民内部矛盾，具有非对抗性和可控性，因而可以通过全面深化改革、大力发展生产力、完善体制机制、健全法律法规、加强道德建设等方式加以解决。

其二，从矛盾原因看，具有复杂性、综合性、多因性，其中经济利益矛盾是主要动因。当前社会矛盾原因复杂、触发点多，既有经济方面的，也有政治领域的；既有思想观念偏差引起的，也有价值混乱造成的；既有旧体制积弊所致，也有新体制不健全造成的。其中，利益失公失衡、利益冲突加剧，造成多元利益主体的利益观念异化，进而导致心理失衡变态所产生的社会矛盾问题，对社会正常的生活和发展秩序构成严重威胁和破坏，这是社会矛盾问题产生的主要物质根源和心理根源。

其三，从矛盾形成看，积聚性和突发性并存。现有的社会矛盾问题，有些是长期积累、聚合而形成的，如涉黑涉恶等社会矛盾问题在有些地方长期存在，因未得到有效遏制和打击，逐渐形成了"大气候"；有些是突发、偶发而呈现出来，如一些社会暴力伤害事件，难以防控；还有一些是因为制度不健全、纠偏不及时，经过长期积聚之后，在某个时候呈现出爆发样态，如领导干部贪腐问题，干群关系紧张问题。

其四，从矛盾烈度看，暴力化倾向不容轻视。无论是哪一个领域的社会矛盾问题，一旦以暴力方式呈现出来，就会引起社会公众广泛关注，甚至造成社会普遍的恐惧和恐慌。如"纵火案""杀人案"等，对社会生活秩序和社会心理秩序造成巨大干扰。

其五，从矛盾后果看，破坏性和危险性严重。有些社会矛盾破坏性的广度和强度较大，对人民的生命财产安全造成严重威胁；其危险性往往产生连锁反应，一个局部性、地方性社会矛盾问题不加遏制就有可能产生"蝴蝶效应"。

其六，从矛盾化解看，社会矛盾问题不是一两天形成，矛盾化解绝非一日之功，而是一项具有持久性的系统工程。

二 化解社会矛盾问题：高水平推进省域治理现代化

有效纾解社会矛盾，必须遵循三个基本原则。

一是坚持"公平正义"与"以人为本"的价值原则。"公平正义"是社会发展的价值要求，是社会良序运行的基本保障，"以人为本"是社会发展的价值目的，是实现人民美好生活向往的根本保障，二者构成了社会治理的两个基本原则。党的十九大倡导"不断促进社会公平正义，形成有效的社会治理、良好的社会秩序"，党的十九届四中全会强调要"切实保障社会公平正义和人民权利"，创新省域治理现代化必须首先遵循这两个价值原则。

二是必须以提高人民群众的获得感幸福感安全感为宗旨。党的十九大提出要"使人民获得感、幸福感、安全感更加充实、更有保障、更可持续"。"获得感"以利益实现和利益公平为基本内容，因此必须切实帮贫助弱、提升社会福利、保障改善民生、提高公共服务水平等，使民众真正"获益"；"安全感"来源于社会平安环境、医疗卫生、公共安全防护、救助体系等保障；"幸福感"是基于自身的满足感而主观产生的欣喜与愉悦的情绪，受制于就业状况和收入水平等经济因素、教育状况和家庭生活等社会因素、民主权利和参与机会等政治因素。省域治理现代化应该以实现和维护公民权利为核心，将化解社会矛盾、促进社会公平、推动和谐发展的治理目标落实在民众的获得感幸福感安全感上。

三是发挥作为"中国革命红船起航地、改革开放先行地、习近平新时代中国特色社会主义思想重要萌发地"的政治优势和使命担当。战略定位决定了社会治理的高标准严要求。紧密结合浙江实际，探寻"创新型""有特色"的社会治理新模式，有效化解社会治理存在的矛盾问题，才能高水平推进省域治理现代化、把浙江省打造成全国省域治理"范例"。

实现治理正义视域下的社会矛盾纾解是一项系统工程。据本课题组对"浙江省现今社会治理工作（解决社会矛盾问题）的主要路径"的问卷调查中，选择"坚持依法治国，完善法治保障制度"占62.9%、"借鉴'枫桥经验',创新社会治理模式"占55.6%、"以人为本,注重伦理规训与美德建设的分合"占58.3%、"把干扰社会治理工作的不法分子都送进监狱"占23.7%,可见浙江省解决社会矛盾的关键措施还在于完善法律和伦理道德的建设。具体策略在于:

首先,健全社会公平正义法治保障制度,切实维护和保障公民权益。纾解社会矛盾的根本保障在于法治。当前主要任务一是公正文明执法,加大关系群众切身利益的重点领域执法力度;二是确保司法公正高效,努力让人民群众在社会矛盾化解中感受到公平正义;三是严厉惩治影响社会公平正义的典型案件。

其次,借鉴先进经验,创新社会矛盾的处置机制。如20世纪60年代初形成的"发动和依靠群众,坚持矛盾不上交,就地解决。实现捕人少,治安好"的"枫桥经验",在新时代依然有着积极的示范价值。再如,省内基层民主建设的创新模式——台州温岭的"民主恳谈"和温州乐清的"人民听证"起到了积极示范作用,值得进一步探索和推广。

再次,畅通民意表达通道、完善矛盾调解平台,让民怨有"出口"、让矛盾有"出路"。一是畅通和规范群众诉求表达、利益协调、权益保障通道,重点是完善信访制度,建立健全农村、社区、乡镇、县市等具有"层级性"的基层协调机构;二是建立和完善人民调解、行政调解、司法调解联动工作体系,多方着手,共同化解矛盾问题;三是建立健全社会心理服务体系和危机干预机制,如建立和完善乡镇、社区的矛盾纠纷心理辅导机构。总之,完善多元预防、调处、化解综合机制,才能将矛盾化解在基层。

复次,提升党员领导干部和社会管理人员素质,主要是提升党性修养、服务意识、法律道德素质、问题处置能力等。为此,定期开展社区、乡、县、市等各个层面的社会管理相关培训,通过系统学习、培训提升、经验交流,有效提升社会治理主体的社会矛盾化解能力。

最后,健全充满活力的基层群众自治制度,优化社会自治。党的十九大和十九届四中全会都强调要"健全充满活力的基层群众自治制度",完善基层群众自治组织、社会组织建设。不同于"自上而下"的社会管理,"自下而上"的社会自治在纾解社会矛盾方面也发挥着重要作用。当前,社会自治制度还存在着不完善、群众参与度不高、社会组织的社会治理作用未能充分发挥等问题。优化社会自治、提升社会自治能力：一是发挥基层党组织对基层群众自治组织的领导，建立制度规范、机构完善的乡镇、社区群众自治组织，可以"先试点、再推广"，"树典型、学经验"逐渐展开。二是相信基层群众自治组织的治理能力、拓宽其自治的范围，在城乡社区治理、基层公共事务和公益事业中广泛实行群众自我管理、自我服务、自我教育、自我监督。三是推进基层民主制度化、规范化、程序化，如充分发挥村民自治组织、职工代表大会的能力，实现自我组织、自我管理、自我维护，保障民众的合法权益。

完善社会矛盾纾解机制，实现社会治理正义，将浙江省打造成为全国省域治理现代化"新高地"，需要全民动员、齐心协力。

第四节　弘扬社会新风尚：为实现人的全面发展营造良好的环境氛围

党的十九届四中全会总结了中国国家制度和国家治理体系的显著优势，一个重要方面就是"坚持共同的理想信念、价值理念、道德观念，弘扬中华优秀传统文化、革命文化、社会主义先进文化，促进全体人民在思想上精神上紧紧团结在一起的显著优势"[①]。"促进全体人民在思想上精神上紧紧团结"，就是要弘扬社会新风尚，从而为实现人的全面发展营造良好的环境氛围。

一　弘扬社会新风尚的主要内容和要求

精神的成长、文化的繁荣、文明的提升、风气的变化、风俗的优化，与物质文明的发展变化相比较而言，是一个缓慢渐进、久久为功的过程，需要全方位、全领域地逐渐推进。

首先，要以培育和践行社会主义核心价值观为指导和实践主题，大力弘扬社会主义核心价值观，弘扬以爱国主义为核心的民族精神和以改革创新为核心的时代精神。"富强、民主、文明、和谐"是社会主义现代

[①]《中国共产党第十九届中央委员会第四次全体会议文件汇编》，人民出版社2019年版，第19页。

化国家的建设目标和最高层次价值理念的凝练,统领着其他层次的价值观;"自由、平等、公正、法治"是社会层面的价值理念凝练和社会价值目标设定;"爱国、敬业、诚信、友善"是公民基本道德规范,是个人行为层面价值理念的凝练,它覆盖了社会主义道德生活的各个领域,是公民必须恪守的基本道德准则。社会主义核心价值观的培育和践行,从国家、社会、个人层面建构了弘扬社会风尚的立体架构,为营建优良社会风尚确定了主题内容。

其次,加强先进文化建设,培育好、引导好新民俗。一是加强文化基础设施建设,如修建文化广场、文化公园等文化设施,在硬件设备上为文化新风尚提供保障。二是开展文化整治,营造优美人文环境,为文化新风尚提供环境氛围。如美化环境、整治卫生,评比谦让友爱、尊老爱幼、讲孝道、讲诚信的先进个人和先进家庭,弘扬文明新风尚。三是广泛开展文化活动、丰富群众文化生活、实现人民生活幸福。如通过文艺表演、戏剧、歌唱比赛、文化大讲堂、字画展、书画比赛等形式,娱乐民众身心、丰富民众生活。四是提倡健康生活方式,如积极倡导健康文明生活"新风尚",即倡导"社交距离、勤于洗手、分餐公筷、革除陋习、科学健身、控烟限酒"。

再次,发动民众广泛参与,不断增强新风尚的感染力。如通过搭建平台、创设载体,发动全民参与,争当文明模范,让每一位群众用自己的实际行动参与"移风易俗",养成健康文明美好风尚。社会主义新风尚的养成,需要每一个人参与、感受和推进,只有在新风尚的实践参与中,才能切实丰富人们的精神生活、创造良好的社会氛围、提升群众的幸福感。

最后,创新载体方式、丰富新风尚内容,以民众喜闻乐见的方式激发新风尚的魅力。坚持日常教育与主题教育相结合,如在疫情防控中弘扬"万众一心、众志成城,忘我工作、勇于奉献"的精神,同时推进民众个人讲卫生的生活习惯和人人有责任、相互关爱的人际交往的养成;尤其要以建设社会主义现代化强国为目标,创新活动方式,实现传统美德、传统文化与新时代有机融合,提高全社会文明程度。

二 弘扬社会新风尚的浙江创新路径

浙江省文化建设一直走在全国前列。在推进共同富裕的新时期，如何加强先进文化建设，充分发挥道德模范、先进人物的榜样示范作用，进一步推动全省形成"知荣辱、树正气、促和谐"的良好风尚，倡导全体公民积极践行和弘扬社会主义核心价值观，从而弘扬社会主义新风尚，成为当前全省人民面临的重大课题。例如，新时代文明实践中心、县级融媒体中心和文明城市建设在全国处于领先地位；"最美浙江人"效应持续放大；农村文化礼堂基本上实现了全覆盖等。浙江省正在以各种各样的形式，弘扬社会新风尚，引领文明浙江前行。

同时，我们也要在成绩当中发现尚存的问题、总结经验。据本课题组对"解决社会环境氛围问题的措施"调查中，被调查者给出了一些建议："突出党建和社会主义核心价值观的双重引领"占54.9%、"整治网络生态乱象，坚持开展清朗活动"占54.6%、"鼓励'第三次分配'，提倡奉献精神"占56.9%、"树立道德模范，扩大榜样辐射"占54.4%、"鼓励互相举报违德现象，让违德的人接受道德教化"占32.1%。具体而言，探索进一步弘扬社会新风尚的浙江创新路径，主要有如下几个方面措施。

其一，赓续红色基因，推进文明传承。浙江省是红色旅游大省，有着丰富的红色文化资源。在红色资源利用方面，充分利用红色旅游景点资源——最为著名的红色旅游景点包括南湖革命纪念馆、南湖中共一大旧址、绍兴鲁迅故里、乌镇、四明山抗日根据地旧址群、温州浙南平阳革命根据地旧址群、新四军苏浙军区旧址、侵浙日军投降仪式旧址、解放一江山岛战役纪念地、浙西南革命根据地纪念馆等，开展广泛的红色文化教育活动；在红色文化活动开展方面，加大博物馆与爱国主义教育基地的建设力度和使用频度；创新爱国主义教育方式，如杭州西湖爱国主义教育公交专线，2020年浙江省首批15个青少年红色基因传承基地授牌成立；依托数字化发展使传统的红色旅游现代化，如浙江省4条线路入选文旅部、国家发改委等五部委联合发布的100条"建党百年红色旅游百条精品线路"，即乌镇世界互联网大会会址、杭州湾跨海大桥、海盐秦山核电科技馆与杭州云栖小镇等成为"数字科技·云上逐梦"精品线路。浙江省作为"中国革命红船起航地",正在"文化浙江"建设中积极赓续红色血脉,传承中华文明。

其二,加强榜样示范,加强公民道德教育。如"道德模范""浙江好人""最美浙江人""青春领袖""浙江工匠""浙江感动人物"等评比活动,塑造了各行各业的模范和榜样,为共同富裕示范区建设提供强大的道德力量和精神力量。

其三,创新"数智"模式,深化文明实践。浙江省依托自我特有的精神文明资源,不断创新教育形式,推进文明实践新形式发展,如VR中共一大会议模拟体验、运用高科技技术的"红船闯关体验"活动、依托人工智能算法西湖区首创的"文明大脑"等。

其四,加快文明城市建设,向世界展示风采。2019年,浙江省杭州和宁波成功入选全国15个新一线城市之一。当前,抓住"迎亚运"契机,深化拓展新时代文明实践,不仅让杭州"文明"全国,还要带动其他城市文明共进,将浙江省打造成为新时代全面展示中国特色社会主义制度优越性的重要窗口。城市建设为推动全省共同富裕起到了领头羊的作用,充分展现了"富裕浙江"的新风采。

第五节 繁荣文化事业:为实现人的全面发展提供文化精神滋养

共同富裕的社会不仅是物质丰富的社会,更是精神产品充足的社会。深入推进新时代文化浙江工程,着力打造思想理论高地、精神力量高地、文明和谐高地、文艺精品高地、文化创新高地"五个高地",为实现人的全面发展提供精神动力和文化条件。

一 文化繁荣为人的全面发展提供精神滋养

文化繁荣有助于增强人民精神力量,为开创党和国家事业全新局面提供了强大正能量。习近平总书记强调:"文化是一个国家、一个民族的灵魂。文化兴国运兴,文化强民族强。没有高度的文化自信,没有文化

第八章 促进共同富裕与促进人的全面发展的创新路径

的繁荣兴盛,就没有中华民族伟大复兴。"[1] 文化繁荣以国家经济社会发展为基础,又从社会意识的层面确证了国家发展的繁荣昌盛,对于稳定人心、凝聚力量具有重要的意义。

文化繁荣有助于不断提高社会文明程度,为人民群众提供积极上升的精神食粮。文化繁荣的最大作用就是提供各种各样的文化活动和文化产品满足人民日益增长的文化需求,提高社会文明水平。数据显示,截至2020年6月,中国共建成基层综合性文化服务中心56万个,覆盖率超过95%,极大地服务和满足了广大民众对文化的迫切需求,促进了社会文明的提升。

文化繁荣不仅反映了地方经济社会发展的高层次面貌,也为推动地方经济社会高质量发展和人民群众文明素质提升提供精神动力支持。早在2005年7月29日,中国共产党浙江省第十一届委员会第八次全体会议通过《中共浙江省委关于加快建设文化大省的决定》,提出大力繁荣文化建设、实施文化建设"八项工程"——即文明素质工程、文化研究工程、文化精品工程、文化保护工程、文化阵地工程、文化产业促进工程、文化传播工程和文化人才工程。[2] 浙江省在多年的文化建设中,真正做到传承历史、守正出新,海纳百川、兼收并蓄,努力实现建设文化强省的目标。"文化浙江"的建设成为"富裕浙江"建设的内生动力,推进高质量富裕示范区建设的步伐,也催动"浙江人"的全面发展。

无论从全国大范围看还是省域范围看,文化繁荣是经济社会进步的一面镜子,照射出发展进步的光彩,也照亮人的全面发展的实践与未来。

二 浙江省繁荣文化事业的重点任务

据课题组对"浙江省现今推进文化事业的主要路径或措施"的问卷调查,被调查者给出了一些积极的建议:如"挖掘红色资源,赓续红色血脉"占43.7%、"发挥本土优势,打造地方文化'金招牌'"占

---

[1] 中共中央宣传部组织编写:《习近平新时代中国特色社会主义思想三十讲》,学习出版社2018年版,第194页。
[2] 《中共浙江省委关于加快建设文化大省的决定》,2005年8月2日,浙江在线新闻网站(https://zjnews.zjol.com.cn/05zjnews/system/2005/08/02/006254987.shtml)。

58.8%、"紧跟时代潮流,力求民间文化活动在内容和形式上不断创新"占50.2%、"创新文化精品创作生产的机制,鼓励文化精品创作"占58.6%、"做深媒体融合发展,拓宽对外传播渠道,讲好浙江故事"占51.2%。浙江省第十五次党代会提出要着力推进全域文化繁荣、全民精神富有,推行以精神富有为标志的文化发展模式,增强先进文化凝聚力,在共同富裕中实现精神富有,在现代化先行中实现文化先行。同时,省党代会还提出了具体的目标:一要建设具有强大凝聚力引领力的主流意识形态;二要全面提高人的文明素养和社会文明程度;三要打造新时代文化艺术标识;四要推进公共文化服务优质均衡发展;五要推动文化产业高质量发展。[①] 毋庸讳言,浙江省文化事业建设仍存在文化标识打造有待加强,以文化力量推进社会全面进步的新格局仍需加快构建的问题。当前,浙江省繁荣文化事业的重点任务主要表现在如下几个方面。

(一)打造文化精品

文化精品是文化的精髓,它能够反映时代的精神,引导和帮助人们形成正确的价值取向,团结并鼓舞人民创造新的生活。商务部公告显示,浙江文化产品出口一直在全国处于领先地位,文化产品需要"精品"彰显特色,要使其成为浙江省文化高地最鲜明的标识。2005年,浙江省开始实施文化精品工程计划,首批29个项目入选。

当前,实施浙江省文化精品工程重点要打造三张"名片"。一是"红色根脉名片",重点守护传承以红船精神为主的文化精品;二是"新时代中国特色社会主义思想重要萌发地"名片,践行习近平总书记在浙江的宝贵思想;三是"历史文化名片",重点打造蕴含浙江优秀传统文化的精神内核的宋韵文化精品、打造更具辨识度的吴越文化精品。

(二)繁荣文化产业

文化产业对国民经济增长的贡献率不断上升,已经成为经济增长的新动能和新引擎。近些年,浙江省文化产业高质量发展迈上新台阶。自2013年浙江省文化产业增加值占GDP的比重突破5%以来,保持着持续稳步增长的态势。2018年全省文化产业增加值突破了4000亿元,占GDP

[①] 袁家军:《忠实践行"八八战略" 坚决做到"两个维护" 在高质量发展中奋力推进中国特色社会主义共同富裕先行和省域现代化先行》,《浙江日报》2022年6月27日。

的比重高达 7.5%，远高于全国水平 3.2 个百分点；2019 年收入 8095 亿元，同比增长 14.1%，仅次于北京，位居全国第二；2020 年产业营业收入 13318 亿元，比上年增长 9.6%。[①] 杭州市文创中心最新预测数据显示，仅 2020 年杭州文化产业增加值就实现 2285 亿元，比上年增长 8.2%。浙江省文化产业发展呈现出的特点一是文化产业增加值逐年增加；二是在 GDP 中的比重较大；三是文化产业发展优势逐渐凸显。

高质量发展文化产业，一是要继续保持"十三五"时期全省在影视演艺、动漫游戏、艺术品制造与经营、文化旅游四大领域的文化产业发展优势。在影视演艺产业上，浙江省拥有 1400 余家影视企业，如何积极探索在内容制作、互联网宣传发行、娱乐电商、国际化四大核心板块的融合与海外合作，尤其聚焦于探索互联网与传统影视的深度融合和创新应用，是一个重要的发展方向。在动漫游戏业上，主要是聚焦原创，继续保持浙江省动画片产量居全国领先的地位。艺术品制造与经营上，要重点继续发挥画廊、珍珠产业和丝绸产业在产值上的贡献作用。文化旅游上，大力发展古镇旅游、佛教旅游、工业旅游和民俗旅游等。二是加大全省高水平建设文化浙江的重点领域——文化服务业、文化制造业、文化批发零售业、文化建筑业等建设力度。三是加大文化研究工程建设力度，争取更加丰硕的成果，诸如一大批文艺精品获评重大奖项、良渚古城遗址成功申遗、大运河国家文化公园和四条诗路文化带加快建设等。

总的来看，浙江省文化产业发展在全国具有独特的优势地位，不仅培育出了一批具有领先优势的文化产业规模企业，而且形成了以文化服务业为主的优势文化产业门类，同时，高新文化产业——如以网络信息服务业为主的产业逐渐崛起，民营文化产业和产业区块发展迅速。文化产业已然成为浙江省国民经济重要支柱性产业，在促进全省国民经济转型升级和提质增效、实现美好生活向往、满足人民精神文化生活新期待等方面发挥了重要作用。

（三）活跃文化活动

近些年，浙江省举办文化活动在形式上持之以恒、内容上不断创新，

---

① 数据来源：《2020 年浙江省文化及相关特色产业营业收入数据出炉》，浙江省统计局、文化产业月刊，2021 年 2 月 7 日，https://www.sohu.com/a/449302213_99957768。

取得了令人瞩目的经济效益和社会效益。重点开展如下几个方面文化活动。

一是红色主题活动。浙江红色资源品质优异、分布广泛，红色旅游被誉为一项伟大的政治工程、文化工程、民心工程和富民工程。为庆祝中国共产党建党 100 周年，全省开展了"浙里红"红色教育与红色旅游主题活动，引起全国的广泛关注。浙江省杭州市组织策划了贯穿全年的"红色印记"主题活动，以革命文物保护利用为核心，推出百个保护利用案例、百幅照片、百场展览和宣讲、百位讲解员、百佳讲述人、百条短视频、百件青少年艺术作品"七个一百"活动。这些活动以红色为主题，极大地促进了红色基因的传承、文化自信的培育。

二是传统文化活动。（1）开展形式多样的节庆活动，为全省文化事业的发展增添特色。如中国重大的旅游节庆活动——中国国际钱江观潮节、兰亭书法节、西塘庙会、湖州含山蚕花节、中国湖州国际湖笔文化节、杭州西湖国际博览会。（2）举办各种民俗文化活动，丰富文化生活。浙江省民俗文化形式多样、内容丰富，如宁波泥金彩漆、五芳斋粽子制作技艺、海宁皮影戏、宁海十里红妆婚俗文化、杭白菊传统加工技艺、余杭滚灯、浦江板凳龙、网船会、平湖派琵琶演奏技艺、嘉善田歌……传统文化活动丰富了生活、传承了文化、增进了民众感情交流、满足了生活的精神需求，更增进了四乡八村的文化交流。（3）老戏新作，弘扬传统戏剧文化。浙江省内戏剧种类丰富，涵盖了越剧、婺剧、京剧、甬剧、乱弹以及话剧、舞剧等众多门类，"老戏新作"不仅是传统戏剧保护的重要方式，也是繁荣地方文化生活的重要形式。例如，新昌调腔《闹九江》、木偶戏《西湖传奇》、宁海平调《白雀市》、姚剧《浪漫村庄》等濒危剧种新创剧目，越剧《五姑娘》《琥珀缘》、绍剧《于谦传之两袖清风》、婺剧《欲血惊魂》等传统剧目老戏新唱，使传统戏曲绽放出新的独特魅力。

三是文旅融合活动。近些年，浙江省一直致力于找准文化和旅游融合发展的结合点，全面提升文旅融合发展的质量和水平，取得了突出的成绩。尤其是 2019 年，浙江省文化和旅游厅出台了《关于加快推进文旅融合 IP 工程建设的实施意见》（浙文旅产〔2019〕13 号），提出按照"宜融则融、能融尽融，以文促旅、以旅彰文"的总体思路，以文旅融合

IP 建设为切入点和着力点,推动文化和旅游"双万亿"产业高质量发展,助推全省建设全国文化高地、中国最佳旅游目的地、全国文化和旅游融合发展样板地。[①]

四是文化场馆活动。浙江省各市县向来重视文化场馆的建设和开展丰富多样的文化场馆活动,如博物馆、展览馆、科技馆、图书馆、文化馆、美术馆、大剧院、文化遗产旧址的展示、参观和学习活动,使广大市民真正在"文化有约"中提升文化素质、娱乐身心。

五是网络文化活动。网络文化活动能够充分展现浙江网络文化繁荣发展和"重要窗口"的独特优势。近些年,浙江省通过直播、视频、游戏、音乐、公益等网络文化传播形式,在全省范围内推出一批网络文化活动精品。例如,持续举办已经从 2010 年首届到 2021 年第十二届的网络文化活动,致力于提高浙江省社会主义先进网络文化的传播能力和水平,以优质健康的网络文化产品和服务满足人民群众日益增长的精神文化需求。2021 年第十二届网络文化活动季以"共赴美好小康社会""共创美好生活方式""共建美好城市记忆"为主题板块,生动诠释全面建成小康社会的浙江故事,深受民族喜爱。

(四)提升文化服务

文化繁荣必须以人民为中心,服务人民群众对美好生活的向往。主要任务是加强政府主导、社会力量参与,提高公共文化设施、文化产品、文化活动以及其他相关服务水平。文化服务的基本目的是充分发挥文化凝聚人心、增进认同、化解矛盾、促进和谐的积极作用,推动人们形成向上向善的精神追求和健康文明的生活方式。

重点是凸显公共文化服务体系的"公益化、社会化、系统化"三个特征,在建设人民满意的公共文化服务体系上不断取得新突破。党的十八届三中全会明确提出"建设综合性文化服务中心"的改革任务。2015 年 10 月,国务院出台了《国务院办公厅关于推进基层综合性文化服务中心建设的指导意见》,倡导把服务群众同教育引导群众结合起来,把满足需求同提高素养结合起来,促进基本公共文化服务标准化均等化,使基

---

① 浙江省文化和旅游厅:《关于加快推进文旅融合 IP 工程建设的实施意见》,2019 年 7 月 24 日,http://ct.zj.gov.cn/art/2019/7/24/art_1643527_40598681.html。

层公共文化服务得到全面加强和提升,为实现"两个一百年"奋斗目标和中华民族伟大复兴中国梦提供精神动力和文化条件。① 为响应国务院号召和贯彻相关精神,2015年7月浙江省委、省政府制定了《浙江省基本公共文化服务标准(2015—2020)》,经过多年努力,浙江省以标准化建设促进均等化发展,高质量推进区域公共文化均衡发展,率先实现基本公共文化服务标准化。

第六节 激发利益相关者责任:为实现人的全面发展凝聚主体动力

显然,社会财富和社会价值是由所有的利益相关者共同创造的,"只有当一个社会中的所有人都兴旺发达,而不是只有其中一小部分兴旺发达时,这个社会才算发展到最好"②。共同富裕中存在多方利益相关者,激发利益相关者责任,能够为实现人的全面发展凝聚主体动力。

一 共同富裕的利益相关者

利益相关者理论由美国著名战略管理学家 R. 爱德华·弗里曼于1984年在《战略管理——利益相关者方法》一书中正式提出,弗里曼将利益相关者定义为"能影响一个组织群体目标的实现,或受到一个组织群体实现其目标过程影响的所有群体及个体"③。该理论认为,企业的价值由利害相关者共同创造,应当关注企业员工、社会公众等更广泛利害相关者的合法权益。共同富裕的"蛋糕"做得有多大、如何合理分配,直接关系到社会中的个人、组织和集体的利益。共同富裕中涉及多个利益相关者,其中企业、政府、民众是最重要的利益相关主体。

---

① 《国务院办公厅关于推进基层综合性文化服务中心建设的指导意见》(国办发〔2015〕74号),2015年10月20日,http://www.gov.cn/zhengce/content/2015-10/20/content_10250.htm。

② [德]克劳斯·施瓦布、[比]彼得·万哈姆:《利益相关者》,思齐、李艳译,中信出版集团2021年版,第230页。

③ [德] R. 爱德华·弗里曼:《战略管理——利益相关者方法》,王彦华译,上海译文出版社2006年版,第30页。

第八章　促进共同富裕与促进人的全面发展的创新路径

社会主义制度保证了企业、政府、组织和民众能够有权参与共同富裕的决策和实践，作为利益相关者就必须摆脱对利润或 GDP 等相关指标的盲目崇拜。

对于企业而言，企业在共同富裕的利益相关者中处于结构核心位置。"企业的目标是使所有利益相关者都参与创造共享的、持续的价值。在创造这种价值的过程中，企业不仅要服务于股东，而且要服务于所有利益相关者——员工、客户、供应商、当地社区和整个社会。"[1] 企业应该通过自己的经济活动服务于整个社会，不仅要不断创新技术、拓展知识，还要自觉保护环境，倡导循环、共享和再生经济，致力于改善人们及其子孙后代的福祉。

对于政府而言，主要通过政策制定、指标考核、发展导向等对共同富裕施与影响。无论是国家还是地方政府，除了关注 GDP 之外，世界经济论坛提出的"全球竞争力指数"和"包容性发展指数"，经合组织提出的"美好生活指数"，都应该成为经济社会发展的重要考量指标。这样，政府在做出政策制定和政策选择的时候，经济、社会、生态等发展成果都应该考虑进去，而不是仅仅经济指标为上。

民众是共同富裕的创造者，也是共同富裕的服务对象。广大民众如何能够通过公益或公益理念的社会认同，实现相互信任和统一行动，关系着共同富裕如何实现及其实现程度。民众在共同富裕中实现利益认同，在利益认同基础上实现心理和谐，这对于经济社会全面进步与和谐发展起着重要作用。这就需要政府的积极引导，当政府以"共情"方式关心民生而不是迷恋 GDP 增长，民众的服从度也相应会提高。健康、安全、保障、社会关系和谐的社会，民众就会自觉自愿地贡献自己的能力，为美好生活做出努力。

当然，共同富裕的利益相关者是一个复杂的系统，除了以上三个重要元素之外，还有其他的利益相关者，如组织、机构、社团等，只有当利益相关者各得其所、各怀希望，并愿意为共同富裕的事业尽心出力，推进共同富裕和人的全面发展就有了光明的广阔前景。

---

[1] ［德］克劳斯·施瓦布、［比］彼得·万哈姆：《利益相关者》，思齐、李艳译，中信出版集团 2021 年版，第 238 页。

二 激发共同富裕的利益相关者责任

实现共同富裕需要落实利益相关者们的伦理责任,只有当一个社会中所有人都发展得好的时候这个社会才能发展得好,而利益相关者们只有自己先行动起来,积极落实自身伦理责任,才能改善自身的生存处境、惠及大众。伦理责任的核心就是责任,"发挥着和谐人伦、提升道德、整合社会、增进幸福的功能"①。

(一) 激发企业责任

企业在利益相关者中处于中心位置。站在历史的新方位上,企业责任已从关注股东利润最大化转向关注相关者利益最大化,旧理念已经不再适合当代企业的形象塑造,现代企业要超越单一的"经济人"传统形象,将自身发展嵌入到经济社会发展之中,更加积极主动承担其社会责任。20世纪20年代,谢尔顿首次提出"公司社会责任"概念;卡罗尔于1979年提出"企业社会责任金字塔"结构,把企业社会责任看作是一个四大不同层面的结构成分,即"企业社会责任包含了在特定时期内,社会对经济组织经济上的、法律上的、伦理上的和自由裁量的期望"。②一般而言,共同富裕中的企业伦理责任界定为经济责任、法律责任和慈善责任。

其一,企业要积极践履经济责任,追求和实现效率与公平统一。邓小平认为:"社会主义阶段的最根本任务就是发展生产力"③,经济责任是企业最重要的责任,其核心是实现效率和公平问题的有机统一。西方古典经济学理论把效率和公平形而上学地对立了起来,亚当·斯密的《国富论》中"自利之心"④滋生出极致追求效率主义的自由主义思想,遮蔽了基本人权和公平发展的空间,抹杀了市场中的道德价值,加剧了市民社会的贫富分化。而共同富裕由"共同"和"富裕"两个关键词组成,实现"富裕"要把蛋糕做大,这就对效率提出了要求,做到"共同"要

---

① 肖祥:《责任伦理的困境与出路》,《中国特色社会主义研究》2019年第1期。
② Carroll, A. B., "A Three-dimensional Conceptual Model of Corporate Social Performance", in *Academy of Management Review*, No. 4, 1979, pp. 497–505.
③ 《邓小平文选》第3卷,人民出版社1993年版,第63页。
④ [英]亚当·斯密:《国富论》上,杨敬年译,陕西人民出版社2003年版,第18页。

把蛋糕分好，这就体现了公平原则。一方面，企业首先要承担起效率的经济责任，努力把蛋糕做大。共同富裕绝不是建立在贫民窟上的富裕，那只会导致共同贫穷。企业始终是推进经济发展的主体，企业在社会经济活动中的核心地位体现在支撑基本经济发展上，而且企业本身就具备激发经济活力、促进经济增长、创造财富、做大蛋糕的经济作用，就民营企业而言，"1978—2020年的改革开放42年中，中国GDP增长39倍，民营经济贡献了'56789'，即贡献了50%以上的税收、60%以上的国内生产总值、70%以上的技术创新成果、80%以上的城镇劳动就业、90%以上的企业数量"①。所以企业要努力提升经济效率"做大蛋糕"，只有"做大蛋糕"才能"分好蛋糕"。另一方面，企业在追求效率的过程中要承担起公平责任，努力把蛋糕分好。根据利益相关者理论，企业发展中涉及众多利益相关者，例如员工、投资方、环境方以及相关的社会各方面。如果企业罔视利益相关者的利益，只追求效率而丢了公平，必然会给企业长远发展造成阻碍。在发展过程中追求公平本质是照顾利益相关者的利益。对于员工方而言，企业要积极照顾员工的利益，通过避免强迫用工、避免996、避免无偿加班、提升社保覆盖率等方式以构建和谐的劳动关系；对于环境方而言，企业可以通过生产技术优化、设备改造、健全商业产品全生命周期碳足迹管理等手段以构建绿色可持续发展生态；对于投资方而言，通过签订透明、互惠的合约、完善融资体系、合理分配利润比例、适当让利等手段以构建长期合作互赢的战略关系。企业不仅要将提高效率作为首要责任，更要充分发扬企业家精神，在追求经济发展过程中注重多方利益的协调，在提升效率的过程中实现公平，在追求公平的过程中提升效率，为共同富裕的推进垫好坚固的经济基石。

其二，企业必须承担法律责任。企业的法律责任是法律上的"硬约束"，法律责任是由以国家法权为保障的并具有法定性和强制性的企业社会责任构成，更是对企业责任的基本要求。传统企业法对企业的法律责任认定为保障股东的利益，但是随着周期性经济危机的发生和市场弊端的显露，传统的法律观点显示出来许多弊端，如企业为了股东利益最大化会故意漠视劳动者甚至损害消费者、债权人等多方利益相关者的合法

---

① 任泽平：《共同富裕与企业责任》，《发展研究》2021年第10期。

权益，而且当今社会中不乏企业投机钻营、偷税漏税等不法行为，这是对法律责任的背叛，一个企业如果连最基本的法律底线都守不住，其社会责任实现只能是一纸空谈，因为法律责任是企业作为"社会公民"应尽的最基本的社会责任。在市场经济建设中，市场经济的弊端修复必须要求法律法规的强制性保障和企业主动承担法律责任。因此，在现代企业法体系中更应加强利益相关者的合法权益保护，如中国《消费者权益保护法》《产品质量法》等法律都从各个方面和环节对企业生产、销售提出了法律要求，以此保护消费者权益；《公司法》《全民所有制工业法》等法律做出规定，企业应在制度和内部设施上保障职工的权益，不得损害职工的健康，以此维护员工合法利益；因此，企业要自觉遵守相关法律法规，转变经营观念，以求在不影响企业正常经营活动下，综合利用法律法规、行业行规、国家政策等多种治理规定积极履行其责任，如浙江省台州市政府出台的共同富裕"36 法 108 例"就为当地民企搭建了法治框架内的"路"与"桥"，可见，企业在走向共同富裕的过程中要积极行使法定权利，履行法定义务，法律责任不是实现企业责任的"绊脚石"而是"助推器"。

其三，企业要主动承担慈善责任，积极参与第三次分配。本课题组调查显示，被访民众对"第三次分配是什么""第三次分配的意义是什么"等问题的认识不是很深刻。慈善事业作为第三次分配的主要方式，是对初次分配与再分配的重要补充，是促进人的全面发展的重要手段，更是企业责任在共同富裕战略下的道德要求。1992 年，厉以宁在《论共同富裕的经济发展道路》一文中，首次提出"影响收入分配的三种力量"[①] 概念。所谓"三次分配"，指社会主体在道德、文化、习惯等要素影响下，自愿通过民间捐赠、慈善事业、志愿行动等方式，参与财富的社会性再分配。党的十九届四中全会首次提出了"重视发挥第三次分配作用，发展慈善等社会公益事业"的重大命题，将慈善纳入了分配制度的基本构成。2020 年《中共中央关于制定国民经济和社会发展第十四个五年规划和二○三五年远景目标的建议》明确提出为了"扎实推动共同

[①] 厉以宁：《论共同富裕的经济发展道路》，《北京大学学报》（哲学社会科学版）1991 年第 5 期。

富裕"必须"发挥第三次分配作用,发展慈善事业"。中国共产党不断结合中国基本国情变化特点完善提高第三次分配在共同富裕中的地位。企业是公益慈善的重要力量,企业可以通过针对困难群体提供公益性帮扶、赋能欠发达地区公共服务机构提供能力与资源优势等方式,助力民生优化与保障,以慈善行为对社会资源和财富进行分配,实现经济价值与社会价值的双赢,从新冠肺炎疫情到河南洪灾,我们无不看见腾讯、百度、美团等大型公司的主动奉献。据《福布斯 2021 中国慈善榜》,上榜的 100 位中国企业家现金捐赠总额为 245.1 亿元,捐赠过亿元的企业为 51 家,捐赠总额为 221.7 亿元;《中国慈善发展报告》显示,中国慈善捐赠规模在 2014 年突破 1000 亿元大关并逐年增加,2019 年,中国慈善捐赠总额为 1509 亿元,其中,企业捐赠款物占比 61.7%,个人捐赠占比 26.9%。因此,第三次分配是促进共同富裕的重要途径之一,在社会主义语境下慈善责任并不是恩格斯所说的"伪善的假面具"[①],当共同富裕成为时代之声,企业的价值不仅取决于经济上的成功,也体现于其社会责任的担当。

(二)激发政府责任

政府作为国家权力的行使者,在共同富裕中承担起相应的政治责任,作为推进共同富裕的官方机构,它便是权威的"监管者",作为推进共同富裕中三次分配中的操刀手,它又是"调节器",作为维护人民根本利益、增进人民福祉的主体,它更是"定心石",作为社会价值和公民价值理性的塑造者,它还是"指挥棒"。因此,政府要自觉践行政治伦理责任,协调利益相关者的矛盾冲突,努力解除社会弊端,消除民众疾苦,捍卫社会公平正义,才能实现人心所向的"善治",积极推进共同富裕和实现人的发展。

其一,各级政府要承担起监管责任。在共同富裕的利益相关者体系中,各级政府充当着与利益相关者相伴而行的严厉而又慈祥的"监管者"。在社会主义市场经济中的政府要有所为,就要为其他的利益相关者们在推进共同富裕中提供良性环境,承担起监督管理责任。政府在履行监督管理责任时,要讲"德法兼济"。依法治国是社会主义国家采取的国

---

① 《马克思恩格斯全集》第 2 卷,人民出版社 1957 年版,第 566—567 页。

家治理主要方式，而以德治国是依法治国的重要辅助，政府作为"监管者"要讲"软硬兼施"，才能不引起利益相关者们的怨气，滋生内在的矛盾。一是完善社会性监管法律，补齐法律的漏洞，并通过立法规范市场秩序和企业经营行为；二是地方政府部门和公职人员在市场监管中应严格执法，告别地方保护主义、形式主义、官僚主义，做到执法有依、违法必究；三是惩罚和预防并举，各级政府既要加大对企业违法违规生产经营行为的打击力度，同时也要加强监督预防；四是加强社会主义行政道德建设，充分开发优秀传统官德教育资源转化为行政道德建设资源，强化行政道德评价和反腐倡廉机制，从而改善行政人员的道德修养和精神面貌；五是加强社会主义核心价值观融入法治建设的步伐。《关于进一步把社会主义核心价值观融入法治建设的指导意见》文件中特别指出："根植于全民心中的法治精神，是社会主义核心价值观建设的基本内容和重要基础。"[①] 因此，政府要坚持法治宣传教育与道德感化教育相结合，将社会主义核心价值观转化为道德实践、法律实践，深入开展社会公德、职业道德、家庭美德、个人品德教育，以道德滋养法治精神，以法治手段保障道德形成。共同富裕的实现需要优良的外部环境，这就对发挥好政府的监督、管理和矫正责任提出了高要求。

其二，各级政府要承担起收入差距的调节责任。第一次是起到基础性作用的初次分配，即根据市场中的土地、劳动力、科学技术、金融资本等各种要素进行分配，这为共同富裕中"先富"的实现奠定了生产力的基础。但由于生产要素中的差异性、市场的竞争和资本的增殖，收入差距不可避免地扩大。第二次是起到关键作用的再分配，即国家通过税收和转移支付等手段进行的再分配，多收入的个人、企业多缴税，从而减少贫富差距，为共同富裕中缩小收入差距的要求提供了现实性。第三次分配强调道德力量和慈善作用，先富起来的人们在自愿的基础上捐赠出自己的部分财富，帮助穷人改善生活，这就为共同富裕中缩小收入差距的要求赋予了伦理性。

显然，在初次分配上，市场起着决定性作用，政府在其中的作用就

---

① 《关于进一步把社会主义核心价值观融入法治建设的指导意见》，《人民日报》2016年12月26日。

— 244 —

是提供规范的市场秩序和发展的安全保障。第三次分配主要依靠慈善，通过企业或慈善组织对缩小收入差距、提升居民生活水平、扩大共同富裕发挥模范带头作用。政府对收入差距的调节作用主要体现在第二次分配上，由政府按照兼顾效率与公平的原则进行，强调发挥政府的调控作用机制，如在税种政策方面，针对不同的税种如企业所得税、个人所得税、财产税做出调节；在社会保障方面，政府要健全完善社会保障机制，扩大社会保障面，完善社会保障体系及其功能，开辟社会保障资金来源渠道等，尤其是对贫困群体进行重点帮扶；在教育平等方面，要着重保障低收入阶层受教育权、改善其贫困状态等方面的财政投入，努力消除因家庭经济而放弃入学的问题，教育资源和政策优先向农村倾斜以保障机会平等。

其三，政府要担负不断实现人民利益的责任。人民群众才是共同富裕中最大的利益相关者，维护人民利益是政府行政的宗旨。以习近平同志为核心的党中央提出以提升人民"获得感""幸福感"和"安全感"为社会发展目标，强调"我们要坚定不移践行以人民为中心的发展思想，持续改善民生，让人民群众的获得感成色更足、幸福感更可持续、安全感更有保障"。[1]"获得感"是指人民群众在物质或精神需求得到满足后的主观性感受，也就是说，"当人们还不能使自己的吃喝住穿在质和量方面得到充分保证的时候，人们就根本不能获得解放"。[2]人民群众在追求共同富裕的过程中首先实现的是物质的满足，然后才是心理和精神上的满足，即"幸福感"和"安全感"的提升。因此，增进民生福祉是发展的根本目的，才能使民众拥有获得感、幸福感和安全感，才能在共同富裕中实现物质富裕和精神富裕的真正统一，实现人的全面发展。

（三）激发民众责任

"国之富者，在乎丰民。"（《刍荛论》）共同富裕是广大民众美好的生活状态，既需要国家、政府、相关部门共同制定规划蓝图并给予条件支持、组织行动，更需要广大民众共同追求、共同参与和共同行动。

---

[1] 习近平：《决胜全面建成小康社会 夺取新时代中国特色社会主义伟大胜利——在中国共产党第十九次全国代表大会上的报告》，《人民日报》2017年10月19日。

[2] 《马克思恩格斯文集》第1卷，人民出版社2009年版，第527页。

其一，共同富裕的目标达成不是"被赋予"的，而是主体主动争取的。毋庸讳言，民众切身利益实现程度关乎共同富裕的目标达成，利益是人类一切活动的根本动因，也是社会发展的根本动力，但是，利益只有通过主体实践活动才能获得。马克思指出："人们奋斗所争取的一切都同他们的利益有关。"① 一方面，马克思指出了人的实践活动的目的，即"为了什么"；另一方面马克思也旨在强调利益是人们"奋斗所争取的"，即"怎样获得"，也就是说，没有奋斗和争取，就不可能实现利益的获得。党的十八大以来，习近平同志多次论述"幸福不会从天而降""新时代是奋斗者的时代""奋斗本身就是一种幸福"等重要观点，强调"幸福都是奋斗出来的"。在实现共同富裕过程中，需要每一个公民积极参与、埋头苦干、脚踏实地投身到中国特色社会主义共同富裕事业的伟大实践中，创造更多的社会财富。与此同时，"每一既定社会的经济关系首先表现为利益"②，也就是说一切经济关系实质上都是物质利益关系，因此，共同富裕还强调"共同"，齐心协力才能实现"富裕"。

其二，激发主体责任，才能为共同富裕注入积极动力。马克思在《共产党宣言》中指出："过去的一切运动都是少数人的，或者为少数人谋利益的运动。无产阶级的运动是绝大多数人的，为绝大多数人谋利益的独立的运动。"③ 在中国特色社会主义建设的新时代，广大民众的"运动"不是为私人或少数人谋利益的，而是为了实现全体人民的共同利益，——这正是实现共同富裕的主体责任的时代内涵。在当今互联的社会中，每个行为主体与其他行为主体有着广泛的连接与互动，并相互影响。显然，个人好，大家才会好，社会才会好，成为我们社会一个重要的主体发展原则。"如果一个社会中的每个人都能发展良好，那么这个社会也能发展良好；进步并不是仅体现在利润和 GDP 层面，每个人对社会和经济的贡献都需要被重视，高层的有效领导和社会基层的赋能授权同样重要。"④

利益相关者的责任激发，为推进共同富裕和实现人的全面发展凝聚

---

① 《马克思恩格斯全集》第 1 卷，人民出版社 2001 年版，第 187 页。
② 《马克思恩格斯选集》第 3 卷，人民出版社 1995 年版，第 209 页。
③ 《马克思恩格斯文集》第 2 卷，人民出版社 2009 年版，第 42 页。
④ [德] 克劳斯·施瓦布、[比] 彼得·万哈姆：《利益相关者》，思齐、李艳译，中信出版集团 2021 年版，第 281 页。

第八章 促进共同富裕与促进人的全面发展的创新路径

了主体动力。习近平总书记指出:"我们追求的发展是造福人民的发展,我们追求的富裕是全体人民共同富裕。"[①] 共同富裕不是喊出来、唱出来的,而是干出来、闯出来的,是利益相关者共同奋斗的结果。激发和凝聚起广大人民群众共同奋斗的力量,是实现共同富裕的主体动力。

[①] 中共中央文献研究室:《习近平关于社会主义社会建设论述摘编》,中央文献出版社2017年版,第45页。

附 1

问卷调查

浙江省哲学社会科学规划重大课题
"促进共同富裕与促进人的全面发展、实现精神富有的创新
机制与提升路径研究"问卷调查

您好！2021年党中央将浙江省确定为高质量发展建设共同富裕示范区，本调查立足于浙江省实际情况，希望能了解到您关于浙江省促进共同富裕和人的全面发展的相关看法，本调查仅用于数据汇总和科学研究，不会泄露您的任何信息，请您放心填写，感谢您的支持！

1. 您的年龄是多少？
   A. 18 岁以下　　　　　　　B. 18—40 岁
   C. 41—65 岁　　　　　　　D. 66 岁及以上
2. 您的受教育程度是什么？
   A. 专科　　　　　　　　　B. 本科
   C. 硕（博）研究生　　　　D. 专科以下
3. 您对国家共同富裕政策的态度？
   A. 支持（已经有效果）　　B. 支持（目前效果不明显）
   C. 不支持，没有效果
4. 影响您对共同富裕态度的因素？（多选）
   A. 收入因素（如实际收入、预期收入、收入差距等）
   B. 精神因素（如个人幸福感、文娱活动参与度等）
   C. 公共因素（如医疗、住房、教育、就业、养老等社会公共因素）

5. 您认为共同富裕应该是什么？（多选）

   A. 同步富裕　　　　　　　B. 同时富裕

   C. 同等富裕　　　　　　　D. 把富人的钱分给大家

   E. 先富带动后富　　　　　F. 物质和精神双富裕

6. 您认为共同富裕是为了什么？（多选）

   A. 为了实现人的全面发展　B. 为了创造人的美好生活

   C. 为了完全消灭收入差距　D. 为了赚大钱、住豪宅、开大奔

7. 您认为"第三次分配"是什么？（多选）

   A. 把富人的钱都分给穷人，实现"均贫富"

   B. 是带有鲜明慈善伦理的"鼓励性分配"

   C. 是对前两次分配的有益补充

   D. 可以代替前两次分配成为实现共同富裕的主要驱动力

8. 您认为"第三次分配"有意义吗？

   A. 没有意义，只是富人唱戏而已

   B. 有意义，有利于彰显道德情操、缩小收入差距

9. 教育带给人全面发展平等的机会，您认为影响浙江省建设共同富裕示范区的教育因素有哪些？（多选）

   A. 高等教育发展与本省经济文化实力、人民的教育需求不对称

   B. 城乡教育水平差距过大

   C. 教育资源区域差异过大

   D. 教育治理校间差距过大

   E. 浙江教育水平已经处于各省份前列，没有什么问题

10. 您认为浙江省现今教育工作的主要路径是什么？（多选）

    A. 多维度着力打造高等教育强省，努力办好浙江人民满意的高等教育

    B. 对欠发达地区加大教育资源的投入，努力实现教育公平

    C. 建立完善数字化教育资源共享平台，实现教育共享

    D. 不断探索新的教育治理模式和方法，推进教育改革

    E. 在省内全面推行精英教育，培养大量高级人才

11. 在浙江省建设共同富裕示范区的社会治理实践中，您认为阻碍人的全面发展的社会矛盾有哪些？（多选）

A. 经济领域的矛盾问题（如城乡差距、居民收入差距等问题）

B. 政治领域的矛盾问题（如贪污腐败、人民民主、党群关系等问题）

C. 社会领域的矛盾问题（如社会治安、社会保障等问题）

D. 私人道德领域的矛盾问题（如家庭矛盾、精神空虚、私人怨恨等问题）

12. 您认为浙江省现今社会治理工作（解决社会矛盾问题）的主要路径是什么？（多选）

A. 呼吁勤劳致富，打造共同富裕"共同体"

B. 坚持依法治国，完善法治保障制度

C. 借鉴"枫桥经验"，创新社会治理模式

D. 以人为本，注重伦理规训与美德建设的分合

E. 把干扰社会治理工作的不法分子都送进监狱

13. 人的全面发展需要良好的社会氛围，您认为现今浙江省共同富裕示范区不利于人的发展的主要社会环境因素有哪些？（多选）

A. 西方资本主义意识形态冲击   B. 网络空间混浊

C. 社会公益热情不高   D. 公民道德寄托缺失

E. 浙江社会氛围非常好，没什么问题

14. 您认为浙江省现今营造社会良好氛围工作的主要路径是什么？（多选）

A. 突出党建和社会主义核心价值观的双重引领

B. 整治网络生态乱象，坚持开展清朗活动

C. 鼓励"第三次分配"，提倡奉献精神

D. 树立道德模范，扩大榜样辐射

E. 鼓励互相举报违德现象，把违德的人都送进去接受道德教化

15. 文化在浙江省打造"五个高地"中发挥了重要作用，您认为现今浙江省文化事业还有哪些方面有待发展？（多选）

A. 红色文化精神有待进一步弘扬

B. 地方人文精神有待提升

C. 民间文化活动有待进一步丰富多彩

D. 文化精品不多

E. "跨文化"交际中出现文化失语现象

F. 浙江文化事业发展没什么问题

16. 您认为浙江省现今推进文化事业的主要路径或措施是什么？（多选）

A. 挖掘红色资源，赓续红色血脉

B. 发挥本土优势，打造地方文化"金招牌"

C. 紧跟时代潮流，力求民间文化活动在内容和形式上不断创新

D. 创新文化精品创作生产的机制，鼓励文化精品创作

E. 做深媒体融合发展，拓宽对外传播渠道，讲好浙江故事

F. 浙江文化是最优越的地方文化，其他地方文化都应该主动向浙江文化学习效仿

17. 乡村振兴是促进共同富裕和人的全面发展链条中关键的一环，您认为现今在浙江省共同富裕示范区乡村振兴事业还存在哪些不足？（多选）

A. 乡村产业有待进一步振兴

B. 乡村振兴专业人才队伍急缺

C. 乡村文化建设需要加大投入

D. 乡村生态环境有待改善

E. 乡村基层治理能力有待进一步提高

F. 浙江乡村大多是高楼大房，早已经振兴

18. 您认为浙江省现今促进乡村振兴的主要路径是什么？（多选）

A. 重点打造乡村特色产业

B. 大力培养乡村振兴专业化人才

C. 保护村落原生态文化，加速推进文化惠民工程建设

D. 改善乡村生产生活环境

E. 加强乡村基层组织建设

F. 政府主动给穷人送大量的钱、多送几块土地

19. 您认为谁在共同富裕中应该承担更大的责任？

A. 政府，因为政府在共同富裕实践中可以调控一切

B. 先富者，只要先富者捐献出自己财富就能实现共同富裕

C. 企业，只要企业守法、多多纳税就能实现共同富裕

附1 问卷调查

D. 利益相关者（如企业、政府、先富者）都要承担相应的责任

E. 穷人，只要穷人们更努力工作赚钱就能实现共同富裕

20. 您对浙江促进共同富裕和人的全面发展有什么建议或者意见？

附 2

调查问卷分析

回收问卷：1012 份，有效问卷：952 份，有效率：94%
使用软件：SPSS V24.0、问卷星
1. 您的年龄和受教育文化程度？

人口学变量	选项	频率	百分比
年龄	18 岁以下	84	9%
	18—40 岁	606	64%
	41—65 岁	185	19%
	66 岁及以上	76	8%
文化程度	专科	107	11%
	本科	432	45%
	硕博研究生	210	22%
	专科以下	202	21%

分析：在调研对象中，18 岁占 9%（84 人），18—40 岁占 64%（606 人），41—65 岁占 19%（185 人），66 岁及以上占 8%（76 人），中青年群体占到调研对象的大半；文化程度专科占 11%（107 人），本科占 45%（432 人），硕博研究生占 22%（210 人），专科以下占 21%（202 人），调研对象学历以本科为主。

附2 调查问卷分析

2. 您对国家共同富裕政策的态度是什么？

问题	选项	频率	百分比
对共同富裕的态度	支持（已经有效果）	395	41.5%
	支持（目前效果不明显）	410	43.1%
	不支持，没有效果	146	15.3%

分析：在考察民众对共同富裕的态度一题中，表示支持共同富裕并认为已经有效果的占41.5%（395人），表示支持共同富裕但是认为效果不明显的占43.1%（410人），表示不支持共同富裕，因为没有什么效果占比15.4%（146人），可见大部分民众还是支持共同富裕并对其前景表示乐观的。

3. 影响您对共同富裕态度的因素是什么？

问题	选项	个案数	个案百分比
影响对共同富裕态度的因素	收入因素（如实际收入、预期收入、收入差距等）	796	83.6%
	精神因素（如个人幸福感、文娱活动参与度等）	726	76.3%
	公共因素（如医疗、住房、教育、就业、养老等）	572	60.1%

分析：在考察影响民众对共同富裕态度的因素一题中，选择收入因素占比83.6%（796人）、精神因素占比76.3%（726人）、公共因素占比60.1%（572人），可见收入因素是影响人们对共同富裕态度的主要因素，但是精神因素和公共因素也不可忽视。

4. 您认为共同富裕应该是什么？

问题	选项	个案数	个案百分比
共同富裕是什么	同步富裕	218	22.9%
	同时富裕	207	21.7%
	同等富裕	286	30.0%
	把富人的钱分给大家	198	20.8%
	先富带动后富	624	65.6%
	物质和精神双富裕	614	64.5%

分析：在考察民众对共同富裕的了解程度一题，选择"同步富裕"占22.9%（218人）、"同时富裕"占21.7%（207人）、"同等富裕"占30.0%（286人）、"把富人的钱分给大家"占20.8%（198人）、"先富带动后富"占65.6%（624人）、"物质和精神双富裕"占64.5%（614人），可见大部分民众还是比较了解共同富裕的。

5. 您认为共同富裕是为了什么？

问题	选项	个案数	个案百分比
共同富裕为了什么	为了实现人的全面发展	684	71.9%
	为了创造人的美好生活	759	79.7%
	为了完全消灭收入差距	332	34.9%
	为了赚大钱、住豪宅、开大奔	209	22.0%

分析：在考察民众对共同富裕的价值认知一题中，选择"为了实现人的全面发展"占71.9%（684人）、"为了创造人的美好生活"占79.7%（759人）、"为了完全消灭收入差距"占34.9%（332人）、"为了赚大钱、住豪宅、开大奔"占22.0%（209人），可见大部分民众对共同富裕的价值认知还是比较清晰的。

6. 您认为"第三次分配"是什么？

问题	选项	个案数	个案百分比
"第三次分配"是什么	把富人的钱都分给穷人，实现"均贫富"	328	34.5%
	是带有鲜明慈善伦理的"鼓励性分配"	604	63.4%
	是对前两次分配的有益补充	627	65.9%
	可以代替前两次分配成为实现共同富裕的主要驱动力	390	41.0%

分析：在考察民众对"第三次分配"了解程度一题中，选择"把富人的钱都分给穷人，实现'均贫富'"占34.5%（328人）、"是带有鲜明慈善伦理的'鼓励性分配'"占63.4%（604人）、"是对前两次分配的有益补充"占65.9%（627人）、"可以代替前两次分配成为实现共同

富裕的主要驱动力"占41.0%（390人），可见大部分民众都了解"第三次分配"是什么，但是还不了解的民众也不少。

7. 您认为"第三次分配"有意义吗？

问题	选项	频率	百分比
"第三次分配"有无意义	没有意义，只是富人唱戏而已	243	25.5%
	有意义，有利于彰显道德情操、缩小收入差距	708	74.4%

分析：在考察"第三次分配"有无意义一题中，选择"没有意义，只是富人唱戏而已"占25.5%（243人），选择"有意义，有利于彰显道德情操、缩小收入差距"占74.4%（708人），可见大部分民众认为"第三次分配"对共同富裕是有意义的。

8. 您认为影响浙江省建设共同富裕示范区的教育因素有哪些？（多选）

问题	选项	个案数	个案百分比
教育问题	高等教育发展与本省经济文化实力、人民的教育需求不对称	516	54.2%
	城乡教育水平差距过大	523	54.9%
	教育资源区域差异过大	495	52.0%
	教育治理校间差距过大	420	44.1%
	浙江教育水平已经处于各省份前列，没有什么问题	131	13.8%

分析：在考察阻碍共同富裕发展的教育问题一题中，选择"高等教育发展与本省经济文化实力、人民的教育需求不对称"占54.2%（516人）、"城乡教育水平差距过大"占54.9%（523人）、"教育资源区域差异过大"占52.0%（495人）、"教育治理校间差距过大"占44.1%（420人）、"浙江教育水平已经处于各省前列，没有什么问题"占13.8%（131人），可见浙江省的教育问题尤其是教育差距问题是大家所关心的。

9. 您认为浙江省现今教育工作的主要路径是什么?

问题	选项	个案数	个案百分比
提升教育水平的措施	多维度着力打造高等教育强省,努力办好浙江人民满意的高等教育	530	55.7%
	对欠发达地区加大教育资源的投入,努力实现教育公平	589	61.9%
	建立完善数字化教育资源共享平台,实现教育共享	626	65.8%
	不断探索新的教育治理模式和方法,推进教育改革	462	48.5%
	在省内全面推行精英教育,培养大量高级人才	234	24.6%

分析:在考察提升教育水平的措施一题中,选择"多维度着力打造高等教育强省,努力办好浙江人民满意的高等教育"占55.7%(530人)、"对欠发达地区加大教育资源的投入,努力实现教育公平"占61.9%(589人)、"建立完善数字化教育资源共享平台,实现教育共享"占65.8%(626人)、"教育治理校间差距过大"占48.5%(462人)、"在省内全面推行精英教育,培养大量高级人才"占24.6%(234人),可见浙江省提升教育水平的关键措施在于平衡各地各区域的教育资源,达到缩短教育差距的目的。

10. 在浙江省建设共同富裕示范区的社会治理实践中,您认为阻碍人的全面发展的社会矛盾有哪些?

问题	选项	个案数	个案百分比
社会矛盾问题	经济领域的矛盾问题(如城乡差距、居民收入差距等问题)	649	68.2%
	政治领域的矛盾问题(如贪污腐败、人民民主、党群关系等问题)	539	56.6%
	社会领域的矛盾问题(如社会治安、社会保障等问题)	542	56.9%
	私人道德领域的矛盾问题(如家庭矛盾、精神空虚、私人怨恨等问题)	384	40.3%

分析：在考察阻碍共同富裕发展的社会矛盾问题一题中，选择经济领域的矛盾问题占68.2%（649人）、政治领域的矛盾问题占56.6%（539人）、社会领域的矛盾问题占56.9%（542人）、私人道德领域的矛盾问题占44.3%（384人），可见浙江省的社会矛盾问题主要在于经济领域，但是其他领域的矛盾问题也十分严峻不容忽视。

11. 您认为浙江省现今社会治理工作（解决社会矛盾问题）的主要路径是什么？

问题	选项	个案数	个案百分比
解决社会矛盾问题的措施	呼吁勤劳致富，打造共同富裕"共同体"	498	52.3%
	坚持依法治国，完善法治保障制度	598	62.8%
	借鉴"枫桥经验"，创新社会治理模式	529	55.6%
	以人为本，注重伦理规训与美德建设的分合	554	58.2%
	把干扰社会治理工作的不法分子都送进监狱	225	23.6%

分析：在考察解决社会矛盾的措施一题中，选择"呼吁勤劳致富，打造共同富裕'共同体'"占52.3%（498人）、"坚持依法治国，完善法治保障制度"占62.8%（598人）、"借鉴'枫桥经验'，创新社会治理模式"占55.6%（529人）、"以人为本，注重伦理规训与美德建设的分合"占58.2%（554人）、"把干扰社会治理工作的不法分子都送进监狱"占23.6%（225人），可见浙江省解决社会矛盾的关键措施不仅在于大力发展生产力，还在于完善法律和伦理道德的建设。

12. 人的全面发展需要良好的社会氛围，您认为现今浙江省共同富裕示范区不利于人的发展的主要社会环境因素有哪些？

问题	选项	个案数	个案百分比
社会氛围问题	西方资本主义意识形态冲击	403	42.3%
	网络空间混浊	552	58.0%
	社会公益热情不高	540	56.7%
	公民道德寄托缺失	501	52.6%
	浙江社会氛围非常好，没什么问题	135	14.2%

分析：在考察阻碍共同富裕发展的社会氛围问题一题中，选择"西方资本主义意识形态冲击"占42.3%（403人）、"网络空间混浊"占58.0%（552人）、"社会公益热情不高"占56.7%（540人）、"公民道德寄托缺失"占52.6%（501人）、"浙江社会氛围非常好，没什么问题"占14.2%（135人），可见浙江省的社会氛围问题主要在于网络空间浑浊、公益伦理失语和道德寄托的缺失。

13. 您认为浙江省现今营造社会良好氛围工作的主要路径是什么？

问题	选项	个案数	个案百分比
解决社会氛围问题的措施	突出党建和社会主义核心价值观的双重引领	522	54.8%
	整治网络生态乱象，坚持开展清朗活动	519	54.5%
	鼓励"第三次分配"，提倡奉献精神	541	56.8%
	树立道德模范，扩大榜样辐射	517	54.3%
	鼓励互相举报违德现象，把违德的人都送进去接受道德教化	305	32.0%

分析：在考察解决社会氛围问题的措施一题中，选择"突出党建和社会主义核心价值观的双重引领"占54.8%（522人）、"整治网络生态乱象，坚持开展清朗活动"占54.5%（519人）、"鼓励'第三次分配'，提倡奉献精神"占56.8%（541人）、"树立道德模范，扩大榜样辐射"占54.3%（517人）、"鼓励互相举报违德现象，把违德的人都送进去接受道德教化"占32.0%（305人），可见浙江省解决社会氛围矛盾的关键措施在于加强党对意识形态的引领、治理网络乱象、宣传奉献精神和扩大道德模范辐射。

14. 文化在浙江省打造"五个高地"中发挥了重要作用，您认为现今浙江省文化事业还有哪些方面有待发展？

问题	选项	个案数	个案百分比
文化问题	红色文化精神有待进一步弘扬	392	41.2%
	地方人文精神有待进一步提升	532	55.9%

附2 调查问卷分析

续表

问题	选项	个案数	个案百分比
文化问题	民间文化活动有待进一步丰富多彩	556	58.4%
	文化精品不多	547	57.5%
	"跨文化"交际中出现文化失语现象	441	46.3%
	浙江文化事业发展没什么问题	123	12.9%

分析：在考察阻碍共同富裕发展的文化问题一题中，选择"红色文化精神有待进一步弘扬"占41.2%（392人）、"地方人文精神有待进一步提升"占55.9%（532人）、"民间文化活动有待进一步丰富多彩"占58.4%（556人）、"文化精品不多"占57.5%（547人）、"'跨文化'交际中出现文化失语现象"占46.3%（441人），"浙江文化事业发展没什么问题"占12.9%（123人），可见浙江省的文化问题主要集中在地方红色、人文精神方面有待弘扬和文化活动、文化产品有待丰富方面。

15. 您认为浙江省现今推进文化事业的主要路径或措施是什么？

问题	选项	个案数	个案百分比
解决文化问题的措施	挖掘红色资源，赓续红色血脉	416	43.7%
	发挥本土优势，打造地方文化"金招牌"	559	58.7%
	紧跟时代潮流，力求民间文化活动在内容和形式上不断创新	477	50.1%
	创新文化精品创作生产的机制，鼓励文化精品创作	557	58.5%
	做深媒体融合发展，拓宽对外传播渠道，讲好浙江故事	487	51.2%
	浙江文化是最优越的地方文化，其他地方文化都应该主动向浙江文化学习效仿	98	10.3%

分析：在考察解决文化问题的措施一题中，选择"挖掘红色资源，赓续红色血脉"占43.7%（416人）、"发挥本土优势，打造地方文化'金招牌'"占58.7%（559人）、"紧跟时代潮流，力求民间文化活动在

内容和形式上不断创新"占50.1%（447人）、"创新文化精品创作生产的机制，鼓励文化精品创作"占58.5%（557人）、"做深媒体融合发展，拓宽对外传播渠道，讲好浙江故事"占51.2%（487人），"浙江文化是最优越的地方文化，其他地方文化都应该主动向浙江文化学习效仿"占10.3%（98人），可见浙江省解决文化问题的措施关键在于立足本土文化，努力做大做好文化精品，充分发挥科技优势，拓宽浙江文化传播渠道。

16. 乡村振兴是促进共同富裕和人的全面发展链条中关键的一环，您认为现今在浙江省共同富裕示范区乡村振兴事业还存在哪些不足？

问题	选项	个案数	个案百分比
乡村振兴问题	乡村产业有待进一步振兴	483	50.7%
	乡村振兴专业人才队伍急缺	556	58.4%
	乡村文化建设需要加大投入	508	53.4%
	乡村生态环境有待改善	548	57.6%
	乡村基层治理能力有待进一步提高	484	50.8%
	浙江乡村大多是高楼大房，早已经振兴	45	4.7%

分析：在考察乡村振兴问题一题中，选择"乡村产业有待进一步振兴"占50.7%（483人）、"乡村振兴专业人才队伍急缺"占58.4%（556人）、"乡村文化建设需要加大投入"占53.4%（508人）、"乡村生态环境有待改善"占57.6%（548人）、"乡村基层治理能力有待进一步提高"占50.8%（484人），"浙江乡村大多是高楼大房，早已经振兴"占4.7%（45人），可见产业建设、人才培养、文化振兴、生态环境建设、基层治理提升都是浙江省的乡村振兴问题的重点难点。

17. 您认为浙江省现今促进乡村振兴的主要路径是什么？

问题	选项	个案数	个案百分比
推进乡村振兴的路径	重点打造乡村特色产业	461	48.4%
	大力培养乡村振兴专业化人才	537	56.4%

续表

问题	选项	个案数	个案百分比
推进乡村振兴的路径	保护村落原生态文化，加速推进文化惠民工程建设	499	52.4%
	改善乡村生产生活环境	552	58.0%
	加强乡村基层组织建设	473	49.7%
	政府主动给穷人送大量的钱、多送几块土地	69	7.2%

分析：在考察推进乡村振兴的路径一题中，选择"重点打造乡村特色产业"占48.4%（461人）、"大力培养乡村振兴专业化人才"占56.4%（537人）、"保护村落原生态文化，加速推进文化惠民工程建设"占52.4%（499人）、"改善乡村生产生活环境"占58.0%（552人）、"加强乡村基层组织建设"占49.7%（473人），"政府主动给穷人送大量的钱、多送几块土地"占7.2%（69人），可见浙江省推进乡村振兴的关键路径在于培育乡村特色产业、培养专业人才、加强文化建设、改善乡村生活生产环境、加强基层组织建设。

18. 您认为谁在共同富裕中应该承担更大的责任？

问题	选项	频率	百分比
谁在共同富裕中应该承担更大的责任	政府，因为政府在共同富裕实践中可以调控一切	179	18.8%
	先富者，只要先富者捐献出自己的财富就能实现共同富裕	97	10.2%
	企业，只要企业守法、多多纳税就能实现共同富裕	188	19.8%
	利益相关者（如企业、政府、先富者）都要承担相应的责任	439	46.1%
	穷人，只要穷人们更努力工作赚钱就能实现共同富裕	48	5.0%

分析：在考察对共同富裕责任方的界定一题中，选择政府占18.8%（179人）、先富者占10.2%（97人）、企业占19.8%（188人）、利益相

关者占 46.1%（439 人）、穷人占 5.0%（48 人），可见大部分民众认为共同富裕不完全是某一方的责任，而是需要利益相关者们共同承担起的责任。

19. 您对浙江促进共同富裕和人的全面发展有什么建议或者意见？

该题数据复杂，人工分析难度巨大，只能用问卷星的词云图的功能进行分析。

分析：在最后收集建议一题中，通过问卷星功能绘制成了一幅直观的词云图，在词云图中，赫然在目的是中间的"共同发展"一词，"共同发展"代表了人民群众对共同富裕的期望，"共同"代表全体人民一起发展，而不是少部分人的发展，"发展"代表共同富裕的基础就是大力发展生产力，不讲"发展"的共同富裕就是"共同贫穷"。围绕在"共同发展"周围的"注重品质""发展质量效益""扶贫治国""缩小贫富差距""注重智力""注重道德""改革创新""扎实推进""改善乡村环境"等多词都强调了发展中的质的要求，这就代表了人民群众要求彻底告别过去的片面发展而要求物质发展和精神满足、速度提升和质量提高、效率提升和公平贯彻的辩证统一，更加注重"人的需求"，这恰恰符合共同富裕的价值旨趣：为了人的全面发展。

参考文献

1. 《马克思恩格斯全集》第 1 卷，人民出版社 1956 年版。
2. 《马克思恩格斯全集》第 2 卷，人民出版社 1972 年版。
3. 《马克思恩格斯全集》第 3 卷，人民出版社 1987 年版。
4. 《马克思恩格斯全集》第 16 卷，人民出版社 1979 年版。
5. 《马克思恩格斯全集》第 19 卷，人民出版社 1972 年版。
6. 《马克思恩格斯全集》第 20 卷，人民出版社 1971 年版。
7. 《马克思恩格斯全集》第 21 卷，人民出版社 1965 年版。
8. 《马克思恩格斯全集》第 23 卷，人民出版社 1972 年版。
9. 《马克思恩格斯全集》第 25 卷，人民出版社 1974 年版。
10. 《马克思恩格斯全集》第 26 卷 I，人民出版社 1972 年版。
11. 《马克思恩格斯全集》第 26 卷 II，人民出版社 1973 年版。
12. 《马克思恩格斯全集》第 30 卷，人民出版社 1995 年版。
13. 《马克思恩格斯全集》第 31 卷，人民出版社 1998 年版。
14. 《马克思恩格斯全集》第 39 卷，人民出版社 1972 年版。
15. 《马克思恩格斯全集》第 42 卷，人民出版社 1972 年版。
16. 《马克思恩格斯全集》第 45 卷，人民出版社 1985 年版。
17. 《马克思恩格斯全集》第 46 卷上，人民出版社 1979 年版。
18. 《马克思恩格斯全集》第 46 卷下，人民出版社 1979 年版。
19. 《马克思恩格斯全集》第 47 卷，人民出版社 1985 年版。
20. 《马克思恩格斯全集》第 49 卷，人民出版社 1982 年版。
21. 《列宁全集》第 32 卷，人民出版社 1972 年版。
22. 《列宁全集》第 55 卷，人民出版社 1990 年版。
23. 《马克思恩格斯选集》第 1、2、3、4 卷，人民出版社 1995 年版。

24. 《马克思恩格斯文集》第 1、2、5、7、8 卷，人民出版社 2009 年版。
25. [德] 马克思：《资本论》第 1 卷，人民出版社 2004 年版。
26. [德] 马克思：《1844 年经济学哲学手稿》，刘丕坤译，人民出版社 1979 年版。
27. 《毛泽东选集》第 4 卷，人民出版社 1991 年版。
28. 《毛泽东文集》第 6、7 卷，人民出版社 1999 年版。
29. 《邓小平文选》第 2 卷，人民出版社 1994 年版。
30. 《邓小平文选》第 3 卷，人民出版社 1993 年版。
31. 《习近平谈治国理政》，外文出版社 2014 年版。
32. 《习近平谈治国理政》第 2 卷，外文出版社 2017 年版。
33. 《习近平谈治国理政》第 3 卷，外文出版社 2020 年版。
34. 《习近平谈治国理政》第 4 卷，外文出版社 2022 年版。
35. 习近平：《在纪念马克思诞辰 200 周年大会上的讲话》，人民出版社 2018 年版。
36. 习近平：《扎实推动共同富裕》，《求是》2021 年第 20 期。
37. 习近平：《切实把思想统一到党的十八届三中全会精神上来》，《求是》2014 年第 1 期。
38. 习近平：《正确认识和把握我国发展重大理论和实践问题》，《求是》2022 年第 10 期。
39. 习近平：《坚定不移走中国人权发展道路　更好推动我国人权事业发展》，《求是》2022 年第 12 期。
40. 习近平：《在庆祝全国人民代表大会成立 60 周年大会上的讲话》，人民出版社 2014 年版。
41. 习近平：《干在实处　走在前列——推进浙江新发展的思考与实践》，中共中央党校出版社 2006 年版。
42. 《改革开放三十年重要文献选编》上，中央文献出版社 2008 年版。
43. 《建国以来重要文献选编》第 4 册，中央文献出版社 1993 年版。
44. 《十三大以来重要文献选编》上，人民出版社 1991 年版。
45. 《十六大以来重要文献选编》上，中央文献出版社 2005 年版。
46. 《十六大以来重要文献选编》中，中央文献出版社 2006 年版。
47. 《十七大以来重要文献选编》上，中央文献出版社 2009 年版。

48. 《十七大以来重要文献选编》中，中央文献出版社 2011 年版。
49. 《习近平关于全面建成小康社会论述摘编》，中央文献出版社 2016 年版。
50. 《习近平关于社会主义经济建设论述摘编》，中央文献出版社 2017 年版。
51. 《习近平关于"不忘初心、牢记使命"论述摘编》，中央文献出版社、党建读物出版社 2019 年版。
52. 《习近平新时代中国特色社会主义思想三十讲》，学习出版社 2018 年版。
53. 胡锦涛：《高举中国特色社会主义伟大旗帜 为夺取全面建设小康社会新胜利而奋斗——在中国共产党第十七次全国代表大会上的报告》，人民出版社 2007 年版。
54. 胡锦涛：《坚定不移沿着中国特色社会主义道路前进 为全面建成小康社会而奋斗——在中国共产党第十八次全国代表大会上的报告》，人民出版社 2012 年版。
55. 习近平：《决胜全面建成小康社会 夺取新时代中国特色社会主义伟大胜利——在中国共产党第十九次全国代表大会上的报告》，人民出版社 2017 年版。
56. 《中共中央关于坚持和完善中国特色社会主义制度 推进国家治理体系和治理能力现代化若干重大问题的决定》，人民出版社 2019 年版。
57. 《中共中央关于党的百年奋斗重大成就和历史经验的决议》（2021 年 11 月 11 日中国共产党第十九届中央委员会第六次全体会议通过），《人民日报》2021 年 11 月 17 日。
58. 《中共中央 国务院关于支持浙江高质量发展建设共同富裕示范区的意见》，《人民日报》2021 年 6 月 1 日。
59. 《中共中央关于制定国民经济和社会发展第十三个五年规划的建议》，《人民日报》2015 年 11 月 3 日。
60. 《中共中央关于制定国民经济和社会发展第十四个五年规划和二〇三五年远景目标的建议》，人民出版社 2020 年版。
61. 《中国共产党第十九届中央委员会第四次全体会议文件汇编》，人民出版社 2019 年版。

参考文献

62. 《中国共产党第十九届中央委员会第五次全体会议公报》，人民出版社 2020 年版。

63. 《"三个代表"重要思想基本问题读本》，人民出版社 2003 年版。

64. 袁家军：《忠实践行"八八战略" 坚决做到"两个维护" 在高质量发展中奋力推进中国特色社会主义共同富裕先行和省域现代化先行》，《浙江日报》2022 年 6 月 27 日。

65. 周辅成：《西方伦理学名著选辑》下卷，商务印书馆 1964 年版。

66. 李德顺、孙伟平、赵剑英：《马克思主义范畴研究》，中国社会科学出版社 2010 年版。

67. 李德顺：《价值论——一种主体性的研究》，中国人民大学出版社 2020 年版。

68. 王玉樑：《21 世纪价值哲学：从自发到自觉》，人民出版社 2006 年版。

69. 王玉樑：《当代中国价值哲学》，人民出版社 2004 年版。

70. 陈忠：《发展伦理学研究》，北京师范大学出版社 2013 年版。

71. 世界环境与发展委员会：《我们共同的未来》，王之佳译，吉林人民出版社 1997 年版。

72. 谭培文：《利益认同机制研究——基于社会主义核心价值体系认同视角》，中国社会科学出版社 2014 年版。

73. ［德］黑格尔：《历史哲学》，王造时译，上海书店出版社 1999 年版。

74. ［德］黑格尔：《法哲学原理》，范扬、张启泰译，商务印书馆 1982 年版。

75. ［美］威廉·A. 哈维兰：《文化人类学》，瞿铁鹏等译，上海社会科学院出版社 2006 年版。

76. ［英］莱恩·多亚尔、伊恩·高夫：《人的需要理论》，商务印书馆 2008 年版。

77. ［德］卡西尔：《人论》，上海译文出版社 1985 年版。

78. ［法］萨特：《存在与虚无》，生活·读书·新知三联书店 1997 年版。

79. ［德］尼采：《查拉斯图拉如是说》，文化艺术出版社 1987 年版。

80. ［美］德尼·古莱：《发展伦理学》，高铦、温平、李继红译，社会科学文献出版社 2003 年版。

81. ［英］休谟：《道德原则研究》，曾晓平译，商务印书馆 2000 年版。

82. ［美］约翰·罗尔斯:《正义论》,何怀宏等译,中国社会科学出版社 1988 年版。

83. ［美］约翰·罗尔斯:《政治自由主义》,万俊人译,译林出版社 2000 年版。

84. ［法］艾德加·莫兰:《社会学思考》,阎素伟译,上海人民出版社 2001 年版。

85. ［美］曼瑟·奥尔森:《集体行动的逻辑》,陈郁等译,上海人民出版社 1995 年版。

86. ［美］曼瑟尔·奥尔森:《国家的兴衰》,李增刚译,上海世纪出版集团 2007 年版。

87. ［德］克劳斯·施瓦布、［比］彼得·万哈姆:《利益相关者》,思齐、李艳译,中信出版集团 2021 年版。

88. ［英］洛克:《政府论》下,叶启芳、瞿菊农译,商务印书馆 1964 年版。

89. ［德］马克斯·舍勒:《资本主义的未来》,罗悌伦等译,生活·读书·新知三联书店 1997 年版。

90. ［德］马克斯·舍勒:《价值的颠覆》,刘小枫编,罗悌伦等译,生活·读书·新知三联书店 1997 年版。

91. ［印度］阿玛蒂亚·森:《伦理学与经济学》,王宇、王文玉译,商务印书馆 2018 年版。

92. ［印度］阿玛蒂亚·森:《以自由看待发展》,任赜、于真译,刘民权、刘柳校,中国人民大学出版社 2002 年版。

93. ［英］亚当·斯密:《道德情操论》,蒋自强等译,商务印书馆 2003 年版。

94. ［古希腊］亚里士多德:《尼各马科伦理学》,苗力田译,中国社会科学出版社 1999 年版。

95. ［西班牙］费尔南多·萨瓦特尔:《伦理学的邀请》,于施洋译,北京大学出版社 2015 年版。

96. ［美］麦金太尔:《德性之后》,龚群等译,中国社会科学出版社 1995 年版。

97. ［英］齐格蒙特·鲍曼:《后现代伦理学》,江苏人民出版社 2003

年版。

98. ［英］齐格蒙特·鲍曼：《共同体》，欧阳景根译，江苏人民出版社 2003 年版。

99. ［美］汉娜·阿伦特：《人的境况》，王寅丽译，上海人民出版社 2017 年版。

100. ［美］E. 博登海默：《法理学——法律哲学与法律方法》，邓正来译，中国政法大学出版社 1999 年版。

101. ［美］迈克尔·桑德尔：《公正应该如何做是好？》，朱慧玲译，中信出版社 2012 年版。

102. ［英］以赛亚·伯林：《两种自由概念》，胡传胜译，载《自由论》，译林出版社 2003 年版。

103. ［美］纳西姆·尼古拉斯·塔勒布：《黑天鹅》，万丹译，中信出版社 2008 年版。

104. ［美］罗斯科·庞德：《普通法的精神》，唐前宏、高雪原、廖湘文译，法律出版社 2010 年版。

105. ［英］亚当·斯密：《国富论》上，杨敬年译，陕西人民出版社 2003 年版。

106. ［德］克劳斯·施瓦布、［比］彼得·万哈姆：《利益相关者》，思齐、李艳译，中信出版集团 2021 年版。

107. ［德］R. 爱德华·弗里曼：《战略管理——利益相关者方法》，王彦华译，上海译文出版社 2006 年版。

108. Denis Goulet, *Development Ethics：A Guide to the Theory and Practice*, London, Zed Bools Ltd., 1995.

109. Scoones I., *Sustainable Rural Livelihoods：A Framework for Analysis*, Brighton：Institude of Developing Studies, Working Paper72, 1998.

110. DFID, Sustainable Livelihoods Guidance Sheets, DFID, London, 2001.

111. Lasse K., *The Sustainable Livelihood Approach to Poverty Reductio*, Stockholm：Swedish lnternational Development Cooperation Agency, 2001.

112. Robert Chambers, Gordon Conwa, *Sustainable Rural Livelihoods：Practical Concepts for the 21st Century*, IDS Discussion Paper 296, Brighton England：Institute of Development Studies, 1991.

113. Amartya Sen, *The Idea of Justice*, The Belknap Press of Harvard University Press Cambridge, Massachusetts, 2009.
114. John Farrington, Diana Carney, et al., *Sustainable Livelihoods in Practice: Early Applications of Concepts in Rural Areas*, *Natural Resource Perspectives*, Number 42, June, London: Overseas Development Institute, 1999.